Michael Korda

MACHT
und wie
man mit ihr
umgeht

Mosaik Verlag

Titel der amerikanischen Originalausgabe:
Power! How to get it, how to use it.
Erschienen im Verlag Random House, New York

Deutsche Übersetzung: Renate und Rolf Düser
Schutzumschlag: Franz Wöllzenmüller, München
Redaktion: Perdita Pasche

© 1975 by Michael Korda und Paul Gitlin
© der deutschsprachigen Ausgabe
by Mosaik Verlag GmbH, München
1976/5 4 3 2 1
Gesamtherstellung: Mohndruck Reinhard Mohn oHG, Gütersloh
Printed in Germany · ISBN 3-570-02720-1

IN MEMORIAM
Brendan,
Viscount Bracken,
Mitglied des Privy Council,
Mitglied des Parlaments

»Manchmal erschien er seiner Umgebung so idealistisch, daß er fast schon weltfremd wirkte. Nie sprach er von Macht und schien sie auch nicht zu begehren. Aber die Wahrheit sah anders aus. Er liebte die Macht und suchte sie mit Eifer, und in Machtfragen verstand er gegenüber seiner Umgebung keinen Spaß . . . Seine Stärke war teils einfach die Fähigkeit, in Machtfragen gleichgültig, beinah naiv zu erscheinen.«

David Halberstam über
Robert McNamara
The Best and the Brightest

»Da er die Macht liebte, verachtete er alle, die den Ruhm vorzogen.«

Douglas Hurd
Truth Game

Inhalt

1. Kapitel

Der Wille zur Macht

Man erlernt die Spielregeln dieses Spiels der Spiele nicht anders als auf dem üblichen, vorgeschriebenen Wege, welcher manche Jahre erfordert, und keiner der Eingeweihten könnte je ein Interesse daran haben, diese Spielregeln leichter erlernbar zu machen.

Hermann Hesse
Das Glasperlenspiel

Die einzigen Grenzen der Macht sind die Grenzen des Glaubens.

H. Wilson
On Crafts

Dies ist ein Buch über die Macht. Es zeigt Ihnen, daß sich alles im Leben um Macht – und zwar Ihre eigene Macht – dreht. Mit wem Sie auch immer zusammenkommen, Sie werden zu einem Spiel um die Macht herausgefordert. Wenn Sie nicht der Unterlegene sein wollen, müssen Sie die Spielregeln verstehen und zum eigenen Vorteil nutzen können.

Das Spiel ist nicht schwer. Sie müssen sich klarmachen, was Sie wollen und alles daransetzen, es zu bekommen. Dazu bedarf es freilich zahlloser verwickelter Züge, bei denen Sie Menschen und Situationen zum eigenen Vorteil manipulieren müssen. Die Spielregeln begreifen Sie nur, wenn Sie das Spiel wirklich zu Ende spielen.

Einige spielen das Machtspiel um Geld, andere um Sicherheit oder Ruhm, wieder andere um Sex, die meisten aber wollen von allem etwas. Den Meisterspielern (deren Spiele wir hier analysieren wollen) geht es um die Macht an sich, denn sie wissen, daß Macht zum Besitz von Geld, Sex, Sicherheit und Ruhm führt. Für sich allein genommen bedeutet keins dieser Dinge Macht; aber durch Macht werden sie alle erreichbar.

Wer Sie auch sein mögen, grundsätzlich trifft es auch für Sie zu, daß Ihre Interessen niemanden etwas angehen, Ihr Vorteil unweigerlich der Nachteil eines anderen ist, Ihr Versagen für Ihren Gegner Gewinn bedeutet. Nach Auffassung von Heinrich von Treitschke, dem deutschen Philosophen der Macht, ist unser Nachbar stets bereit, sich auf unsere Kosten einen Vorteil zu verschaffen, auch wenn er uns vielleicht als einen Verbündeten gegen eine dritte Macht betrachtet, die wir beide fürchten. Wer seine Macht nicht vergrößert, verliert sie, sobald ein anderer sie vergrößert[1].

Es dürfte schwerfallen, die Haltung des Durchschnittsmenschen treffender zu kennzeichnen. Von Treitschkes Analyse trifft auf die meisten Berufe, Ehen und Liebesverhältnisse zu. Viele leben nach diesem Muster. Da gerade solche Menschen auffällig oft in Machtstellungen aufrücken, die uns andere bedrohen oder blockieren, sollten wir schon aus Gründen der Selbsterhaltung die Spielregeln der Macht erlernen.

Warum bekommt denn ein anderer die Beförderung, die wir für uns selbst erhofften, warum wurde nichts aus der Gehaltserhöhung, auf die wir fest rechneten? Warum wird man vorzeitig pensioniert oder nicht mehr aufgefordert, an Besprechungen teilzunehmen oder, schlimmer noch, zu so vielen gebeten, daß man deutlich sieht, die wirklichen Entscheidungen fallen ganz woanders? Schuld daran kann ganz einfach Unfähigkeit sein – leider spielen oft auch Dummheit, Trunksucht und Faulheit eine Rolle und stören den logischen Verlauf des Spiels –, aber meist ist es einfach so, daß die Verlierer von den besseren Spielern geschlagen wurden, daß sie bei ihren eigenen Zügen und denen der anderen nicht richtig aufgepaßt haben und jetzt den Preis dafür zahlen müssen.

Solche Machtverschiebungen lassen sich überall im menschlichen Zusammenleben beobachten. Die Regeln gelten gleichermaßen für Liebesverhältnisse und Auseinandersetzungen im Büro. Wer kennt nicht den gefährlichen Augenblick in einer menschlichen Beziehung, wenn das Verlangen des einen nach dem anderen so stark wird, daß sich das Gleichgewicht der Kräfte verschiebt? Das Spiel um die Macht wird im Schlafzimmer genauso leidenschaftlich ausgetragen wie anderswo, vielleicht sogar am leidenschaftlichsten, und möglicherweise ist die Ehe die beste Schule für einen Spieler, der den Einsatz der Macht bis zur Perfektion erlernen und meistern will.

Wer das Spiel um die Macht spielen will, muß als erstes erkennen, was Macht überhaupt *ist*. Er muß sehen, daß jede Lebensäußerung mit Macht verquickt ist. Das ganze Leben ist ein Übungsfeld für Machtentfaltung, und jede menschliche Begegnung ist eine Gelegenheit, die Fähigkeiten der Spieler zu testen. Meisterspieler spielen vierundzwanzig Stunden am Tag – mit Parkplatzwächtern, Ehegatten, Liebhabern, Oberkellnern, Finanzbeamten, Verkehrspolizisten, Kollegen, Vorgesetzten und Untergebenen. Instinktiv versuchen sie, in jeder Situation die Überlegenen zu sein und sich andere Menschen soweit nur möglich zu verpflichten. Den Meister fasziniert auch die unbedeutendste menschliche Begegnung, bietet sie ihm doch immer neue Übungsmöglichkeiten. Einige der besten Spieler, die ich kenne, entwickelten ihre Grundtechniken zum Beispiel auf dem Wochenmarkt. Der Käufer will sich bestimmte Früchte auswählen, der Verkäufer möchte sie ihm geben, »wie's kommt«. Hier ergeben sich schon einige Grundbegriffe des Machtspiels wie Widerstand unter Druck, scheinbares Zögern, Mäkelei und Kompromißbereitschaft. Auch in der Kindheit lernen wir manch nützliche Technik – wie man den einen Elternteil gegen den anderen ausspielt, seine Gefühle zurückhält, nachgibt, wenn einem nichts anderes übrigbleibt. Doch die meisten Menschen vergessen diese wertvollen Erkenntnisse, wenn sie erwachsen werden.

Andererseits verlernt kaum jemand die Lektionen, die die Schule vermittelt, vor allem die Fähigkeit, beschäftigt auszusehen, wenn man in Wirklichkeit gar nichts tut, und das später so wichtige Wissen, wie man mit Schikanen fertig wird oder wie man andere schikanieren kann.

Der Trick besteht darin, einen Machtstil zu entwickeln, der dem eigenen Charakter und den eigenen Wünschen entspricht. Auf dieser Basis ist es möglich, seine Schachzüge zu perfektionieren. Wer in der Schulzeit andere tyrannisiert, hat im späteren Leben oft ein außerordentlich perfektes Repertoire an Schikanen, möglicherweise wird er aber auch von einem noch mächtigeren Tyrannen in die Schranken gewiesen. Wer in der Kindheit lernte, Schmeichelei, List und gespielte Schwäche gegen Tyrannen einzusetzen, wird diese Methoden gewöhnlich mit dem gleichen Erfolg gegen erwachsene Tyrannen brauchen können. Die erfolgreichsten Spieler im Machtspiel beherrschen beide Techniken und stören sich nicht daran, sogar töricht oder schwach zu wirken, wenn es von Vorteil ist. Manchmal kann es ganz nützlich sein, sich klein zu machen.

Der Machtinstinkt ist Mann und Frau angeboren*. Schon Nietzsche bemerkte: »Wo ich Lebendiges fand, da fand ich Willen zur Macht[2].« Aber gewöhnlich hält man ihn für einen der weniger edlen Charakterzüge und stellt ihn auf eine Stufe mit Gewalttätigkeit und Aggressivität. Die meisten Menschen geben nicht gerne zu, daß sie Macht haben wollen, darum bekommen sie auch keine, und diejenigen, die wirklich Macht besitzen, geben sich alle Mühe, diese Tatsache zu verbergen. Einige Politiker, wie der verstorbene Lyndon B. Johnson, genießen das Brimborium der Macht ganz offen, aber es ist feiner, so zu tun, als hätte man keine.

Da selbst das Thema Sex heute offen diskutiert werden kann, scheint Macht nämlich das einzige schmutzige Geheimnis zu sein, das wir noch zu verbergen haben. Der bekannteste Kommentar über die Macht stammt von Lord Acton: »Macht korrumpiert und absolute Macht korrumpiert absolut[3].«

Doch heute weiß fast jeder, daß es noch schlimmer ist, beim Machtspiel nicht mitzumachen. Lord Actons Ansicht über die Macht ist der Auffassung gewichen, daß Macht *gut* ist, daß »Schwäche korrumpiert und Ohnmacht absolut korrumpiert«[4]. Wenn wir im letzten Viertel des zwanzigsten Jahrhunderts überhaupt noch an etwas glauben, dann an unbegrenzte Machtentfaltung, den Drang zu herrschen. Wer nicht nach der Macht greift, verhindert nach heutiger Auffassung die freie Entfaltung seiner Fähigkeiten und seines Bewußtseins. Zwei Weltkriege, Darwin und Freud haben die Menschen im Westen zu der Erkenntnis gebracht, daß ihre Existenz endlich und der Tod eine Realität ist. Erfolg und Erfüllung im Leben sind durch nichts anderes zu er-

---

* Meine Gedanken zum Thema Macht sind in keiner Weise gegen die Frauen gerichtet. Frauen sollten ihren Anteil an der Macht haben, und die Erfahrung hat mich gelehrt, daß sie sie genau wie Männer handhaben werden. Ich habe es jedoch für besser gehalten, den Leser nicht mit solch schwerfälligen Konstruktionen wie »er/sie« oder den ständigen Gebrauch des Wortes »Person« zu belasten. Fast alles, was ich hier sage, trifft auch auf Frauen zu. Wo es Unterschiede gibt oder ich mich ausdrücklich auf Frauen beziehe, werde ich das deutlich machen.

setzen, auch nicht durch den tröstlichen Glauben, daß man für ein mißlungenes Leben hier unten dort oben irgendwie entschädigt wird. Wir haben keine Alternative zu einem guten Leben im Diesseits; Darwin hat uns Menschen das Gefühl der Einzigartigkeit genommen, Freud hat uns unseren eigenen Unzulänglichkeiten ausgesetzt, die Geschichte schließlich hat uns gezwungen, mit dem Wissen um unser ungeheures Potential an Aggressivität und Irrationalität zu leben. Wir müssen uns also schon selbst einen Ersatz für die Unsterblichkeit schaffen. Macht – »die Fähigkeit, unsere Wünsche zu realisieren«[5] – ist alles, was uns geblieben ist.

In früheren Zeiten war Macht ein Spiel der Elite. Sie war ähnlich gewaltsam wie Turniere oder Fuchsjagden, mit denen sich diejenigen die Zeit vertrieben, die schon damals genug zu essen hatten. Die Mehrheit kämpfte ums nackte Überleben, und alle Zweifel über ihre Stellung in der Gesellschaft beantworteten ihre religiösen Führer – je nach der ihnen auferlegten Konfession. Cecil Alexander schrieb ein bekanntes und rührendes viktorianisches Kirchenlied, das optimistisch genug mit den Zeilen anfängt »Alle Dinge schön und herrlich, alle Wesen groß und klein . . .«, dann aber fortfährt, die brutale Wirklichkeit des herkömmlichen Gesellschaftsvertrags zu beschreiben:

> Den reichen Mann auf stolzem Roß,
> den Armen in grauem Gewand,
> Gott schuf sie, hoch und nieder,
> einen jeden nach seinem Stand.

In der vorindustriellen Gesellschaft blieb den freizeitlosen unteren Klassen tatsächlich nur die Arbeit und das Gebet.

In unserer Zeit werden wir von der Arbeit nicht mehr so stark beansprucht, besonders wenn wir im Büro oder als »Manager« tätig sind. Moderne Büros haben nur noch selten eine oberflächliche Ähnlichkeit mit den Kontoren, die Dickens beschreibt und in denen die Gehilfen unter harter Aufsicht und strenger Zucht lange ermüdende Stunden zubringen mußten. Heute dagegen wissen viele nicht, was sie mit ihrer Zeit anfangen sollen, und können viel Energie darauf verwenden, ihre Position zu verbessern. Dazu kommt, daß wir jetzt eine demokratische Einstellung zur Arbeit haben. Früher galt sie als harte *Notwendigkeit*, sie gehörte – wegen jenes fatalen gastronomischen Irrtums im Garten Eden – zu Gottes Strafe über die Menschheit. Sie war ein unvermeidliches Elend, das höchstens im Himmel wiedergutgemacht werden konnte. Heute glauben wir, daß die Arbeit eine *Chance* ist. Lern einen Beruf, such dir eine Arbeit, mach etwas aus dir, *sei* jemand. Arbeit ist nicht mehr ein Zweck an sich, sondern ein Mittel, sich selbst zu ändern und aufzusteigen. Wir betrachten unsere Arbeitsplätze nicht mehr als Tretmühlen, sondern als Leitern zum Erfolg. Und natürlich ist die Arbeit längst nicht so interessant wie der Aufstieg.

Die Psychoanalytiker, die über die meisten Dinge verschiedener Ansicht sind, stimmen doch darin überein, daß »der Wille zur Macht« ein wesentlicher Ausdruck unserer Existenz ist, obwohl sie anscheinend keinen Rat geben können, wie wir unseren Machtinstinkt am besten nutzen. »Leiste etwas! Steig auf! Erobere!« mahnte Alfred Adler. ». . . wir finden bei den Menschen immer diese große Linie der Aktivität – diesen Kampf, von einer niederen zu einer höheren Position aufzusteigen, von der Niederlage zum Sieg, von unten nach oben[6].« Dieser Wunsch, »von unten nach oben« zu kommen, ist so weit verbreitet, daß es beinahe sinnlos ist, seine Ethik oder auch nur den mit ihr verbundenen gesunden Menschenverstand in Frage zu stellen. Wir glauben an den Ehrgeiz, wie wir einst an die Erlösung glaubten. Es gibt sogar Machtspiele, die nur die *Illusion* eines harten Kampfes um Leben und Karriere erwecken sollen, in Wirklichkeit aber bedingungslose Kapitulationen sind. Als menschliche Gattung gefallen wir uns in dem Glauben, daß wir um die Führung der Herde kämpfen, selbst wenn wir nur friedlich an ihren Rändern grasen.

Das beantwortet allerdings noch nicht die Frage, wozu wir überhaupt arbeiten. Schließlich kann man nur von sehr wenigen behaupten, daß sie *gern* arbeiten, und je komplexer die Gesellschaft, je spezialisierter die Arbeit, desto geringer wird die Chance, das Ganze zu überblicken. Folglich dürfte auch die Zahl der Menschen, die ihre Arbeit gern tun, noch weiter abnehmen.

In einer Zeit, in der die puritanische Arbeitsethik ihren Sinn verloren hat, arbeitet man vor allem aus vier Gründen: Gewohnheit, Vergnügen, Geld, Macht.

Gewohnheit ist ein wichtiger Faktor. Die meisten neigen dazu, in eine bestimmte Arbeitsroutine zu verfallen, um nur ja nicht Phantasie, Erfindungsgeist und Lust am Abenteuer entwickeln zu müssen. Arbeitsroutine gibt einem Leben Sinn und Bedeutung, das sonst chaotisch und unerträglich wäre. Die Menschen lieben zwar nicht unbedingt die Arbeit, aber sie fürchten, nichts zu tun zu haben und nicht zu wissen, wie sie acht Stunden oder mehr am Tag totschlagen können. Wie ließe sich sonst die tiefe Niedergeschlagenheit erklären, die Männer kurz vor der Pensionierung erfaßt, selbst wenn ihnen eine fette Pension und ein dickes Aktienbündel sicher sind. Wie eine Droge führt Arbeit zur Gewöhnung, und Gewohnheiten lassen sich nur schwer durchbrechen.

Mit Ausnahme von guten Handwerkern und Facharbeitern – eine aussterbende Spezies – arbeiten nur wenige Menschen zum Vergnügen. Die meisten haben nichts gegen die Arbeit, glauben aber, es sei unmoralisch, an der Arbeit Spaß zu haben. Daß wir überhaupt arbeiten, hat zur Hälfte den Grund, daß wir damit andere beherrschen können. In der Familie dient Arbeit als Entschuldigung für fast alles: Impotenz, schlechte Laune, die Weigerung, das Geschirr abzuwaschen, den Mittagsschlaf – ein ganzes Arsenal von Vorwänden, Forderungen und speziellen Ausflüchten. Wenige würden bei der Rückkehr von der Arbeit zugeben, daß sie ihnen Spaß gemacht hat. Es ist viel einträglicher,

Müdigkeit, Verzweiflung und Streß vorzutäuschen, als wäre der Arbeitstag ein schreckliches Opfer für die Lieben daheim. Hausfrauen haben wieder ihre eigenen Methoden, für geleistete Arbeit ihren Tribut zu fordern. Keiner hätte etwas zu gewinnen, wenn er zugäbe, daß er seine Arbeit gern tut. Sofort entsteht der Verdacht, daß einer, der gern arbeitet, einfach nicht hart genug arbeitet. Da fährt man schon besser, wenn man sich wie die Kollegen beklagt und hofft, daß solche Klagen den Eindruck erwecken, daß das Gehalt auch wirklich verdient wird und vielleicht sogar erhöht werden müßte. Wer hingegen an Macht interessiert ist, scheut die Arbeit nicht und arbeitet gewöhnlich sehr hart. Er will nicht nur Geld verdienen oder Zeit totschlagen, sondern ein Ziel – Selbständigkeit, Unabhängigkeit und Befriedigung – erreichen. Doch nur wer etwas von Macht versteht, kann wirklich Nutzen aus seiner Arbeit ziehen.

Der Wunsch, zu Geld zu kommen, ist immer noch eine starke Arbeitsmotivation, aber sie verliert zunehmend an Bedeutung. Man kann zwar nicht sagen, daß Amerikaner heutzutage weniger als in der Vergangenheit daran interessiert sind, Reichtümer aufzuhäufen, aber im Zeitalter des Bürokraten, des jungen Managers, der Inflation, der Kreditkarten und der hohen Steuern ist der Traum vom großen Geld ausgeträumt. Nur wenige können noch hoffen, Reichtümer zu erwerben – die meisten halten das in unserer Zeit sogar für unmöglich – und beinahe jeder, der arbeitet, ist in irgendeine große Organisation eingespannt, in der seine finanziellen Ambitionen sich innerhalb bestimmter Grenzen halten müssen.

Daher arbeiten die meisten Menschen aus dem Wunsch heraus, Macht zu erringen. Wir können nicht mehr unbegrenzten Reichtum, wohl aber begrenzte Macht erwerben. Macht hat den Vorteil, daß sie weder steuer- noch abschreibungspflichtig ist und internationale Spekulanten ihren Wert nicht mindern können. In den modernen Unternehmen ist Geld schon lange kein Endziel mehr – oder gar ein Ansporn. Auch der erfolgreichste Manager kann kaum mehr erhoffen, als mit seinem Einkommen ein immer besseres Auskommen zu erreichen. Das wirkliche Ziel der meisten Angestellten ist, sich ausreichend abzusichern, um die gewöhnlich nicht besonders lukrative Periode zwischen der Pensionierung und dem Tod zu überbrücken. Denn sie gehen in der Regel davon aus, daß sie lange genug leben werden, um den faden Vorgeschmack des Todes noch auskosten zu müssen. Wie das Christentum bieten die Firmen für Opfer und gute Taten in der Gegenwart gewisse Tröstungen in der (leider immer problematischen) Zukunft an. Denn »im Alter die Fülle des Lebens« mit der Sozialversicherung »genießen« zu müssen, ist das moderne Äquivalent der Hölle.

Trotzdem, drohende Verarmung im Alter reicht nicht aus, um Leute zum Arbeiten zu bringen. Sie brauchen auch eine Motivation für die Gegenwart, zum Beispiel die Chance, Macht zu erwerben und auszuspielen. Daher glauben die meisten Unternehmen auch, es sei in ihrem Interesse, Machtspiele zu unterstützen. So besteht in jeder Organisation ein »hauseigenes« Machtspiel, für das das Management Regeln und Ehrenpreise festgesetzt hat. Ein guter Spieler muß sich auf das Firmenspiel genauso gut verstehen wie auf sein eigenes und muß sich immer darüber im klaren sein, daß es für sein eigenes Spiel unter Umständen von Nachteil sein kann, wenn er einen anderen gewinnen hilft. Ja, der Sieg in einem Spiel, das vom Management eines Unternehmens eingeführt wurde oder sich als Teil der Unternehmenstradition entwickelt hat, kann schließlich dazu führen, daß er sein eigenes Spiel *verliert*. Der Spieler sollte daher prinzipiell allen Beförderungen, Titeln, Machtsymbolen und Gehaltserhöhungen mißtrauen, die ihm angeboten werden – was nicht heißt, daß er sie ablehnen oder offen verächtlich machen sollte. Es wäre aber klug, die folgende Warnung zu beachten: »Macht kann man strenggenommen nicht auf einen anderen übertragen, denn dann schuldet der Empfänger sie dem Geber. Man muß sie sich irgendwie anmaßen und dann festhalten. Denn wenn man sie nicht gegen Opposition behaupten kann, handelt es sich nicht wirklich um Macht. Man wird sie auch nie als wirkliche Macht empfinden[7].« Hinter allem, was uns gegeben wird, so attraktiv es auch aussehen mag, sollten wir immer eine Falle wittern.

Unternehmen verteilen gern Macht und Prestige an Leute, die für sie arbeiten. Macht ist billiger als Gehaltserhöhungen, und an der Spitze können Manager ohnehin kaum hoffen, mehr als die Hälfte ihres Gehalts behalten zu dürfen. Auch ist es nicht im Interesse des Unternehmens, jedem substantielle Sonderleistungen bei der Pensionierung zu garantieren, selbst wenn die Inflation so etwas möglich macht. Denn Ungewißheit zahlt sich in Leistung aus. Was die Leute zum Arbeiten bringt, ist das In-Aussicht-Stellen von Sicherheit. Wäre Sicherheit wirklich garantiert, würden sie vielleicht aufhören zu arbeiten. Deshalb hat die Organisation ein Interesse daran, die natürliche Neigung von Männern und Frauen zum Weiterkommen zu unterstützen, und sei es auch nur durch symbolische Auszeichnungen. Ein Möbelstück ist billiger als ein Bonus: man kann es von der Steuer absetzen, und notfalls kriegt es der Nachfolger.

Da die Menschen vor allem Macht über andere haben wollen – »Führungskräfte« sein wollen, wie der euphemistische Ausdruck heißt –, fungiert das Unternehmen als eine Art Makler. Alle, die Macht haben wollen, werden mit einer bestimmten Anzahl von Leuten versorgt, über die sie Macht ausüben können. Das kostet nichts: jede Organisation hat immer eine Menge von Leuten, die so unwichtig sind und sich so leicht ersetzen lassen (vorausgesetzt, sie sind überhaupt je nötig gewesen), daß es einfach ist, die Machtwünsche selbst eines absolut unfähigen Managers dadurch zu befriedigen, daß man ihm jemanden zum Schikanieren gibt. Für die meisten Männer ist das seit langem schon die eigentliche Funktion der Sekretärinnen.

Aber die Macht, die ein Unternehmen uns geben kann, hat auch ihre Nachteile. Man braucht sich nur den Menschen anzusehen, der die Macht hat, über die Gehälter zu entscheiden. Er hat eine begehrte Machtposition, weil sie ihm ein Maximum an

Möglichkeiten gibt, sein Selbst auf Kosten anderer zu stärken. Er kann sicher sein, daß er umworben, umschmeichelt und gefürchtet wird. Andererseits ist dieser arme Mensch oft dazu verurteilt, selbst unterbezahlt zu sein, da diese Position von der Fähigkeit abhängt, Gehaltserhöhungen auf einem festgelegten Niveau zu halten. Er kann nicht seine Macht ausüben und zur gleichen Zeit sich die substantielle Gehaltserhöhung zuschustern, die er verdient oder wenigstens verdienen möchte. In seinem Fall, wie in vielen anderen auch, ist die Macht über andere nur eine scheinbare Macht. Wie sehr man ihn auch fürchten mag, er hat das Machtspiel in dem Augenblick verloren, in dem er die Macht erhält; seine Herrschaft über andere ist der einzige Ersatz dafür, daß er selbst nichts gewinnen kann.

Wer das Machtspiel richtig spielt, wird sich dagegen niemals in diese Position drängen lassen. Er betrachtet die eigenen Interessen und die des Unternehmens nicht als identisch. Er wird der Bitte nach Einsparungen nachkommen, aber nie auf eigene Kosten. Sein Ziel ist es, die Gehälter um zehn Prozent zu kürzen. Seinen Erfolg wird er jedoch dazu benutzen, für sich selbst eine zwanzigprozentige Erhöhung herauszuschlagen.

Macht, wie wir sehen werden, zahlt sich aus.

2. Kapitel

Geschichten
um
die Macht

Er konnte das Archiv den Archivaren, die Anfängerkurse den vorhandenen Lehrern, die Post den Sekretären überlassen, es würde dabei nicht viel versäumt werden. Die Elite aber durfte er keinen Augenblick sich selbst überlassen, er mußte sich ihr widmen, sich ihr aufdrängen und unentbehrlich machen, sie vom Wert seiner Fähigkeiten, von der Reinheit seines Willens überzeugen, mußte sie erobern, um sie werben, sie gewinnen, sich mit jedem ihrer Kandidaten messen, der dazu Lust zeigte, und es war kein Mangel an solchen Kandidaten.

Hermann Hesse
Das Glasperlenspiel

Nur die Macht ermöglicht es Menschen, edel zu sein.

Alfred Kazin

Die äußeren Zeichen der Macht

Einige Menschen haben ein angeborenes Talent, mit der Macht umzugehen, manchmal hat die Natur ihnen sogar das passende Äußere verliehen. Man muß nicht unbedingt 1,80 m groß oder wie ein Fußballprofi gebaut sein, aber es gibt einige physische Merkmale, die auf Macht deuten – eine gewisse Steifheit, ein fester Blick, ruhige Hände, breite Finger, vor allem ein selbstbewußtes Auftreten, das den anderen sagt: hier gehöre ich hin! – selbst wenn es sich um das Büro oder Bett eines anderen handeln sollte.

Es ist durchaus möglich, einige dieser Merkmale zu kultivieren, ja sogar bestimmte Eigenarten zu erwerben, die einen zum Mittelpunkt jeder Gruppe machen. Aber nichts ersetzt diese Kombination von Selbstbeherrschung und persönlicher Ausstrahlung, die das untrügliche Kennzeichen aller »Naturbegabungen« ist.

Ein großes Gesicht mit wenigstens einem imposanten Merkmal ist schon eine Hilfe – wie General de Gaulles Nase oder Präsident Johnsons Ohren. Haben einen jedoch die Götter oder die Vererbungsgesetze weniger auffallend ausgestattet, so muß man sich zu helfen wissen. Ein gelehriger Machtschüler tut gut daran, sich zunächst einmal gründlich im Spiegel zu betrachten. So läßt sich die Zeit auch sinnvoll nutzen, die normalerweise beim Rasieren oder Schminken vertan wird. Immerhin ist das Gesicht das erste, was ein anderer von uns sieht, und höchstwahrscheinlich das einzige, woran er sich später erinnert.

Sie denken vielleicht, daß Sie ja wenig an Ihrem Gesicht ändern können, wenn man mal von plastischer Chirurgie absieht, aber das stimmt nicht ganz. Wir leben hinter unserem Gesicht, das unsere Fassade ist. Vielleicht merken wir gar nicht, wie schlecht es für uns arbeitet. Versuchen Sie einmal in den Spiegel zu sehen und mit fester, überzeugender Stimme zu sagen: »Ich bin der Meinung, daß ich aufgrund meiner Arbeit ein höheres Gehalt verdiene, als ich im Augenblick bekomme, und ich weiß, daß ich

woanders mehr verdienen könnte. Nur würde ich es vorziehen
hierzubleiben.« Wird Ihr Blick nun unsicher, fangen Ihre Augen
an zu flackern und schiebt sich Ihr Kinn streitlustig nach vorn,
dann läßt Ihr Gesicht Sie im Stich, und bei einem richtigen Ge-
haltsgespräch denkt Ihr Arbeitgeber wahrscheinlich, daß Sie gar
keine andere Stelle in Aussicht haben, ja noch nicht einmal überzeugt sind, daß Sie Ihr augenblickliches Gehalt wirklich verdienen. Durch Üben vor einem Spiegel kann man sich einen festen,
vertrauenerweckenden Blick und einen selbstbewußten, entspannten Mundausdruck aneignen. Wir können uns vielleicht
nicht schöner machen, aber wir können lernen, unsere Gesichts-
reaktionen zu beherrschen und die allzu offensichtlichen Zeichen
von Nervosität zu beseitigen.

Bärte und Schnurrbärte, so beliebt sie im Augenblick auch sein
mögen, sind beim Spiel um die Macht nur selten von Nutzen,
denn man vermutet dahinter oft eine zu schwach entwickelte
Oberlippe oder ein fliehendes Kinn, auch sind sie natürlich
Frauen vorenthalten. Männer mit Bart sehen fast immer so aus,
als hätten sie etwas zu verbergen, und das trifft auch sehr oft zu.
Ein Schnurrbart wirkt wie ein halbherziger Kompromiß zwischen Rasur und Vollbart und läßt den Träger unsicher wirken.
   Es ist nützlich, still zu sitzen, wenn andere herumzappeln –
schon viele Geschäftsleute haben in Krisenzeiten von ihrer stei-
nernen Ruhe profitiert – während einem in Wirklichkeit vielleicht
gar nichts Vernünftiges einfällt oder man überhaupt nicht verstanden hat, wie ernst die Lage ist. Leute, die still sitzen und ihren Mund halten, erwerben sich mit der Zeit den Ruf, vernünftig,
zuverlässig, ja sogar hart im Nehmen zu sein, hauptsächlich, weil
sie selten eine Meinung äußern, ehe sie sich angehört haben, was
andere, ungestümere Zeitgenossen zu sagen haben. Dieses Talent
kann man erlernen – vielleicht helfen ein paar Wochen Yoga,
oder man sagt sich während Konferenzen Gedichte oder die
Fußballergebnisse auf. Wichtig ist, still, unerschütterlich, anscheinend aufmerksam und vor allem *sichtbar* zu sein.

Manchmal hilft Kleidung, um die Blicke auf sich zu lenken, aber nichts verärgert andere mehr als Exzentrizität auf diesem Gebiet. In Firmen, in denen eine hemdsärmelige Atmosphäre herrscht, wird man zum Beispiel hochgradig *sichtbar*, wenn man immer ein Jackett trägt. Man wirkt dadurch solider, konservativer und zuverlässiger als alle anderen.

Auch Füße können nützlich sein. Die meisten Leute schlagen beim Sitzen die Beine übereinander. Folglich erweckt man den Eindruck solider Macht, wenn man die Füße fest auf den Boden setzt. Füße lassen sich aber noch viel subtiler einsetzen, wie wir später noch sehen werden.

Führungskräfte, die stark schwitzen, halten es oft für nützlich, sich eine gute Klimaanlage zuzulegen, auch wenn andere dann vor Kälte zittern, denn Transpiration gilt gewöhnlich als Anzeichen innerer Spannung oder Unaufrichtigkeit. Keiner dieser Tricks kann es jedoch mit dem Vorteil eines guten, starken, beherrschten Gesichtes aufnehmen.

»Ich will nichts von Hunden hören«

Wer solch ein Gesicht hat, kann sich glücklich schätzen. Zum Beispiel mein Freund Jack: stellen Sie sich einen großen, schlanken Mann vor, den die Natur mit einer starken, kräftigen Nase ausgestattet hat (selbst die Nasenlöcher sind groß, was bei Menschen und Pferden als Zeichen von Kraft gilt). Er hat hellblaue Augen mit hängenden Lidern, wuchtige Brauen und vorstehende Backenknochen. Jack weiß instinktiv, was Macht ist. Ohne nachzudenken setzt er sich in jedem Restaurant und in jeder Bar mit dem Rücken zur Wand, so daß er den Eingang im Auge hat. Ein Mann mit dem Rücken zur Tür wirkt nämlich leicht nervös, weil er hin und wieder über die eigene Schulter sehen muß. Bei Konferenzen sitzt Jack mit dem Rücken zum Fenster, so daß die anderen in die Sonne starren müssen, wenn sie zu ihm hinüberblikken. Er spricht leise, beinahe flüsternd, so daß man sich vorbeugen muß, wenn man ihn verstehen will. Man fühlt sich also immer etwas unbehaglich, weil es so aussieht, als »verbeuge« man sich vor ihm. Wie alle guten Machtspieler kommt er nie ins Schwitzen und hat seine Blase absolut unter Kontrolle. Gleichgültig, wie lang eine Konferenz oder ein Essen dauert, er verläßt nie als erster den Tisch, um zur Toilette zu gehen. Der erste, der geht, wirkt nämlich auf die anderen leicht etwas schwächlich, auch wenn sie ihm ein paar Minuten später alle folgen. (Spieler, die ihrer Fähigkeit auf diesem Gebiet nicht sicher sind, sollten sich die britische Königsfamilie zum Vorbild nehmen, die sich auf Auftritte vor der Öffentlichkeit gewöhnlich dadurch vorbereitet, daß sie mehrere Tage im voraus so wenig wie nur möglich trinkt und eine ballaststoffarme, eiweißreiche Diät zu sich nimmt – man mag dann wohl durstig sein, aber muß sich nicht gerade in dem Augenblick entschuldigen lassen, wo ein Zerstörer vom Stapel läuft oder der Oberbürgermeister von Sheffield in den Adelsstand erhoben wird.)

Jack ist ein in der ganzen Welt gesuchter Wirtschaftsberater, mit einem Flair für absolut unkonventionelle Geschäfte. Sein Konferenzzimmer sieht wie ein Bankgewölbe aus. Alles ist aus rostfreiem Stahl und poliertem Messing. Der Glastisch wäre groß genug für eine NATO-Konferenz. Sein eigenes Bürozimmer wirkt dagegen wie das eines Notars an der Straßenecke – abgewetzte alte Möbel, verstaubte Aktenordner auf dem Fußboden, eine alte Standuhr, die nicht funktioniert. Das Zimmer zeigt, daß sein Inhaber die große Show da draußen eigentlich nicht nötig hat. Tatsächlich entsprechen die beiden Einrichtungsstile zwei grundverschiedenen Machtstilen. Sieht man ihn im Konferenzzimmer, erweckt Jack den Eindruck der Entschlossenheit und Unermüdlichkeit. Er ist kurz angebunden, unpersönlich, gibt knappe Anweisungen über die Wechselsprechanlage. Die Beleuchtung ist geschickt arrangiert und gibt seinem Gesicht den Ausdruck strahlender Gesundheit. Bei soviel Zielstrebigkeit scheint jede Opposition sinnlos.

In seinem Privatbüro schlüpft er dagegen in die andere Rolle.
Er läßt die Schultern hängen, klagt, er sei erschöpft oder zu alt.
Seine Augen unter den wulstigen Lidern erwecken nicht mehr
den Eindruck von Macht, sondern eher den einer unsäglichen
Müdigkeit. Zwischen den riesigen Papierstapeln wirkt er wie
verloren und gibt sich plötzlich ganz menschlich. Er erkundigt
sich nach der Gesundheit seines Besuchers und empfiehlt einen
guten Arzt zur Behandlung des schmerzenden Rückens. Er bietet dem Besucher eine Beruhigungspille an und warnt ihn gleichzeitig davor, die Pille zu nehmen. Er kann blitzschnell von einer
Rolle in die andere fallen, bis sein Gegenüber schließlich aus dem
Konzept gerät. Er weiß nicht mehr, ob er es mit dem bekannten
Finanzgenie oder mit einem lieben alten Onkel zu tun hat.

Macht ist Jacks Metier. Er erscheint in den Büros seiner Ge-
genspieler, ohne vom Empfang angekündigt zu sein. Wenn sie
vom Schreibtisch aufblicken, steht er plötzlich da. Er weiß, wieviel er gewinnt, wenn sie keine Gelegenheit mehr hatten, ihn
noch ein paar Minuten warten zu lassen. Er überrascht sie, wenn
sie gerade die Jacken abgelegt und die Krawatten gelockert haben
oder ihre Freundinnen übers Privattelefon anrufen oder mit einer Sekretärin ein Späßchen machen. Und schon ist er ihnen
überlegen, wie ein Mann, der ins Schlafzimmer einer Frau ein-
dringt und sie hier nackt antrifft*. Keine Empfangsdame könnte
Jack je stoppen. Er sieht aus, als gehöre ihm das ganze Unternehmen und als könne er das gesamte Personal sofort und auf der
Stelle an die Luft setzen.

Seit Beginn seiner Karriere hat Jack nie um eine Gefälligkeit
gebeten – er selbst gewährt sie gern, richtet es aber so ein, daß
man sie nicht erwidern kann. Er ist auf eine instinktive, aber lei-
denschaftslose Art großzügig. Am Ende einer langen und erfolg-

---

* Oder wie eine Frau, die ins Schlafzimmer eines Mannes geht und ihn hier nackt antrifft.
Der (die) Nackte ist immer verlegener als der (die) Bekleidete und glaubt, an der Begegnung
schuld zu sein. Er (oder sie) fühlt sich dem Eindringling unterlegen. Jede Bloßstellung ist
eine Art Kapitulation.

losen Verhandlung hatte ein Kontrahent das Gefühl, in einer
Sackgasse zu stecken, und machte eine kleine Bemerkung über
Jacks Armbanduhr, eine schmale Patek Phillipe mit goldenem
Gliederarmband. »Eine tolle Uhr«, sagte er, »ist sie teuer?« Jack
zuckte die Achseln. »Vierhundert Dollar«, gab er zur Antwort.
»Die hätte ich auch gern«, sagte sein Verhandlungspartner.
»Brutto oder netto?« Jack erlaubte sich ein kleines Lächeln,
nahm die Uhr ab, legte sie auf den Tisch und stand auf. »Netto«,
sagte er, »aber die Uhr gehört Ihnen. Wenn wir mit dem Vertrag
zu keinem Abschluß kommen, können wir uns wenigstens über
die Uhr einigen.« Bevor sein verblüffter Kontrahent antworten
konnte, war Jack gegangen und sein Gegenüber steckte in der
Klemme. Schuldete er Jack vierhundert Dollar? Oder den Brut-
topreis? Oder vierhundert Dollar minus einer gewissen Ab-
schreibung? Oder gar überhaupt nichts? Würde er die Uhr zu-
rückgeben können? Trotz wiederholter Telefongespräche
weigerte sich Jack, über die Uhr zu sprechen. Als die beiden
schließlich wieder zusammentrafen, um über wichtigere Dinge
zu reden, mußte der Manager immer wieder an die Uhr denken.
Er gab in fast allen Punkten nach. Wäre er schlau gewesen, hätte
er die Uhr per Einschreiben zurückgeschickt, aber, wie Jack
später bemerkte: »Er wollte die Uhr wirklich. So wurde es die
teuerste Uhr seines Lebens.«

Jack bewegte sich instinktiv nach den Regeln des »territorialen
Imperativs«. Sitzt er einem anderen beim Lunch gegenüber, so
schiebt er seine Packung Zigaretten, sein altes Dupont-Feuer-
zeug, seine Lesebrille, seinen Butterteller und sein Wasserglas
allmählich zur Mitte des Tisches, bis sie schließlich die unsichtbare Grenzlinie überschreiten und auf dem Platz seines Gegen-
übers landen. Wird das Mahl serviert, ist der andere schon um-
zingelt und muß sich über Jacks Besitztümer nach vorn beugen,
um überhaupt verstehen zu können, was er sagt. Der Tisch wird
für Jack zum Schachbrett. Plötzlich stehen seine Figuren auf der
Seite des anderen und bedrohen den König. Der Kontrahent ist
schachmatt, bevor er merkt, daß das Spiel begonnen hat.

Immer bringt er seinen Hut und seinen Überzieher mit ins Zimmer. Statt sie draußen aufzuhängen, legt er sie auf der Couch oder einem Sessel ab und etabliert damit einen territorialen Anspruch. Oft bittet er, das Telefon benutzen zu dürfen. Geht der andere dann höflich hinaus, findet er ihn bei seiner Rückkehr am Schreibtisch sitzen, den Hörer (nach Form und Funktion ein Freudsches Symbol) fest im Griff. Das hat schon viele aus dem Gleichgewicht gebracht.

Wenn Jack eine Schwäche hat, dann ist es seine Sentimentalität. Er wundert sich manchmal selbst, wie stark und leidenschaftlich seine Zuneigung zu bestimmten Leuten ist. Er hat gelernt, andere zu manipulieren, aber nicht, ihnen gegenüber gleichgültig zu sein. Im Grunde möchte er jedermann glücklich sehen, auch wenn er Sieger geblieben ist. Wenn seine Verhandlungspartner eine Niederlage einstecken müssen, wenn jede Klausel zu seiner Zufriedenheit geändert wurde, vermittelt er ihnen zum Schluß doch immer den Eindruck, daß sie einen guten Kompromiß geschlossen haben. Er behauptet nie von sich, gesiegt zu haben. Wenn es überhaupt möglich ist, ihm eine Niederlage beizubringen, dann nur mit Hilfe seines Sinns für Gerechtigkeit, der so spontan wie echt ist. Viele seiner Klienten führen ein Leben am Rand der Gesellschaft. Sie brauchen Jack und appellieren irgendwie an seine väterliche Fürsorge, an seinen Wunsch, die Wunden zu heilen, die das Leben geschlagen hat. Vielleicht liegt es auch nur daran, daß ein Leben, das sich vor allem um Ölverträge, Grunderwerb und lateinamerikanische Ferienhotels dreht, ihn einfach nicht zu befriedigen vermag. Wie dem auch sei, Jack spielt das Machtspiel oft um geringen oder überhaupt keinen Gewinn – wie ein erfolgreicher Arzt, der einen armen Patienten umsonst behandelt.

Auch sein Bruder ist ein solcher Arzt, einer von diesen ganz altmodischen Ärzten, die noch um das Wohl ihrer Patienten besorgt sind und von denen man meist glaubt, daß es sie gar nicht mehr gibt – ein leicht vornübergebeugter, kräftig gebauter Mann mit einem etwas weltfremden Gesichtsausdruck und den scharfen Augen des geborenen Diagnostikers. Seine Liebe gehört der Medizin, und es könnte gut sein, daß er einer der letzten Menschen in Amerika ist, die noch ohne Vorbehalt an den hippokratischen Eid und die Prinzipien der Unabhängigkeitserklärung glauben. Er wohnt im tiefsten Brooklyn, wo ganze Viertel so aussehen wie Dresden 1945. Auf riesigen Flächen von Steinschutt stehen wetterzerfressene Schilder und versprechen im Auftrag irgendeines Bürgermeisters, der längst nicht mehr im Amt ist, irgendein großes Wiederaufbauprogramm. Synagogen sind jetzt Moslemtempel, Ladenfenster sind mit Sperrholz vernagelt und dienen als Büros der Italienisch-Amerikanischen Anti-Diffamierungs-Liga, pseudo-irische Bars ändern ihre Namen allmählich von »The Shamrock Grill« zu »Mecca«. Ein früheres Möbelgeschäft wurde zum Zentrum der Brüderschaft »kriegerischer Mönche« in grünen Roben mit schwarzen Kordeln, die Kung Fu, Karate und Judo lehren und überall im Verdacht stehen, junge Schwarze mit Drogen und automatischen Waffen zu versorgen. Es ist keine angenehme Wohngegend.

Früher gab es hier viele Ärzte – praktische Ärzte, die ihre Patienten kannten, Hausbesuche machten und in den Taschen Bonbons für die Kinder hatten. Als die neuen Bewohner kamen, flohen sie – teils in die Pensionierung, teils in die Vorstädte. Nur Jacks Bruder blieb, lernte ein wenig Italienisch, schloß – wie früher mt dem Rabbi – mit dem Pater Freundschaft, aber fand sich schließlich doch isoliert in all dem sozialen Niedergang um sich herum. Drogenabhängige brechen in seine Praxis ein, er kann keine Nachtbesuche mehr machen, weil er fürchten muß, überfallen zu werden, der Lattenzaun um sein Haus wird ihm zur Nachtzeit abgerissen, die Radkappen und das Doktorschild verschwinden von seinem Wagen. Wo er einst mit Respekt behandelt wurde, wird er jetzt nur noch belästigt.

Das alles geschah, ohne daß Jack davon wußte – er hat seinen Bruder gern, aber ihre Wege kreuzen sich nur selten, und jeder hält den anderen für etwas naiv. Für Jack ist Los Angeles näher als Brooklyn, und so ist es denn auch nicht weiter überraschend, daß er mir die Geschichte von der Bedrängnis seines Bruders im trüben Licht der Polo Lounge des Beverly Hills Hotel erzählte, wo ich ihn getroffen hatte. »Sie kennen doch meinen Bruder, nicht wahr? Wahrscheinlich wissen Sie aber nicht, daß einer meiner Klienten ein Mafiaführer ist – nur daß wir ihn nicht so nennen. Für uns ist er der Mann, der angeblich mit der Unterwelt in Verbindung steht. Nennen wir ihn also Mr. Pietro. Er ist in bestimmten Kreisen sehr angesehen und hat große Macht in Brooklyn, wo er eine Anzahl von Geschäften betreibt. Persönlich mag ich ihn sehr gern – er ist ein warmherziger Typ, der sich viel um seine Verwandten kümmert, was ich sehr gut finde. Sie haben von ihm alle einen Eisstand gekriegt. Er hat mir einmal gesagt: »Sie können keinen Unfug machen, wenn sie Eis verkaufen, aber nur einem Diabetiker würde ich bei einem Eisstand wirklich über den Weg trauen. Er würde wenigstens nicht die Zutaten klauen.« Wie dem auch sei, Pietro sitzt im Augenblick im Gefängnis, und ich besuche ihn hin und wieder wegen seiner privaten Geldangelegenheiten. Mit seinen anderen Geschäften will ich allerdings nichts zu tun haben.

Pietro war jedenfalls der letzte, an den ich dachte, als ich kürzlich meinen Bruder an seinem Geburtstag besuchte, was ich schon lange nicht mehr getan hatte. Ich merkte, daß mein Bruder sich unglücklich fühlte. Ich drang in ihn, und er erzählte mir, was alles so passierte. Vor zehn Jahren hätte er zum Rabbi oder zur Polizei gehen können, aber was sollte er heute machen. Nun, dachte ich, man sollte vielleicht doch etwas tun, und ohne ihm davon zu erzählen, schlenderte ich nach dem Essen durch die Straße, und nach ein paar Blocks sah ich an der Ecke einen Süßwarenladen, in dem man auch Zeitungen, Zeitschriften und Tausende anderer Sachen kaufen kann. Er wirkte in dieser Gegend wie eine Art Zentrum. Nun, da steht so ein alter Mann hinterm Ladentisch, großer, weißer Schnurrbart, Schürze, und hat sich so hingestellt, daß er die ganze Straße überblicken kann. Ich geh' also rein und mache mich möglichst breit, und als ich genau vor ihm stehe und er nicht mehr rausgucken kann – er merkt, daß ich ihm vorsätzlich die Sicht nehme –, da blicke ich ihm direkt in die Augen. ›Kann ich was für Sie tun‹, fragt er. ›Nein‹, sage ich. ›Ich bin hier, um Ihnen eine Botschaft von Mr. Pietro zu bringen. Und dies ist die Botschaft: Machen Sie keinen Unsinn mit dem Bruder meines consigliere. Ich bin Don Pietros consigliere. Der Doktor ist mein Bruder. Das ist die Botschaft.‹

Da glotzt dieser Bursche mich an und reißt die Augen weit auf. ›Nun sagen Sie selbst‹, sagt er. ›Was kann ich tun? Die Kinder, wer kann Kinder heutzutage noch unter Kontrolle halten. Sie tun alles mögliche, den Eltern ist alles egal, hier ist einfach keiner mehr sicher. Da ziehen immer mehr Schwarze hierher, unsere eigenen Kinder haben vor gar nichts Respekt, selbst der Pfarrer fühlt sich nicht mehr sicher. Sagen Sie doch Ihrem Bruder, er soll sich einen Hund kaufen.‹ Ich sah ihn an, ohne mit der Wimper zu zucken. ›Kommen Sie mir nicht damit‹, sagte ich. ›Ich habe keine Erlaubnis, hier zu diskutieren. Ich will nichts von Hunden hören. Ich bin nur ermächtigt – verstanden? *ermächtigt* –, Ihnen eine Botschaft zu überbringen. Das ist alles. Und jetzt wissen Sie Bescheid. Die Botschaft stammt von Don Pietro. Was Sie nun tun, ist Ihre eigene Sache, mein Freund. Wenn Sie über Hunde reden wollen, dann reden Sie doch mit *ihm* über Hunde.‹

Also, mein Bruder sagt mir, inzwischen hat sich alles geändert. Sein Zaun ist repariert, keiner faßt sein Auto mehr an, ein paar Leute aus der Nachbarschaft bewachen nachts sogar seine vordere Haustür, damit keiner einbricht, und alle haben Gummiknüppel und große Schraubenschlüssel. Er fühlt sich wieder wohl. Er glaubt, man kann jetzt wieder in dieser Gegend wohnen. Ich habe ihm nicht erzählt, was ich getan habe, und ich habe auch Pietro nicht gesagt, daß ich seinen Namen benutzt habe, obwohl er sicher nichts dagegen hätte – er hat Sinn für Humor und ist selbst auch gegen Straßenkriminalität. Ich habe einfach Macht gebraucht. Und keiner weiß etwas davon.«

»Ich will meinen Namen nicht auf der Leinwand sehen. Ich brauche keine Reklame. Wer sich selbst anerkennt, hat so etwas nicht nötig[8].« In diesen Worten (die der Schriftsteller F. Scott Fitzgerald in »The Last Tycoon« dem Hollywoodproduzenten Monroe Stahr in den Mund legt) spiegelt sich ein sehr subtiles Machtverständnis wider – und auch ein sehr seltenes. Nur wenige, die Macht haben oder Macht wollen, verzichten darauf, für sich selbst Reklame zu machen (aus diesem Grund sind die Mächtigen selten fähig, Geheimnisse für sich zu behalten). Leute wie Jack, die ihre Macht *unsichtbar* gebrauchen, sind sehr selten. Aber es sind die talentiertesten Machtspieler. Hinter den Kulissen erhalten sie mit einem Minimum an Aufsehen alles, was sie wollen. Konfrontation erzeugt nur Reibung, und Reibung verlangsamt das Tempo.

Für die meisten Menschen liegt die Hauptanziehungskraft der Macht jedoch in ihrer Sichtbarkeit. Die Rolle der grauen Eminenz reizt sie nicht. Auch das politische Leben begünstigt geheime Macht nicht gerade: wir wollen nicht nur geführt werden, sondern unsere Führer in Aktion sehen, ihre Kämpfe stellvertretend miterleben. Wir wollen die offene Diplomatie: in der Politik verlangen wir direkte Machtkonfrontationen, am Arbeitsplatz weiden wir uns an interessanten Machtspielen. In jedem Unternehmen sind Machtspiele daher sehr beliebt. Die Arbeit ist für die meisten wenig attraktiv, doch sie wird erträglicher, wenn man andere beim Kampf um die Macht beobachten kann. Es ist ein Zuschauersport, der gleichzeitig Teilnahme erfordert. Jeder, so unwichtig er auch sein mag, kann mitspielen, Stellung beziehen, Urteile fällen. Er hat das Gefühl, etwas Interessanteres und Dramatischeres zu erleben, als es ihm seine eigene, begrenzte Aufgabe bieten kann. Deshalb wird ein auffällig operierender Machtsucher meist mehr Parteigänger und Sympathisanten finden als ein im stillen wirkender Verschwörer.

Wer Freude an öffentlicher Machtentfaltung hat, kann sehr schnell aufsteigen. Solche Menschen werden Stars, Berühmtheiten ihrer kleinen Welt, an die sich schnell Legenden knüpfen. Sie sind die geborenen Führer.

»Ich wußte, daß ich nicht arm sein wollte«

David Mahoney, der zweiundfünfzig Jahre alte Vorstandsvorsitzende der Norton Simon Inc., ist an schnelles Tempo gewöhnt. Macht und Erfolg haben sich bei ihm immer blitzartig eingestellt. Er war so flink und wirkte so siegessicher, daß Ältere ihm freiwillig den Weg ebneten. Der Sohn eines Bauarbeiters aus der Bronx leitet heute einen Konzern, dessen Umsatz im Geschäftsjahr 1972/73 eineinhalb Milliarden Dollar überstieg. Der Mischkonzern verkauft alkoholfreie Getränke, Konserven, Kosmetika, Alkohol, Modeartikel und Zeitschriften.

Das Verwaltungsgebäude von Norton Simon Inc. steht an der New Yorker Park Avenue und symbolisiert durch seine Architektur den sicheren Besitz von Macht und Geld. Der »Empfangsbereich« ist in verschiedenen Brauntönen gehalten, und es herrscht in ihm eine überwältigende Stille wie in einem Pharaonengrab. Wahrscheinlich haben beide auch ungefähr gleich viel gekostet. An den Wänden hängen riesige abstrakte Gemälde, Produkte einer gefälligen und kostspieligen Kunst, die freundlich und beruhigend wirkt. Der Teppich ist in einem dunklen Braun-Beige, die Möbel sind aus rostfreiem Stahl und Leder und unterscheiden sich im Stil kaum von einer Erster-Klasse-Lounge in einem beliebigen Flughafen – man wäre nicht erstaunt, wenn jetzt eine miniberockte Kellnerin auftauchte, um die Bestellungen entgegenzunehmen.

Mahoneys Empfangszimmer ist ein großer, ruhiger Raum mit einzigartigem Blick auf New York, einem Konferenztisch, der mit bemaltem blauen Leinen bedeckt ist, bauchigen Armsesseln aus braunem Wildleder, kunstvoll verzierten Zigarettenetuis mit Tareytons (Mahoneys Marke), einem Tisch aus Krokoimitat, auf dem im geschmackvollen blaugrauen Pergamenteinband David Mahoneys letzter Vierteljahresbericht für die Aktionäre prangt. Die weißen Vorhänge bewegen sich anmutig in der leichten Brise, die aus den Ventilatoren kommt, die Fenster sind nicht zu öffnen, und von der anderen Seite der Tür, die zu Mahoneys Arbeitszimmer führt, hört man Fetzen eines lebhaften Gesprächs, in dem der Ausdruck »Betriebskapital« häufig wiederkehrt. Man fühlt sich wie im Kontrollraum eines Raumschiffs auf dem Weg zu den Sternen des Profits.

Als sich die Tür öffnet, erscheint der Flugkapitän persönlich, ein großer, schlanker, gutaussehender Mann Anfang Fünfzig, – karierter Anzug, blaues Leinenhemd, schwarze Lederschuhe und eine schmale goldene Armbanduhr, die er niemals konsultiert. Das Auffälligste an ihm sind die Augen. Sie sind groß, intelligent und von einem so strahlenden Blau, daß man sofort für ihn eingenommen ist. Mahoney scheint die Macht seiner Augen zu kennen – er sieht seinen Besucher geradeheraus an, sein Blick weicht niemals aus. Er lehnt sich über den Tisch vor, seine Augen kommen dem Besucher ganz nahe, er dreht und wendet sich so lange in seinem Sessel, bis die beiden Augenpaare auf gleicher Höhe sind. Er wirkt wie ein Hypnotiseur oder ein Schauspieler – eigentlich gar nicht wie ein Geschäftsmann. Nur seine Augen können schrecklich kalt werden, wenn er Fragen stellt. Ganz anders als Jack ist Mahoney in ständiger Bewegung. Er zündet eine Zigarette an der anderen an, gestikuliert, kippt den Sessel vor und zurück, aber seine Füße bleiben immer fest auf dem Boden. Wie Jack hat er die Angewohnheit, seine Sachen allmählich über den Tisch zu schieben. Während er redet, wandern sein goldenes Feuerzeug, sein Ascher und sein Silberbecher unerbittlich auf den Besucher zu.

Mahoney ist hager und mitten im Winter tiefgebräunt. Er gehört zu den Menschen, die überall Aufsehen erregen würden. Er strahlt Vitalität aus. Sein Charme erinnert an John F. Kennedy (auch eine irisch-amerikanische Erfolgsstory), obwohl die einzigen Fotografien im Raum Präsident Nixon und seine Frau zeigen. Es sind zwei vom Präsidentenpaar eigenhändig signierte Farbseiten aus einer in MacCall's erschienenen Geschichte.

»Macht ist ein Hebel . . .«, sagt Mahoney. Wir reden von seiner Verantwortung, seinem meteorartigen Aufstieg, und Mahoney versucht zu erklären, wie er seine jetzige Position erreicht hat. »Ist Macht Überredung oder Gewalt?« fragt er und zuckt die Achseln. »Oder Manipulation?« Er macht eine Pause und fragt, ob ich Allan Watts gelesen habe. Geschickt läßt er Newtons drittes Gesetz in die Unterhaltung einfließen (er zitiert es ganz genau), bedenkt Leute, die seine Ansichten nicht zu teilen vermochten, mit einem unbekümmerten »Gott hab' sie selig«, nimmt einen Telefonhörer auf und sagt: »Sagen Sie ihnen, es ist um 18 Uhr, und wir werden sie zurückbringen müssen.« Dann erzählt er weiter, wie er sein Unternehmen leitet. Denn Mahoney versteht Macht als ein Mittel, etwas zu leisten, die Vorstellung von Macht als einer abstrakten Größe macht ihm Unbehagen. Er sieht in ihr nicht so sehr ein Werkzeug, sondern eher eine Eigenschaft, über die er verfügt. Wie er sagt, ist er am »Wie« interessiert, nicht am »Warum«.

»Nirgendwo gibt es absolute Unabhängigkeit«, meint er. »Es gibt verflucht wenig Dinge, die ich einfach so tun könnte. Will ich wirklich ein Unternehmen leiten, Entscheidungen treffen? Schon. Aber ich bin immer ein Mann der Linie gewesen.« Er macht eine Pause. »Im Grunde habe ich bei allen Unternehmen, für die ich gearbeitet habe, immer nur Geld gemacht. Einer muß die Führung übernehmen, die Dinge in Gang setzen, einer, der das gewisse Etwas hat, was man nicht so recht definieren kann.« Mahoney sucht nach einem Beispiel, offenbar widerstrebt es ihm, sich selbst anzuführen. »Joe Namath!« sagt er. »Er hatte die Macht. Er war der geborene Führer.« Mahoney lächelt breit, und ich verstehe, weshalb ihm Namath in den Sinn kommt. Denn Mahoney selbst war ein ausgezeichneter Baseball- und Basketballspieler, damals, als er noch zur Cathedral High School in Manhattan ging und feststellte, daß er es nur durch Leistung und Siegeswillen beim Sport schaffen würde, aufs College zu kommen. Wegen seiner Erfolge als Basketballspieler kam er an die Wharton School der Universität von Pennsylvania und letztlich in seine jetzige Position. Er spielt immer noch, um zu gewinnen, und hegt kameradschaftliche Gefühle für Spitzensportler, deren Probleme auf dem Spielfeld er gerne mit seinen eigenen vergleicht. Über seinen eigenen Erfolg sagt er nur ganz bescheiden: »Seit Moses mit den Gesetzestafeln vom Berge herabstieg, haben Vertreter die Welt verändert. Auch ich bin ein Vertreter.«

Bei der Unternehmensführung sieht Mahoney seine Rolle darin, das Beste aus seinen Leuten herauszuholen, auch das eine Art Vertretertugend. Er »will die richtigen Entscheidungen nicht selber treffen, sondern die Entscheidungen anderer gutheißen, die Leute wie ein Orchester dirigieren«, aber man kann sich vorstellen, daß es ihm nicht schwerfällt, sie auf die Entscheidung, die er wünscht, hinzudirigieren. Er bestreitet nicht, andere manipulieren und im Unternehmen für Ordnung sorgen zu können. »Übereinstimmung ist mir natürlich am liebsten«, sagt er, »aber totaler Übereinstimmung traue ich nicht. Wenn zwei Menschen ständig übereinstimmen, ist einer von ihnen überflüssig.«

Auf die Frage, ob man auch einmal hart durchgreifen dürfe, reagiert er ein wenig ausweichend, zum Teil wohl wegen der Geschichte mit einem Geschäftsführer eines kanadischen Zweigunternehmens, der nur zwei Wochen im Amt war. Als dieser meldete, daß er die Planziffern für das Jahr auf keinen Fall würde erreichen können, wies Mahoney ihn an, »innerhalb von sechs Monaten der Planung zu entsprechen«. Als er zurückfragte, was geschehen würde, wenn er es nicht schaffe, soll Mahoney geantwortet haben: »Dann räumen Sie Ihren Schreibtisch auf und gehen nach Hause[9].«

Diese Geschichte ist Mahoney sehr unangenehm, und er gibt sich große Mühe klarzustellen, daß der Geschäftsführer von Canada Dry tatsächlich »den Plan erfüllte« und noch immer bei der Firma ist. »So etwas ist nicht persönlich gemeint. Ich will nicht wissen, warum sie es nicht schaffen, ich will hören, wann es bei ihnen wieder aufwärts geht. Ich brauche das ›Wie‹, nicht das ›Warum‹. Ich höre mir gern die Gründe an, und ich kann gute Gründe verstehen, wie zum Beispiel einen Streik in einer Flaschenfabrik. Aber ich will wissen, wie der Betreffende da wieder herauskommt. Wenn er es nicht schafft, tut er gut daran, stichhaltige Gründe und einen Plan zu haben.« Zum ersten Male zeigt sich ein Anflug von Mahoneys Härte, als er das Thema abrupt beendet: »Immerhin, er erkannte die Zahlen an, es waren *seine* Zahlen!«

Zahlen spielen eine große Rolle in Mahoneys Ausführungen. Selbst seine eigene Stellung umschreibt er mit den Worten: »Alles, was ich bin, ist nur die Summe der Zahlen anderer.«

Wie setzt er es durch, daß sich jeder an seine Zahlen hält? Mahoney spricht von der »Methode, wie man Leute an die Arbeit kriegt«, von Überredung und Sonderleistungen (»man erfüllt ihnen den Wunsch nach Geld, Sicherheit etc. Jeder braucht schließlich etwas, und sei es auch nur ein besserer Tisch in der Kantine«). Dann erwägt er widerstrebend die Möglichkeit, daß seine Macht auf Furcht gegründet sein könne. »Leute haben Angst, natürlich, manchmal haben sie Angst vor mir. Man hat Angst vor allem, was zum Problem werden kann. Wenn einer Angst vor mir hat, hat er in Wirklichkeit Angst vor sich selbst. Wenn sie etwas leisten, brauchen sie auch vor nichts Angst zu haben. Angst gibt es wahrscheinlich in jedem Unternehmen, das ist nur natürlich. Sobald einer mit dem Boß nicht übereinstimmt, kriegt er es mit der Angst. Das läßt sich nicht ändern.«

Mahoney weist noch schnell darauf hin, daß konstruktive Machtanwendung ihm nicht leichtfällt. Er entläßt nicht gern Leute – »das ist die schwerste Entscheidung, schon schwer genug, wenn es sich um Leute handelt, die man kennt und gern hat – man kennt ihre Frauen, ihr Zuhause, ihre Kinder –, aber es ist noch schwerer, wenn es um Leute geht, die man überhaupt nicht kennt, wenn man zum Beispiel eine ganze Fabrik schließen muß, weil einem nichts anderes übrigbleibt.« Für einen Augenblick sieht er fast grimmig drein, vielleicht geht ihm gerade eine solche Entscheidung durch den Kopf. Dann lächelt er plötzlich und sagt: »Man muß seine Arbeit ernst nehmen, aber man darf sich um Gottes willen nicht *selbst* ernst nehmen. Sonst wird die Arbeit zu einer Plackerei.«

Wie denkt Mahoney über Geld? Wollte er schon immer Macht, Reichtum, Erfolg? »Ich wußte nur, daß ich nicht arm sein wollte«, sagt er und erinnert sich an ein Kindheitserlebnis, an einen großen Straßenkreuzer, den er vor einem Theater sah und der für ihn damals »Macht und Sicherheit« bedeutete. Er erhebt sich, ohne auf seine Uhr gesehen zu haben; offenbar weiß er, daß es kurz vor 18 Uhr ist. »Aber große Wagen und all das nutzen sich ab«, sagt er. »Man hat viele Vorrechte, und sie sind wichtig für das Ich. Für mich kommt es schließlich immer wieder aufs Geld hinaus. Ich will nichts umsonst tun. Ich hab' es ja verdient.« Er entschuldigt sich, daß er jetzt gehen muß, aber er hat eine Gymnastikstunde um 18.30 Uhr, und das Auto wartet schon unten. An der Tür wendet er sich noch einmal um. »Mit der Macht kommt auch Verantwortung«, sagt er mit Nachdruck. »Hat man das Unternehmen am Gängelband, dann hat es auch einen selbst am Gängelband.« Und fort ist er mit den elastischen Bewegungen des trainierten Sportlers.

Mahoney hat natürlich nichts gegen dieses Gängelband. Sein Charme besteht teilweise einfach darin, daß er sich selbst nicht so schrecklich ernst nimmt. Die Macht ist ein Spiel, das er gut beherrscht; oft gewinnt er, manchmal verliert er auch, aber ganz offensichtlich macht Macht sein Leben aufregend und spannend. Er ist nicht, wie man von dem Leiter eines anderen großen Unternehmens gesagt hat, »ein Mann, der in absolute Herrschaftsansprüche vernarrt ist, der von der Macht nie genug bekommen kann«[10].

Natürlich ist es in Mahoneys Position verhältnismäßig leicht, das Machtspiel so entwaffnend und mit so viel natürlichem Charme zu spielen. Dadurch, daß er seinen Untergebenen ihre Wünsche erfüllt, hat er sie letztlich in der Hand. Ähnlich sagte einmal jemand über Harold S. Geneens Macht über die Manager von ITT: »Er kriegt sie mit ihren dicken Wagen.«[11] Doch Mahoney macht es auf die sanfte Tour, was in seiner Welt selten genug vorkommt. In vielen Betrieben wird man dagegen Augenzeuge von Szenen, die an blutige Kämpfe im Dschungel erinnern – die unterdrückten Schreie des Opfers, das Triumphgebrüll des siegreichen Räubers, das zaghafte Frohlocken derer, die noch einmal davongekommen sind und die sich nach jedem Gemetzel gratulieren, daß sie es nicht gewesen sind. Viele Menschen genießen es, gefürchtet zu sein, sonst hätten sie nicht das Gefühl von Macht. Aggression ist ihre Strategie, ihre Waffe der Zorn.

Ein leidenschaftlicher Temperamentsausbruch ist manchmal ein geschickter Trick, fällt aber gewöhnlich in den Bereich der *Verteidigungs*spiele. Auch Spitzenmanager neigen meist dazu, direkten Konfrontationen mit Kollegen, die »dünnhäutig« oder notorisch gereizt sind, aus dem Wege zu gehen. Der Ärger ist ihnen einfach zuviel.

Es stimmt zwar, daß Leute, die leicht in die Luft gehen, häufig gewaltige Privilegien und Freiheiten erhalten, damit sie nur ruhig bleiben. Aber sie kommen selten in eine wirkliche Machtposition. Sie können höchstens durch eines ihrer Wutrituale Eindringlinge von ihrem Nest vertreiben, wie der männliche Beinwinkerkrebs, der mit dem linken Bein winkt, »um andere Krebsmännchen abzuschrecken ... und um sein Territorium abzugrenzen«[12]. In der menschlichen Gesellschaft sind die entsprechenden Zeichen meist Gesichtsgesten – die Wangen laufen hochrot an und plustern sich auf, die Augen werden starr und quellen hervor, die Lippen versteifen sich in der Mitte, während die Mundwinkel zucken.

Entsprechend den territorialen Gewohnheiten des Menschen sind Temperamentsausbrüche immer dann am schlimmsten, wenn sie außerhalb des eigenen Büros stattfinden. Denn die Wut wird noch verstärkt, wenn man in einem Raum steht, der einem nicht »gehört«. Kluge Manager machen deshalb Auseinandersetzungen mit Leuten, die leicht die Fassung verlieren, in deren Zimmer ab – auf eigenem Grund und Boden sind sie nachgiebiger gestimmt.

Solche Wutbezeigungen entstehen meist aus einem Gefühl der Unsicherheit. Wenn Menschen in der Hierarchie aufsteigen, lernen sie gewöhnlich auch, sich zu beherrschen und andere zu besänftigen. Sie erkennen, daß Macht im »Hervorbringen beabsichtiger Wirkungen«[13] liegt und nicht in unbeherrschter

Selbstenthüllung. Während viele mächtige Männer als »harte Burschen« anfangen, weil es für eine bestimmte Sorte aggressiver Spieler ein besonders leichtes und schnelles Spiel ist, lernen die meisten jedoch bald, mit Hilfe von Vernunft zu regieren. Der Trick besteht darin, Leute dazu zu bringen, daß sie das, was sie tun sollen, gern tun – ihnen einzureden, daß sie selbst wollen, was man von ihnen will.

»Vielleicht bin ich bloß ein Schwächling«

Damit komme ich zu W. Michael Blumenthal. Der Vorstandsvorsitzende der Bendix Corporation, die im Geschäftsjahr 1971/72 einen Umsatz von beinahe zwei Milliarden Dollar hatte (und einen Gewinn von 56400000 Dollar erwirtschaftete), erwarb einen fast legendären Ruf als »harter Bursche«. Ein früherer Chef von ihm nannte ihn »arrogant und übermäßig aggressiv«.

Eine »Fortune«-Geschichte über Blumenthal begann mit der Warnung: »Besucher der Bendix-Zentrale in Southfield, Michigan, sollten sich besser nicht in der Nähe geschlossener Türen aufhalten. Es besteht sonst Gefahr, daß sie von W. Michael Blumenthal über den Haufen gerannt werden . . . Blumenthal tritt nicht einfach ins Zimmer – er platzt herein, und ein K.o.-Schlag erwartet jeden, der ihm zufällig im Weg steht[14].«

Dieses dramatische Bild irritiert Blumenthal, wie man im Gespräch schnell feststellt, aber man kann auch leicht erraten, daß es einmal eine Zeit gab, wo es ihm ungeheuren Spaß gemacht hätte. Denn Blumenthal ist ein ganz besonderer Industriellentyp, vielleicht der erste und erfolgreichste einer neuen Gattung – Männer, die in der akademischen Welt und auf Regierungsposten Erfolg hatten und die dann in der Industrie dank ihrer IQs mit astronomischen Gehältern und Aktienbezugsrechten das große Geld machten.

Blumenthal lehrte Wirtschaftswissenschaften an der Universität Princeton, brach aber dann seine akademische Laufbahn ab und ging zu Crown Cork International, einem Hersteller von Flaschenverschlüssen, arbeitete zwei Jahre im Außenministerium und war vier Jahre Chef der US-Delegation bei der Kennedy-Runde für internationale Handelsvereinbarungen. Er war der jüngste Botschafter, den Amerika je gehabt hat.

Wenn man ihn so ansieht, kann man sich nur schwer vorstellen, daß er jemanden k.o. schlagen könnte – er ist dünn und grau, ein noch jung wirkender Mann mit Stirnglatze, dessen auffallendster Gesichtszug die harten, kämpferischen Kinnladen sind. Bei Blumenthal sucht man vergebens die Merkmale körperlicher Vitalität, die David Mahoney überall zu einer auffälligen Erscheinung machen. Im Gegenteil, er geht etwas gebückt und wirkt müde. Sein auffallend bleiches Gesicht macht ihn zusammen mit seinem grauen Anzug beinahe unsichtbar. Träfe man ihn in einem Vorortzug, könnte man ihn für einen Buchhalter aus New Jersey halten, der gerade nach Hause fährt, für einen Mann in mittleren Jahren, der sich mit den Sorgen anderer herumschlagen muß und der weiß, er sollte mehr für seine Gesundheit tun und öfter an die frische Luft gehen, dem aber auch klar ist, daß er es nicht tun wird.

Doch Blumenthal sitzt kaum einen Augenblick still, unermüdlich und ungeduldig redet er non-stop. Meist gelingt es ihm, aufsteigenden Ärger zu bezwingen, aber das erfordert ganz offensichtlich herkulische Kräfte. Die geringste Unterbrechung erzeugt in ihm einen Spannungszustand, der sich erst löst, wenn er das Gespräch wieder an sich reißen kann. Offenbar will er sich dazu bringen, anderen auch zuzuhören, statt ihnen nur Vorlesungen zu halten, aber bisher ist ihm das noch nicht so recht gelungen.

Irgendwann hat er auch die seltsame Gewohnheit angenommen, die Zunge so weit wie möglich herauszustrecken, ja, sie sogar nach unten hängen zu lassen, wenn er jemandem länger zuhört. Es wirkt nicht unhöflich; unbewußt ist es vielleicht die einzige Möglichkeit, sich davon abzuhalten, dem Sprecher ins Wort zu fallen und die Gesprächsinitiative zurückzugewinnen.

»Unhöflichkeit« beschäftigt ihn sehr stark, als wir in seiner Suite im New Yorker Regency Hotel zusammensitzen. Das moderne Brimborium von Reichtum und Macht ist allgegenwärtig – denn Blumenthal ist in Begleitung seines persönlichen Assistenten und des Bendix-Vizepräsidenten für Öffentlichkeitsarbeit, sein Wagen wartet unten, um ihn zu einer Verabredung zu bringen, und er hat mir angeboten, mich später am Nachmittag im Jet der Bendix Corporation mit nach Boston zu nehmen, falls es nötig sein sollte, die Unterhaltung fortzusetzen. Und er ist wirklich nicht unhöflich; er ist sogar sehr freundlich, nur seine Ungeduld gemahnt an das heftige Temperament, das sich hinter diesem höflichen Äußeren verbirgt.

»Ich war nicht unhöflich«, sagt er, »aber ich habe vielleicht ein paar – Schrammen verursacht. Ich hatte immer die gleiche Presse: fähig, schafft, was er will, aber hinterläßt ein paar Schrammen.« Für einen Augenblick ist Blumenthal ganz still und läßt das Wort »Schrammen« in der Luft hängen. Ich muß an einen Satz von David Mahoney denken: Wenn einer kompetent ist, würde ich zur Not akzeptieren, daß er auch einmal ein paar Schrammen hinterläßt.

Blumenthal sieht einen Augenblick zur Decke und fährt dann fort: »Durch Erfahrung habe ich gelernt, mich zu entspannen, den Dingen ihren Lauf zu lassen. Man kann sich auch so durchsetzen ... Wer beim Gebrauch von Macht Erfolg haben will, muß ein Gefühl für Macht haben. Ich glaube, man spürt es im Gedärm, wie andere in bestimmen Situationen reagieren werden, so daß man schon im voraus weiß, wann es Ärger gibt. Man muß auch wissen, was Leute positiv und was sie negativ motiviert. Man muß manipulieren können. *Manipulieren.* Ich hasse das Wort. Es bedeutet, man macht sich andere in einem beinahe negativen Sinn zunutze, zum eigenen Vorteil ... Aber was man in der Presse so über mich behauptet hat, all diese Geschichten, daß ich die Ellenbogen gebrauche, so glaube ich doch, daß ich inzwischen geschickt genug bin, andere richtig zu manipulieren und also nicht mehr zu solchen Mitteln greifen muß.«

Blumenthal erinnert immer noch etwas an einen Professor, aber am stärksten fällt einem auf, daß seine Sprechgewohnheiten, seine Präzision, sein enthusiastischer Glaube, »daß alles machbar ist«, seine Energie (»Energie«, sagt er, »ist das Grunderfordernis der Macht«) an die Kennedyjahre erinnern. Es sind Überbleibsel einer Zeit, in der man es für möglich hielt, die akademische und die politische Welt miteinander zu verbinden und einen ganz neuen Stil hervorzubringen. Heute ist nur noch Kissinger als das hervorragendste Produkt dieser unwahrscheinlichen Verbindung zurückgeblieben, und auf mancherlei Art ist ihm Blumenthal ähnlich. Auch er ist einer dieser deutsch-jüdischen Emigranten, die sich zuerst in der akademischen Welt bewährten und sie dann verließen, um größere Macht zu erlangen. Sein Akzent ist nicht so stark wie der Kissingers, aber auch er gebraucht die Sprache auf eine präzise, professorale Art, liebt die alten Kennedy-Ausdrücke wie »Gefühl im Gedärm«, »am gleichen Strick ziehen« und »exzellieren«, was heute schon leicht nostalgisch wirkt. Und er teilt Kissingers ungeduldige Verachtung für alle, die nicht so intelligent sind wie er selbst und für die Professoren in der Regierung, die nicht lernen, daß »man nur dann etwas auf den Weg bringen kann, wenn die richtigen Leute am gleichen Strick ziehen«. So wundert es denn auch nicht, daß Blumenthals PR-Mann Ausdrücke benutzt wie »die Kriterien der Bezogenheit« und von seinem Boß sagt: »Er ist vor allem effizient. Effizienz ist für ihn das Äquivalent zum memento mori des Existentialismus.« Man könnte sich gut vorstellen, daß der Absatz von Zitatensammlungen und Ausgaben der »Encyclopaedia Britannica« in Southfield, Mich., schlagartig anstieg, als Blumenthal seinerzeit Bendix übernahm.

Wie die meisten, die zu Geld und Macht gekommen sind, bestreitet Blumenthal jegliches Interesse an Geld, und trotz der Suite im Regency Hotel fühlt man, daß er es ehrlich meint. »Ich habe primär überhaupt kein Interesse an Geld«, sagt er. »Ich verdiente 1958 als Professor fünftausend Dollar im Jahr, und für mich war es eine Sensation, als ich als Assistent des Vorsitzenden von Crown Cork dreizehntausend bekam, aber das war nicht der Grund, weshalb ich Princeton verließ, und es ist nicht der Grund, weshalb ich nicht bei der Regierung blieb und zu Bendix ging. Ich verließ Princeton, weil es mich langweilt, ein erstklassiger Wissenschaftler zu sein – dazu muß man eine Menge Sitzfleisch haben, die Fähigkeit, auf seinem Hintern zu sitzen und Forschung zu treiben.« Ihn – Blumenthal – motiviert dagegen »die Ausübung der Macht«, der Wunsch, Hindernisse beiseite zu räumen.

Als er nach Washington kam, war er zuerst beeindruckt von den Leuten, mit denen er zu tun hatte, aber dann fiel ihm auf, »je höher ich kam und je besser ich diese so mächtigen Männer kennenlernte, desto klarer wurde mir, daß sie genauso waren wie andere und daß ich ihnen gut das Wasser reichen konnte . . . Man hat da mit jemandem zu tun, der Präsident der Vereinigten Staaten sein könnte, und sagt sich, das könnte ich genauso gut wie der . . . Vielleicht ist Macht die Unverfrorenheit, sich so viel zuzutrauen. In Deutschland sagt man: ›Da wird auch nur mit Wasser gekocht . . .‹ Mich interessiert die Chance, beim Einsatz meiner Talente zu exzellieren, ohne daß mir jemand Beschränkungen auferlegt.«

Wie die meisten modernen Manager ist Blumenthal nicht im geringsten daran interessiert, Eigentümer seines Unternehmens zu sein. Die Frage, ob er Bendix gerne besitzen würde, verneint er mit großem Nachdruck und spricht zum erstenmal etwas abrupt. »Nicht der Besitz zählt, sondern die Macht. Und die habe ich. Mir geht es darum, dieses große Lebewesen zu dirigieren und Macht in einem konstruktiven Sinn zu gebrauchen. Ich will nicht irgendwelches dummes Zeug tun müssen, das andere mir aufoktroyieren.«

Wer Macht ausüben will, muß die richtigen Leute auswählen und motivieren können, was Blumenthal zugegebenermaßen erst lernen mußte. Er hat seine Erfahrungen gemacht, seit er den Ruf erwarb, andere über den Haufen zu rennen, wenn er möglichst schnell seinen eigenen Willen durchdrücken wollte. Bei zweieinhalb Milliarden Umsatz ist es ganz klar, daß man versagt, wenn man nicht Prioritäten setzen kann. Es kommt darauf an, seine Zeit richtig einzuteilen.

»Wenn man die richtigen Leute aussucht, kann man durch sie Macht ausüben, ohne sie abzuwürgen. Ich achte sehr genau darauf, daß ich mir keine Jasager hole. Das ist in einem großen Unternehmen sehr schwer, denn wenn man ihnen zwei- oder dreimal eins auf den Kopf gibt, hat man plötzlich Jasager vor sich.« Blumenthal sieht einen Augenblick finster drein, dann fährt er fort: »Ich sag' ihnen immer wieder: ›Ich kann Jasager nicht gebrauchen!‹« Er hat zum erstenmal seine Stimme etwas erhoben, und sein Gesichtsausdruck erinnert dabei ein wenig an den Blauen Meanie in »Yellow Submarine«, der ein »Ja« als Antwort nicht akzeptierte.

Das ist ein ganz gewöhnliches Problem der Macht: wie beherrscht man Menschen, ohne sie unterwürfig zu machen? Blumenthal, mit seiner flinken Intelligenz, hat gelernt, wie wichtig es ist, anderen zuzuhören, so schwer ihm das auch fällt. Denn er ist in ein Unternehmen geraten, in dem er sich mit technischen und wissenschaftlichen Problemen herumschlagen muß, auf die ihn seine Studien nicht vorbereitet haben. »Ich bin ein Macher«, sagt er, »ein Mann der Synthese, nicht ein Intellektueller. Zum Erfolg gehört, daß man sich schnell einen Überblick verschaffen kann. Als ich für die Regierung tätig war, mußte ich mich in viele Gebiete einarbeiten, bei denen die Sprache technisch und die Fakten mysteriös waren. Warenhandel. Was wußte ich schon von Warenhandel? Was weiß überhaupt jemand darüber? Man muß sich auf die grundsätzlichen Fragen beschränken, auf Fragen, die zur Entscheidung anstehen. Oder nehmen Sie die Computer. Die meisten Manager haben doch Angst vor ihnen. Unser Unternehmen gibt ungefähr zwanzig Millionen Dollar pro Jahr dafür aus, also sind sie wichtig. Man lernt zu fragen: ›Können Sie mir sagen, was das bedeutet?‹«

Blumenthal erhebt sich und geht zum Telefon, wählt flink und fragt: »Hat Lisa mich angemeldet?« Es entsteht eine Pause. Er streckt die Zunge heraus – vielleicht nur eine nervöse Reaktion der Langeweile. Er nickt, legt den Hörer auf und meint dann mit einem breiten Lächeln: »Das also ist Macht! Ich habe gerade versucht, einen Termin beim Friseur zu bekommen. Man gewöhnt sich schnell daran, daß man sagen kann, Punkt 13.20 Uhr soll der Wagen auf mich warten – ich sehe, es ist schon vier Minuten über die Zeit – ich will nämlich um 13.30 Uhr wo sein . . . Oder ich möchte, daß mich ein Flugzeug heute abend um 18.30 Uhr nach Boston bringt. Ich habe gelernt, daß man solche Sachen einfach erwarten kann. Auf andere wirken sie wie Macht, aber es sind nur die Annehmlichkeiten des Lebens.«

Er zieht den Mantel an und nimmt eine schwere Aktentasche zur Hand, die im Vorzimmer schon fix und fertig auf ihn wartete. An der Tür dreht er sich noch einmal um, sagt »Auf Wiedersehen« und meint noch: »Wenn Sie ein starkes Ich haben und auch die Kraft, Macht zu gebrauchen, lernen Sie durch Erfahrung, daß es im Leben immer am besten ist, auf andere zu hören, die Ihnen beim Finden der richtigen Entscheidung behilflich sind, und sich auch einmal gegen das eigene Urteil anderer zu beugen, weil Sie aus Erfahrung wissen, daß das klug ist – aus einer ganzen Menge von Gründen. Dann gehen Sie abends nach Hause, und der Gedanke nagt an Ihnen: ›Bin ich etwa dabei abzudanken, kann ich hier nur noch den Schiedsrichter spielen? Warum bin ich nicht der starke Mann an der Spitze? Vielleicht bin ich bloß ein Schwächling.‹«

Für Männer wie Mahoney oder Blumenthal ist Macht eine Technik. Sie sind die Hohenpriester eines bestimmten Systems und wollen »die Dinge« in den Griff bekommen. Je mehr Dinge man beherrschen kann (und zu den »Dingen« gehören natürlich auch die Menschen), desto mehr Macht hat man. Aber ihre Macht ist weitgehend unpersönlich. Jemand hat von Blumenthal gesagt: »In einer Firma mit 87 000 Leuten neigt man dazu, dem Spitzenmanager mit einer gewissen Ehrfurcht zu begegnen.« Das ist sicher wahr, aber letztlich kann man die Arbeit von 87 000 Leuten nur indirekt beeinflussen. Nur auf seine unmittelbare Umgebung kann er Macht direkt und sichtbar ausüben; bei der Macht spielt auch das menschliche Element eine Rolle, und Macht über Menschen, die man kennt, befriedigt mehr als Macht über eine große Anzahl Fremder.

Hinzu kommt, daß Größe die Macht schwächt. Trotz seiner Befürchtungen ist Blumenthal weiß Gott kein »Schwächling«, aber die bloße Größe des Unternehmens zwingt ihm die Rolle eines Schiedsrichters auf, so aggressiv er auch von Natur aus sein mag. Selbst ein Mann wie Ford II spielt nur die Rolle eines hochgestellten Managers, nicht die eines Autokraten. Auf die Frage, warum er seinem Unternehmen erlaubt habe, eine Anzeigenkampagne zu machen, die er selbst mißbilligte, antwortete er: »Die wollten es so, und damit basta.«

Leute wie Mahoney und Blumenthal könnten Macht auch an anderer Stelle ausüben und werden es wahrscheinlich eines Tages tun; Leute wie Jack spielen Machtspiele gegen die ganze übrige Welt. Wer dagegen absolute Macht sucht, wird leicht zum Sklaven seiner Untergebenen. Er endet damit, daß er sie mehr benötigt als sie ihn.

»Macht ist Liebe«

Von außen wirkt es wie ein ganz gewöhnliches Stadthaus. Es steht in der Mitte der Sechzigsten Straße von Manhattan, gleich hinter der Fifth Avenue. Die Sechzigste ist eine ruhige Seitenstraße, in der man die Tiere aus dem Zoo des Central Park hören kann. Äußerlich hat das Haus nichts Aufregendes. Man würde nicht denken, vor dem Wohnhaus und Privatbüro von Robert Guccione zu stehen, dem Besitzer und Schöpfer von »Penthouse«, der ein Sexmagazin in ein riesiges internationales Imperium verwandelte durch den Trick, immer ein bißchen mehr Nacktheit zu zeigen als der »Playboy«.

Im Innern jedoch wirkt das Haus wie eine Vision von Reichtum und Fülle, ein Mittelding zwischen dem Schlafzimmer der Mae West und einem besseren Nachtklub. An den Wänden hängen Rauchglasspiegel, auf antik getrimmt, und dazwischen schimmern Gold, Marmor oder Samt. William Randolph Hearst hätte sich unter den vergoldeten Cherubim, den schweren Tuchen und den Ormolu-Möbeln sehr wohl fühlen können, falls ihm nicht die Decken zu niedrig gewesen wären.

Gucciones Sekretärin, eine statuenartige junge Frau mit langem blonden Haar, in einem sehr kurzen weißen Minikleid, führt den Besucher die Treppen zu seinem Büro hinauf. Im Zimmer herrscht ein unbeschreibliches Chaos. Früher muß es ein Bibliothekszimmer gewesen sein, jetzt wimmelt es von Büchern, Schallplatten, Telefonen, Fotografien, Layouts, Postern und Kleidungsstücken.

Guccione scheint sich hier wohl zu fühlen. Er ist immer in Reichweite seiner Telefone, mit denen er persönlich die Herrschaft über sein transatlantisches Imperium ausübt. Er ist ein großer, schwer gebauter Mann, vielleicht Anfang fünfzig, obwohl man es nicht genau sagen kann. Er trägt einen hautengen Overall aus Ziegenleder. Der Anzug ist bis zum Nabel offen und enthüllt eine behaarte Brust, die vollhängt von schweren Goldketten und Anhängern, darunter ein goldener Penthouse-Club-Schlüssel. Er hat ein energisches Gesicht und erinnert an einen römischen Kaiser aus der Endzeit des Imperiums, an einen geborenen Herrscher, der aber der Genußsucht und der Langeweile verfallen ist.

Es fällt nicht leicht, den Guccione, der von »Penthouse« als einem kulturellen Einfluß auf die Zukunft Amerikas redet (»Was wir hier tun, wird für das Leben in diesem Lande einmal sehr wichtig sein«), mit dem anderen Guccione zu verbinden, der einst als zäher, ehrgeiziger Junge aus New York kam, in einer Londoner Reinigung arbeitete und dann mit Karikaturen und guter Graphik den Playboy-Herausgeber Hugh Hefner übertrumpfen wollte. Eine gewisse Überzeugungskraft geht von

Guccione aus, aber es wirkt gezwungen, wenn er über seine sozialen Ziele, Redefreiheit und den Stilwandel im amerikanischen Leben spricht. Man hat das Gefühl, er probt die Rolle des »PR-Manns« und Unternehmers für eine in nicht so ferner Zukunft denkbare Hauptversammlung künftiger Aktionäre. Er wirkt entspannter und im ganzen auch überzeugender, wenn er darüber redet, wie er »Penthouse« leitet und weshalb er Erfolg hat (»Schon als Kind war ich der Anführer«).

Für Guccione ist das Unternehmen, wie er es selbst nennt, »eine Familie«. »Für einige«, sagt er, »ist Macht soviel wie Respekt oder Liebe. Sie wollen, daß man sie braucht.« Zweifellos gehört auch Guccione zu ihnen – er hat sehr persönliche Ansichten über die Macht, die nichts gemein haben mit dem kühlen Streben nach Perfektion und Herrschaft, das Michael Blumenthal auszeichnet, oder dem Sinn für Ordnung und Prioritäten, der hinter David Mahoneys Erfolg steht. Sie sind alle machtvolle Persönlichkeiten, aber Guccione sieht sich als »Penthouse«, sein Ich ist nicht nur darin aufgegangen, »Penthouse« ist sein Ich.

»In meiner kleinen Welt«, sagt er mit einer Kopfbewegung zu den Telefonen, »habe ich absolute Macht ... Macht korrumpiert, aber sie stimmt auch milde. Sie müssen wissen, daß ich sehr patriarchalisch bin. Ich habe ein außergewöhnliches Interesse an den Problemen anderer Menschen ... Aber hier gibt es nur einen Boß – das bin ich! Wir haben hier eine wohlwollende Diktatur.«

Einen solchen Standpunkt trifft man unter den Mächtigen verhältnismäßig selten. Die meisten ziehen es vor, zunächst mehr zu scheinen, als sie sind, haben sie aber Erfolg, so setzen sie alles daran, *weniger* zu scheinen, als sie sind. Oft streiten sie ab, überhaupt Macht zu besitzen. Für Guccione ist jeder Tag eine Gelegenheit, seine Macht zu beweisen, und ganz offensichtlich kostet er jede Minute aus. Jetzt ist er dabei, sich vom harten Unternehmer in eine Art Kulturpapst der sexuellen Befreiung und einen Romanhelden des geschäftlichen Erfolgs zu verwandeln.

Diese Vorstellung scheint ihn sehr zu beschäftigen. Er fühlt sich bemüßigt, eine Menge Süßholz zu raspeln, was nicht zu ihm paßt. Er scheint sich dabei auch nicht recht wohl zu fühlen. Als er mir gerade erzählt, daß er niemanden beherrschen möchte (»Im Zweifel bin ich immer für den Angeklagten«), bringt seine Sekretärin ihm eine Tasse Kaffee, und ein Tropfen fällt auf seine neue Ziegenlederhose. »Ich habe Ihnen schon mal gesagt, ich will eine Untertasse!« schreit er sie an und wird plötzlich lebendig. Es zeigt sich, daß es hier tatsächlich nur einen Boß gibt. Er lächelt wieder, als wollte er mir zu verstehen geben, daß er eigentlich gar nicht so ist, und beginnt dann wieder über seine Macht zu reden, aber jetzt, wo sein Temperament zum Vorschein gekommen ist, kann er es nicht mehr so richtig verbergen. »Macht ist etwas, das man hat – einfach ein Werkzeug, das einem zur Verfügung steht. Große Unternehmen hatten mich unter ihrer Fuchtel. Macht gibt einem eine *Waffe* in die Hand.«

Wenn Guccione über »große Unternehmen« redet, ändert sich sein Gesicht – es schwillt vor Leidenschaft, die Lachfalten verschwinden, fast bekomme ich es mit der Angst.

Etwas erschrocken stehe ich auf und gehe im Zimmer umher, während Guccione seine Hose betupft und nach einem Telefon greift – hier, vielleicht nicht gänzlich zu meiner Überraschung, ist ein Tyrann, wie er leibt und lebt, ein Mann, der die Macht für ein persönliches Privileg hält und keine Zweifel daran hat . . .

Aber Guccione, der mit seinem Telefongespräch gerade fertig ist, sieht plötzlich düster drein. »Wenn einer im Leben wirklich Erfolg hat«, sagt er, »machen sich neunundneunzig Prozent seiner Freunde aus dem Staub. Ich hab' mich nie verändert, aber ich fühle mich von allen, die ich kannte und gern hatte, zurückgestoßen.« Das ist eine ganz gewöhnliche Klage von Leuten, die an die Macht gekommen sind. Vielleicht ist sie auch gerechtfertigt, denn Macht verändert die menschlichen Beziehungen. Irgendwie ist der Weg der Macht selten ein Weg der Liebe. Guccione will eigensinnigerweise immer noch beides, hofft, den Abgrund zwischen Macht und Liebe überbrücken zu können.

»Penthouse«, sagt er, »ist wie eine Familie. Man sieht in dem anderen einen Bruder, Sohn, Vetter oder eine Schwester. Man behandelt alle mit Achtung... Und manchmal wendet man seine Zuneigung und Aufmerksamkeit Leuten zu, die meinen, sie haben hier nur einen x-beliebigen Job.« Er sieht ins Leere, ein Mann mit Geld und Macht, der das Unmögliche von seinen Mitarbeitern erwartet. »Ich hatte sogar den Plan«, fügt er gedankenvoll hinzu, »ein Anwesen zu kaufen und meine Spitzenleute dort anzusiedeln. Das klingt feudalistisch. Aber es wäre eine gute Idee. Ich könnte mir das vorstellen...«

Macht über andere ist wie ein Rauschmittel; sie ist stärker als Drogen, stärker als Alkohol. Sie ist nicht nur stärker als Sex, sie ist ein Teil des Sex. Doch wollen wir diese Macht überhaupt? Wir können eine Menge lernen, wenn wir die Mächtigen analysieren, ganz gleich, welchen Machtstil sie haben, aber die meisten von uns haben bei dieser Analyse nicht so sehr das Problem, wie sie sich für andere verantwortlich fühlen, sondern wie sie sich vor ihnen schützen können.

3. Kapitel

Mit
der Macht
leben

*Es ging ihm wie allen Menschen, welche
eine natürliche und anfänglich unbewußte
Macht über andere Menschen ausüben:
diese Macht wird nicht ohne Folgen für deren Träger ausgeübt.*

Hermann Hesse
Das Glasperlenspiel

*Welch seltsame Begierde, nach Macht zu
streben und die Freiheit zu verlieren.*

Francis Bacon
Essays, II, Of Great Place

Ich erinnere mich an einen lange zurückliegenden, fast vergessenen Tag, als das Filmgeschäft noch eine Spielwiese für Autokraten war. Es war die Zeit, bevor das Fernsehen die großen Tyrannen von der Westküste demütigte und sie reich, aber ohnmächtig
zurückließ. Ich nahm damals Schwimmstunden im Swimming-
pool des Beverly Hills Hotel. Einer der großen Häuptlinge der
Studios aalte sich im Wasser auf einem Gummifloß und rauchte
seine Zigarre. Wochenlang hatte er für einen schon etwas älteren
Drehbuchautor »keine Zeit« gehabt, hatte sich am Telefon verleugnen lassen, war bei Verabredungen nicht erschienen. Lange
hatte er den alten Mann zappeln lassen, bis er ihn schließlich wissen ließ, er wäre bereit, ihn um drei Uhr nachmittags am Swimming-pool anzuhören. Als der Autor ankam, konnte er den Pro-
duzenten wie eine fette, stark behaarte Wasserlilie mitten im
Pool treiben sehen, bereit, jeden anzuhören, der zu ihm hinüber-
schwamm. Ihm war natürlich bekannt, daß sein Besucher das
nicht konnte. In seiner Verzweiflung besorgte der Unglückliche
sich jedoch eine Badehose. Während die Assistenten des Produ-
zenten grinsten und kicherten, watete er mit dem Mut der Verzweiflung unbeholfen durchs zunächst seichte Wasser, das ihm
bald bis zum Kinn reichte. Doch nun trieb der Studiohäuptling
sein Floß, mit den Händen paddelnd, Meter um Meter in tieferes
Wasser, bis der Autor in dem farblos-grauen Chlorwasser
beinahe unterging – ein sadistischer Alptraum unter dem friedlichen Knarren der Palmen Südkaliforniens. Ringsum lärmten
kleine Kinder und paddelten selig im Wasser. Hübsche junge
Frauen salbten ihre teuren Luxuskörper mit Sonnenschutzmit-
teln – Körper, die früher auch dem Autor zur Verfügung gestanden hatten, als er nämlich noch »in« war und eine eigene Villa
am South Rodeo Drive hatte, mit gekacheltem Swimming-pool
und Guavenbaum. Tapfer patschte er hinter dem immer weiter
zurückweichenden Floß her und brachte die Gründe hervor,
weshalb sein Vertrag erneuert werden sollte. Immer wieder
schluckte er von dem widerlich schmeckenden Wasser. Manchmal tauchte er unter, doch er kam wieder hoch und redete weiter.

Als er zuletzt zu Tode erschöpft aussah, sprang der Bademeister ins Wasser und brachte ihn zum Beckenrand zurück, wo sich einer der Assistenten des großen Manns vorbeugte, sich mit einem goldenen Dunhill-Feuerzeug eine Zigarette anzündete und laut, bestimmt und langsam wie zu einem Tattergreis oder Schwerhörigen sagte: »Jetzt haben Sie ihn also gesehen, und er hat Sie angehört. Sie können sich anziehen und gehen.«

Es gibt nichts Schlimmeres als die Entwürdigungen, denen ein Machtloser in unserer zivilisierten Gesellschaft ausgesetzt ist. Ein Augenblick der Schwäche, und wir sind Ungeheuern ausgeliefert, und zwar wirklichen Ungeheuern, nicht nur Phantasiegestalten, wie sie sich der Primitive ausmalt. Wollen wir uns gegen die Grausamkeit, Gleichgültigkeit und Unbarmherzigkeit anderer schützen, müssen wir selbst mächtig sein.

Das heißt nicht, daß wir selbst zu Ungeheuern werden müssen. Ob Macht nun wirklich, wie Henry Kissinger meint, »das beste Aphrodisiakum«[15] ist (hoffentlich irrt er sich) – an sich ist sie weder gut noch schlecht. Sie macht uns freier, unser Leben wird glücklicher und produktiver. Sie ist ein Mittel zur Selbstverwirklichung.

Es wäre aber falsch, Macht als Kompensationsmechanismus aufzufassen. Menschen, die nach Macht streben, um sich für wirkliche oder eingebildete physische Mängel schadlos zu halten, verbittern sich nur das Leben. Napoleon siegte nicht, wie viele glauben, weil er so klein war, sondern weil er Napoleon war. Körperliche Größe ist eine Zwangsvorstellung bei Menschen, die in ihrem Machthunger irregeleitet sind. Vielleicht glauben Männer noch immer, daß Körpergröße etwas mit der Größe des Penis zu tun hat, trotz der gegenteiligen Ermittlungen von Masters und Johnson. Vielleicht ist für eine bestimmte Sorte Mann der Gedanke, daß jeder buchstäblich auf ihn herabsehen kann, unerträglich. Wenn Harry Cohn, was selten vorkam, einmal auswärts speiste, legte er angeblich heimlich ein Telefonbuch auf seinen Stuhl. Elevatorschuhe, die den Träger ein paar Zentimeter größer erscheinen lassen, sind eigens geschaffen worden, um dieser Unsicherheit zu begegnen.

Zweifellos lassen sich kleine Menschen oft etwas einfallen, um ihre geringe Körpergröße wettzumachen – Winston Churchills lange Zigarren und seine komischen Hüte hatten vielleicht diesen Zweck. Der Filmzar L. B. Mayer empfing Besucher gewöhnlich hinter einem riesigen, mauerartigen Schreibtisch. Wurde er fotografiert, wenn er einen Vertrag unterzeichnete – zum Beispiel mit einem Star wie Clark Gable, der ihn turmhoch überragte –, dann mußte der Star neben Mayer auf einem niedrigeren Stuhl sitzen, damit ihre Köpfe auf gleicher Höhe waren.

Unter bestimmten Voraussetzungen kann die Körpergröße eines Mannes zur Niederlage einer Nation beitragen. Paul Reynaud, der französische Ministerpräsident des Jahres 1940, wurde von seiner (ältlichen und ziemlich reizlosen) Geliebten Hélène de Portès beherrscht. Sie haßte die Engländer und war durch und durch defätistisch. Ein Gerücht behauptet, daß sich ihr beträchtlicher, ja absoluter Einfluß auf Reynaud daraus erklärte, daß er klein war und nur sie ihm das Gefühl geben konnte, groß und mächtig zu sein. Ein zeitgenössischer Beobachter sagte: »Wäre Reynaud nur zehn Zentimeter größer gewesen, so hätte die Weltgeschichte vielleicht einen anderen Lauf genommen[16].«

Körperliche Größe wird oft für sehr wichtig gehalten, das sollte man nie vergessen. Der Vorstandsvorsitzende eines großen Konzerns hat angeblich ein Fußbänkchen hinter seinem Schreibtisch, so daß er dreißig Zentimeter größer aussieht, als er ist, wenn er jemanden begrüßt, und es geht das Gerücht, daß eine Hauptversammlung verschoben werden mußte, weil ein dienstbarer Geist vergessen hatte, das Bänkchen hinter das Rednerpult zu schieben. Jedenfalls stimmt es, daß er gerne kleine Männer um sich sieht, und man besitzt bei diesem Unternehmen die besten Aufstiegschancen, wenn man unter 1,75 Meter groß ist. Groß zu sein ist dort sogar gefährlich. Der Vorsitzende demütigt gern Leute, die größer sind als er, und manchmal läßt er sie in Positionen aufrücken, wo er ihnen besonders zusetzen kann. »Große sind dämlich, Kleine haben was auf dem Kasten«, bedeutete er einem Manager, der sein Mißfallen erregt hatte. Ein anderer Manager antwortete auf die Frage, warum er noch immer für ein Unternehmen arbeite, bei dem er weniger verdiene als anderswo: »Es ist das einzige Unternehmen, bei dem alle im Spitzenmanagement kleiner sind als ich. Ich fühle mich hier wohl. Wo kann sich einer mit 1,75 Meter sonst schon groß vorkommen?«

Wenn Kleinwüchsigkeit uns angeblich machtgierig werden läßt, gilt Gesundheit gewöhnlich als ein Zeichen für den *sicheren Besitz* der Macht. Ich erinnere mich, wie Robert F. Kennedy vor Jahren in Dark Harbor, Maine, einen Saal betrat, der bis auf den letzten Platz besetzt war. Alle Anwesenden waren reich und gesund, aber er *strahlte* geradezu vor Gesundheit und Energie. »Mein Gott«, hauchte die Frau neben mir, »da sehen Sie, was Macht bewirkt. Am liebsten würde ich mir ein Stück davon abschneiden!«

Seltsam, wie in unserer Vorstellung Macht und Gesundheit zusammengehören. Früher nahm man an, daß Macht zu Sorgen, Krankheit, vorzeitigem Altern und Kahlköpfigkeit führe, ähnlich wie die Masturbation. Heute erwarten wir, daß die Mächtigen vor Gesundheit strotzen, und die meisten entsprechen dieser Vorstellung. Der erfolgreiche Umgang mit der Macht gibt, ähnlich wie ein befriedigendes Sexualleben, den Leuten ein großartiges Gefühl, ganz gleich, wie es um ihre Gesundheit bestellt ist. Ständige Aufregung regt die Lebensgeister hervorragend an.

Natürlich hat Macht auch ihren Preis. Erik Erikson wies nach, daß Martin Luther, ein Mann von außerordentlichem Machtstreben, sein ganzes Leben lang unter Verstopfung litt. Selbst sein geistiger Durchbruch erfolgte, als er gerade auf der Toilette saß. Erikson führt aus, daß der große Reformator »zwanghaft verhaltend«[17] war, daß er seine Energie und sein Wissen zurückhielt, als hätte er gewußt, daß sie eines Tages in einem explosiven Augenblick frei werden würden, in einem Reinigungsakt, der zugleich ihn und die Kirche säubern würde. So merkwürdig es klingt, Verstopfung ist oft der Preis der Macht, auch bei weniger titanisch veranlagten Menschen als Luther. Vielleicht weil die Mächtigen nicht nur alles beherrschen wollen, sondern auch entschlossen sind, nichts loszulassen. Wie dem auch sei, der Bedarf an Abführmitteln scheint mit dem Grad der Macht zuzunehmen. Ich kenne viele Mächtige, die nicht nur an Verstopfung leiden, sondern auch ganz offen darüber sprechen, als wäre sie ein Beweis für ihren Erfolg, eine Art selbstgewähltes Leiden. Ich habe erlebt, daß Filmaufnahmen jeden Morgen um 9.30 Uhr unterbrochen werden mußten, damit der Regisseur – ein hochberühmter Mann im Filmgeschäft – austreten und den täglichen Kampf mit seinen widerspenstigen Eingeweiden bestehen konnte. Wenn er ging, wünschten ihm alle Erfolg, und bei seiner Rückkehr beschrieb er detailliert und bildhaft, was geschehen beziehungsweise nicht geschehen war. Allmählich begriff ich, daß das Wissen um den täglichen Zustand meiner Gedärme eine Art Statussymbol war. Stellen Sie sich das vor: andere tatsächlich zwingen zu können, seine Scheiße zu diskutieren, als handele es sich um ein faszinierendes Thema. Gibt es einen größeren Machtbeweis, als wenn man hundert oder mehr Leute zwingen kann, so zu tun, als ob es sie interessiere, was auf der Toilette vor sich geht. Nicht umsonst berichtete Joseph Mankiewicz in anderem Zusammenhang, daß »die ganze Welt mit Harry Cohns Arsch per Draht verbunden war«.

Mehr noch, eine Gruppe von Forschern hat herausgefunden, daß Macht (und »Leistungsorientierung«) sehr stark mit dem Harnsäurespiegel korreliert. Das ist die Substanz im Blut, die für Gicht verantwortlich ist und als »potentieller Risikofaktor bei Erkrankungen der Herzkranzgefäße«[18] gilt. Der Harnsäurespiegel ist bei mächtigen, erfolgreichen Männern sehr hoch, am niedrigsten dagegen bei Arbeitslosen. Für Ehrgeizige ist dies natürlich eine deprimierende Nachricht. Auch Blutdruck und Cholesterinspiegel steigen bei Menschen, die »am Arbeitsplatz Verantwortung für andere« tragen. So ist es kaum noch überraschend, daß beinah dreißig Prozent aller Geschäftsleute bei einer in ganz Amerika durchgeführten Umfrage angaben, daß ihre Arbeit »ihre Gesundheit negativ beeinflußt hatte«[19].

Positionen, die zu Macht führen, sind natürlich mit Streß und Verantwortung verbunden, aber ich vermute stark, daß die Geschäftsleute, die glaubten, daß ihre Gesundheit gefährdet war, einfach auf den Leidensquotienten reagierten. Dieser ist eine Weiterentwicklung des puritanischen Lust/Leid-Prinzips, nach dem jede Lust durch genausoviel oder noch mehr Leid gesühnt werden muß. Alle Macht, sofern sie Lust verursacht, bedarf demnach der Rechtfertigung durch entsprechendes Leiden. Die Anwendung des Prinzips ist einfach: ich darf die Macht nicht lieben, obwohl mich gerade nach ihr am meisten verlangt, also muß ich so tun, als hätten andere sie mir gegen meinen Willen aufgedrängt. Weiter muß ich alle in meiner Umgebung überzeugen, daß Macht eine schmerzliche Last ist, die ich nur ertrage, weil mir ihr Schicksal am Herzen liegt. Kaum hat jemand eine höhere Position erlangt, da fängt er oft auch schon an, über die hohen Anforderungen zu jammern und über die Opfer, die ihm abverlangt werden. Oberflächlich betrachtet ist es ein Versuch, dem anderen einzureden, daß er froh sein könne, den Job nicht bekommen zu haben. Aber bei genauerer Betrachtung liegt solchen Äußerungen die Vorstellung zugrunde, daß es zwar gut ist, Macht zu besitzen, aber falsch, sie zu *genießen*.

Es überrascht daher auch kaum, daß viele Mächtige Hypochonder sind. Einerseits wollen sie kommandieren und herrschen; andererseits wollen sie getröstet und gewürdigt werden. Eine Möglichkeit, diesen sich widersprechenden Anforderungen zu genügen, ist das offen zur Schau gestellte Leiden. Durch ständiges Husten, Schnupfen, Jammern, Humpeln und Keuchen versuchen sie zu demonstrieren, daß die Anforderungen der Macht kaum auszuhalten sind. Eine kürzlich durchgeführte Untersuchung über Urlaubsgewohnheiten führte zu dem Ergebnis, daß mächtige Manager »immer mehr auf ausgedehnte Ruheperioden verzichten. Viele von ihnen nehmen nicht einmal ihren vollen Urlaub . . . Geistig sind sie immer im Betrieb . . . Wie jeder geborene Krieger fühlt sich der Manager an der Front wohler als hinter den Linien, so aufreibend und gefährlich das auch sein mag. Er zieht es vor, zu kämpfen statt zu ruhen[20].«

Interessant ist die romantische Ausdrucksweise des Kommentars: »der geborene Krieger« – die Vorstellung, daß Arbeit dem Kampf in vorderster Linie gleicht, der Glaube, daß der Manager sich Gefahren aussetzt, wenn er hinter dem Schreibtisch sitzt . . .

Viele Manager bleiben doch nur deshalb hinter ihren Schreibtischen, weil die Familie sie langweilt oder weil sie Angst haben, jemand könne entdecken, daß der Betrieb auch ohne sie läuft. Für einige lohnt es sich, den ganzen Sommer im Büro zu bleiben, weil sie dann später sagen können: »Urlaub ist bei mir nicht drin.« So etwas gehört zum Leidensquotienten.

Die Klagen der Mächtigen über Streß, Anspannung und Überarbeitung sind meist Schwindel, stimmen sie aber mit der Realität überein, so sind sie selbstverschuldet. Doch es handelt sich um eine ganz spezielle Form von Schuld: sie fürchten, daß es unrecht ist, die Macht zu lieben, und daß Thackeray recht gehabt haben könnte, als er schrieb: »Wer andere manipuliert, muß heucheln können.«

Aber wir lieben die Macht nun einmal. Der Romancier Patrick Anderson schreibt: »Sie ist wie eine Frau, mit der man für immer im Bett bleiben möchte. Aber das ist nicht alles. Könner wissen mit der Macht noch viel mehr anzufangen. Sie brauchen dazu freilich Geschick, Härte und Glück. Jeden Tag bekommen sie eins in die Fresse, aber dann kommt plötzlich der Augenblick, wo alles wie am Schnürchen klappt. Man ist oben, man hat das Spiel gewonnen, ob andere es nun wissen und verstehen oder absolut gleichgültig sind[21].«

Hierin liegt wohl auch der Schlüssel zu den Schwierigkeiten, die wir mit der Macht haben. Sie ist wahrscheinlich unsere allerpersönlichste Begierde, da man ja selbst die Intimitäten des Sex gewöhnlich mit anderen teilen muß. Macht dagegen ist eine private Leidenschaft, Gewinn und Verlust vollziehen sich im Inneren, nur wir selbst können wissen, ob wir unser Spiel verloren oder gewonnen haben.

»Was wissen wir schon von Macht?« doziert der umstrittene Jesuit John J. McLaughlin, einst einer der Männer um Präsident Nixon und anscheinend einer seiner Teufelsaustreiber. »Nichts wissen wir. Wir haben heute Sexualkunde in den Schulen – warum haben wir nicht auch Machtkunde? Man kann den Umgang mit der Macht trainieren[22].« Das dürfte stimmen. Doch wenn er von »zwei Wegen der Macht« redet, »dem Ego-Trip und dem Dienst am Nächsten«, dann fragt man sich, ob ihm selbst dieser Unterschied überhaupt aufgegangen ist. Denn er als Pater befürwortete das Weihnachtsbombardement von Hanoi, die Verminung von Haiphong und den Watergate-Einbruch. Wir wissen tatsächlich nicht viel über die Macht, und bei der Art, wie in Amerika Geschichte gelehrt wird – wenn sie überhaupt gelehrt wird – ist es schon erstaunlich, daß wir nicht gänzlich unwissend sind. Zu allen Zeiten haben die Menschen von der Macht Gebrauch gemacht, zu ihrem Vorteil oder Nachteil, und ein sorgfältiges Studium der Geschichte könnte uns zeigen, welche Arten von Macht korrumpieren und warum. Wenn wir es nicht wissen, liegt das daran, daß wir es nicht wissen *wollen*.

Kaum war der Watergate-Skandal bekannt, da hörte man auch schon die ersten Predigten mit dem Tenor: »Alle Macht ist böse«, als wäre das Weiße Haus unter Nixon Nebukadnezars Palast gewesen. Doch war Watergate nicht eher ein Beispiel für den hohen Preis der Ohnmacht? Der Grund für den Einbruch – mit allen seinen Folgen – war Unsicherheit und Neid. Der Präsident und seine Helfershelfer waren wie verbiestert in der Angst, selbst im Weißen Haus letztlich machtlos zu sein. Ein inneres Gefühl des Unwerts ließ sie fürchten, zu Unrecht im Weißen Haus zu regieren und jeden Augenblick ertappt und als schwache und gewöhnliche Menschen bloßgestellt zu werden.

George Allen von den Washington Redskins, ein Fußballtrainer, den Nixon besonders schätzte, redete vielleicht unbewußt für den Präsidenten, als er einmal sagte: »Der Gewinner ist der einzige, der wirklich lebt. Ich habe das auch im Fußballklub gesagt. Wer gewinnt, wird jedesmal neu geboren, wer verliert, stirbt mit jedem Mal ein wenig[23].« Aber Macht beruht nicht darauf, daß man immer nur gewinnt. Wer jede Schlacht gewinnen will, verlangt Unmögliches von sich und anderen und dürfte bei der ersten Niederlage zusammenbrechen. Ein Mächtiger verdient seinen Namen nur dann, wenn er Niederlagen und Demütigungen durchsteht, an ihnen lernt und das praktiziert, was John F. Kennedy »Haltung unter Streß« nannte.

Macht ist die Fähigkeit, mit den Anforderungen des Lebens fertig zu werden, nicht bei jeder wirklichen oder eingebildeten Bedrohung verrückt zu spielen oder Leben und Energie darauf zu verschwenden, sich *alles* untertan machen zu wollen. Die Welt ist nun einmal seit eh und je ohne feste Ordnung und voll von Gefahren. Ein Machtmensch muß lernen, dem Leben die angenehmen Seiten abzugewinnen. Sinn für Ordnung ist gut und schön, aber ihn aller Welt aufzuzwingen, ist etwas ganz anderes. Keine Macht der Welt ist dafür groß genug, und wer es trotzdem versucht, wird eine Niederlage erleben. Wir können andere nur bis zu einem gewissen Grade beherrschen. Die Welt ist voll von Männern, die in ihrer kleinen Welt mächtig *scheinen*, in Wirklichkeit aber an ihre Schreibtische gekettet sind wie Galeerensklaven ans Ruder. Pausenlos arbeiten sie, bis weit in die Nacht hinein, weil sie fürchten, ein einziger Augenblick der Unaufmerksamkeit oder des Zögerns könne ihre Macht untergraben. Am früheren Präsidenten Nixon ließ sich das gut beobachten – seine Freudlosigkeit, »sein nie endender Kampf um die Herrschaft«[24], sein zwanghafter Drang, immer »Spitze« zu sein, seine gequälten Versuche, selbst kleinere Niederlagen und Fehlentscheidungen irgendwie als Siege zu drapieren, seine endlosen Bitten um Sympathie und Verständnis, die Überzeugung, daß das Leben nichts als eine harte Herausforderung sei, bei der es nur auf Fleiß und Siegeswillen ankommt. Es ist nicht Macht – vielleicht nicht einmal der Mißbrauch der Macht –, die den »Greueln des Weißen Hauses«, wie John Mitchell sie nannte, zugrunde liegt. »Man hat Watergate absolut mißverstanden«, sagt der frühere Sonderberater des Weißen Hauses, Charles Colson. »Die Leute um Präsident Nixon waren nicht machttrunken ... Sie waren auch nicht arrogant. Sie waren unsicher. Diese Unsicherheit führte dann zu einer Art Irrsinn. Wir reagierten viel zu stark auf die Angriffe gegen uns[25].« Zweifellos stimmte es, daß »ein hohes Maß von Selbstmitleid den Stil des Weißen Hauses unter Nixon bestimmte«[26], und Selbstmitleid verbindet man nicht eben mit der Vorstellung von Macht. Es führte aber unvermeidlich zu Fehlern, Unfähigkeit und Mißwirtschaft. Wirklich mächtigen Männern wäre es ohne weiteres gelungen, den Einbruch in das Büro des Psychiaters von Daniel Ellsberg zu inszenieren oder das Telefon von Larry O'Brien anzapfen zu lassen – beides wäre nun wirklich nicht schwer gewesen. Aber hier agierten verschreckte Amateure, die sich beim Spiel der »großen Vereine« nicht recht auskannten und sich immer wieder einreden mußten, daß ihre Angst vor dem »Gegner« gerechtfertigt war.

Die Nixon-Regierung steht in dieser Hinsicht nicht allein. Viele, die wir für mächtig halten, sind bei näherem Hinsehen kleinmütig und ängstlich. Es ist falsch, Person und Position für identisch zu halten. Ein Mann kann einen wohlklingenden Titel führen, eine hohe Stellung innehaben, Geld und Einfluß besitzen. Aber wenn wir sehen, daß seine Hände nervös über den Tisch fahren, daß er uns nicht in die Augen sehen kann, daß er herumzappelt, als juckte es ihm zwischen den Beinen, daß er nicht weiß, ob er bei einem Anruf den Hörer aufnehmen soll, dann können wir daraus mit Sicherheit schließen, daß er nicht ein Mann der Macht ist. So bescheiden unsere eigene Position auch ist, wir haben eine Chance, das zu bekommen, was wir wollen. Aber wie oft erkennen wir das nicht sofort, wie spät wird uns der Unterschied zwischen wirklicher und vorgetäuschter Macht klar, welche Möglichkeiten verschenken wir, von Zeitvergeudung gar nicht zu reden.

Oft suchen wir nach Macht, wo nur Furcht, Habgier und Egoismus regieren. Wir müssen die Zeichen der Macht erst kennenlernen und dann mit Verstand, Ausdauer, aber ohne falsche Rücksichten für unsere eigene Sache kämpfen. Wie Nationen ihre Unabhängigkeit mit Diplomatie und Krieg zu wahren suchen, müssen auch wir uns auf das Machtspiel verstehen, um wir selbst zu sein, um zu verhindern, »daß wir statt unser eigenes Leben zu leben, von äußeren Umständen beherrscht werden«[27]. Nur so können wir unsere Identität bewahren. Es geht um unsere Freiheit, der Mensch zu sein, der wir sein wollen, und nicht der, den andere gern aus uns machen würden. Was wir alle wollen, umschreibt Rollo May einmal als das »Gefühl der eigenen Bedeutung ... die Überzeugung, daß man eine Wirkung auf andere ausübt, daß man etwas gilt und daß man von anderen anerkannt wird«[28].

So trivial Machtspiele manchmal auch sein mögen, sie helfen uns, unsere Identität zu ergründen, unsere Handlungsfreiheit zu bewahren und Veränderungen zu bewirken. Wir lernen schon auf dem Schulhof, daß es Zuschauern oft schlecht ergeht, daß sich aber alles zu unseren Gunsten entwickeln kann, wenn wir uns engagieren. Wer telefoniert, einen Brief schreibt, an einer Unterhaltung teilnimmt, beginnt, ob er will oder nicht, ein Spiel, an dessen Ende er entweder mit sich zufrieden sein kann oder das unangenehme Gefühl einer Demütigung hat. Nichts ist statisch; jede Handlung macht mehr oder weniger aus uns, als wir vorher waren. Selbst das Büro ist ein Ort, an dem wir unsere Macht testen können. Jeder Augenblick gibt uns die Möglichkeit, unser Können auf die Probe zu stellen, unsere Triumphe auszukosten, aus unseren Niederlagen zu lernen, denn wir können nicht immer siegreich sein. Die meisten von uns glauben, daß Macht »anderswo« ist, im Zimmer nebenan, im nächsthöheren Stockwerk, im Weißen Haus, außerhalb unserer Reichweite. Aber Macht ist überall; wir müssen sie nur ergreifen. Sie liegt nicht jenseits unseres Alltags, sondern in ihm. Macht ist ein Mythos, aber wir brauchen nicht durch die Wüste zu reisen oder uns langen Initiationsriten zu unterziehen, um ihre Bedeutung zu erfassen und ihre Mysterien zu meistern. Carlos Castaneda, der Anthropologe und Erforscher der Macht, klagte einmal gegenüber seinem Mentor Don Juan, daß er nicht qualifiziert genug sei, seinem Führer auf dem Weg zu Macht und Wissen in die Einsamkeit der Wüsten und Berge zu folgen. Er meinte, er tue gut daran, sich den Verpflichtungen eines Städters des zwanzigsten Jahrhunderts zu entziehen und in die Wildnis zu gehen. Doch da zeigte der alte Mann auf die geschäftigen Straßen einer modernen Stadt und sagte: »Das ist deine Welt . . . Du bist ein Mann jener Welt. Und dort draußen, in jener Welt, sind deine Jagdgründe. Wir können unserer Welt nicht entfliehen, und daher verwandelt ein Krieger seine Welt in seine Jagdgründe. Als ein Jäger weiß der Krieger, daß er sich die Welt nutzbar machen muß. Also nutzt er sie bis zum letzten. Ein Krieger ist wie ein Pirat. Er hat keine Gewissensbisse, alles, was er will, zu nehmen und zu nutzen. Aber er hat auch nichts dagegen oder fühlt sich nicht beleidigt, wenn andere ihn brauchen und von ihm Besitz ergreifen[29].«

4. Kapitel

Das Machtfeld

. . . Das Spiel war nahezu gleichbedeutend mit Gottesdienst, während es sich jeder eigenen Theologie enthielt.

Hermann Hesse
Das Glasperlenspiel

Du jagst hinter der Macht her und dieses ist dein Platz, der Platz, wo du dein Rüstzeug findest.

Carlos Castaneda
Journey to Ixtlan

Wer seine Arbeit nur als notwendiges Übel betrachtet, wird auch seinen Arbeitsplatz für ziemlich unbedeutend halten. Wer aber das Machtspiel spielt, der betrachtet den Ort, an dem es ausgetragen wird, als eine Welt unbegrenzter Möglichkeiten. Je nach persönlicher Veranlagung erlebt man ein Büro zum Beispiel als Schachbrett oder als Schlachtfeld. Die Welt, in der wir mindestens acht Stunden täglich zubringen, ist letztlich genauso voller Risiken, Chancen, Gefahren, Triumphe und Niederlagen wie die große Welt da draußen. Ein Büro ist eine Landschaft für sich, die man angehen muß wie der Jäger seine Jagdgründe. Es hat seine eigenen Fährten, Pfade und Wasserstellen, wo sich die Bewohner in verhältnismäßiger Sicherheit vor Raubtieren bewegen und versammeln können. An einigen Stellen ist die natürliche Deckung gut, an anderen kann man die Gefahr, die Macht des Raubtiers, wittern.

Selbst im allergewöhnlichsten Bürozimmer gibt es in jeder Ecke rituelle Gegenstände, mit denen jemand seinen Schutz- und Machtbereich markiert hat – das Poster an der Wand, Fotos von Kindern, Freund oder Freundin, Ferienorten, gerahmte Diplome, ausgestopfte Tiere, Sprüche oder Verse in Schönschrift – die Liste ließe sich beliebig fortsetzen. Der Instinkt, seinen Platz zu markieren, ist überall der gleiche. Jeder hält es für notwendig, sein Recht auf einen bestimmten Platz geltend zu machen, auch wenn es sich nur um einen Tisch in einem Schreibpool handelt. Darum sind auch alle Versuche, einem Büroraum eine unpersönliche, sterile und ordentliche Atmosphäre aufzuzwingen, zum Scheitern verurteilt. Selbst in modernen Banken, wo die Schreibtische für jedermann sichtbar hinter Glasfenstern stehen und wo es ziemlich strenge Vorschriften für das Aufstellen persönlicher Gegenstände gibt, läßt sich dieses Bedürfnis nicht verleugnen. Wenn man in New York abends die Park Avenue hinuntergeht, sieht man lange, schimmernde Reihen identischer, sauber aufgeräumter Schreibtische, aber auf jedem Schreibtisch steht ein Gegenstand, der irgend jemandem etwas bedeutet, ein selbstgefertigter Keramikascher, ein winziger Footballhelm aus Plastik, eine rosarote Kunststoffrose, ein Charlie-Brown-Schreibtisch-kalender ... In Büros, die vor den Augen des Publikums verborgen sind, stößt man überall auf persönliche Markierungen. Je höher das Gehalt und je größer das Zimmer, desto teurer und dauerhafter werden diese Gegenstände, bis schließlich jenseits von 40000 Dollar Jahreseinkommen ein Innenarchitekt mit der Ausstattung des Büros beauftragt wird.

Machtlinien

Es ist wichtig, sich einen Blick für die »Geographie« der Macht im Büro zu erwerben. Im allgemeinen konzentriert sich Macht in den Eckzimmern und nicht in der Mitte, weil die Eckzimmer größer und beliebter sind. Je näher man zur Mitte sitzt, desto weniger Macht hat man: In der Mitte einer Zimmerflucht ist weniger Macht als an ihren beiden Enden. Macht pflanzt sich gewöhnlich über Eck in Form eines X fort, wobei die mittleren Büros trotz ihrer Außenfenster, ihrer Größe und Bequemlichkeit vom Standpunkt der Macht zu Leerräumen werden.

Das nebenstehende Diagramm zeigt, daß ein Außenzimmer trotz seines Fensters weniger Macht symbolisiert als ein fensterloses Zimmer mitten im Machtzentrum. Wer ein solches Zimmer hat, sollte daher versuchen, innerhalb des Machtzentrums zu bleiben, und auf ein Fenster verzichten, bis er ein Eckzimmer erhält. Leute, die in die Mitte der Reihe, also in machtleere Räume, ziehen, sitzen dort gewöhnlich fest, schmücken ihre Zimmer mit bizarrem Trödelkram und sinnlosen Magnettafeln und kommen bis zur Pensionierung nicht über 30000 Dollar im Jahr hinaus.

Das Konferenzzimmer sollte, falls vorhanden, in der Mitte liegen. Denn an dieser Stelle überschneiden sich die Machtlinien. Legt man es an eine andere Stelle, wird es gewöhnlich bald wieder aufgegeben und anderweitig genutzt. Bestenfalls dient es zum Abhalten unwichtiger und zeitraubender Betriebsversammlun-

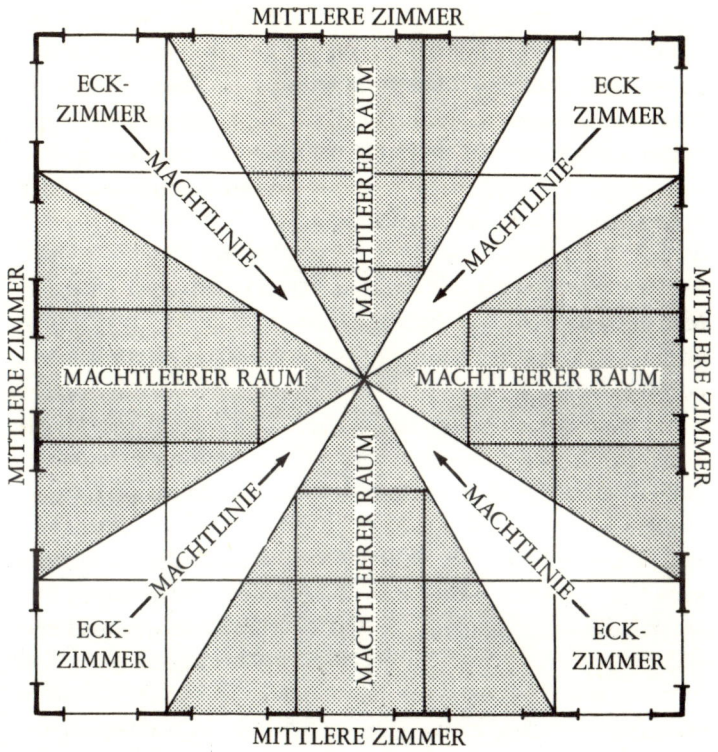

gen. Jeder Versuch, Macht von einem mittleren Zimmer auszuüben, ist mit ziemlicher Sicherheit zum Scheitern verurteilt, es sei
denn, die Leute in den Eckzimmern sind außergewöhnlich unfähig, senil oder haben die Gewohnheit, zu Mittag drei doppelte
Martinis zu kippen. Selbst dann kann sie ihre Machtposition
noch schützen. Ich kenne einen Mann, dem es mit fünfzig gelang,
durch einige geschickte Schachzüge ein Eckzimmer zu erobern.
Kaum war er dort, so hing er Fotos seiner Kinder auf, wurde ein
besessener Golfspieler, telefonierte den ganzen Tag oder war im
Klub, um sich mit Golfpartnern zu verabreden oder sich bei seinen Freunden als Kandidat für frei werdende Direktorenposten

in Erinnerung zu bringen. Schließlich gelang es seinen jüngeren Kollegen, ihm seine Funktionen zu nehmen, und seine Autorität innerhalb der Firma schwand. Er wurde nicht länger zu Konferenzen aufgefordert, bestimmte Protokolle kamen nicht mehr auf seinen Schreibtisch. Er wurde vom Verteiler für die Informationsberichte gestrichen, ein wütender Manager ließ sogar seinen Namen im internen Telefonverzeichnis löschen. Keiner fand sich jedoch zu dem äußersten Frevel bereit, ihm sein Zimmer zu nehmen. Er wurde weder gefeuert noch zwangspensioniert, sondern bieb dort, bis er 65 war. Solange er das Eckzimmer hatte, saß er an einem der vier Machtpole. Er war geschützt, ganz gleich, was er mit seinem Tag anfing.

In einem ähnlich gelagerten Fall gab der Mann im Eckzimmer noch schwerwiegendere Probleme auf. Er wurde zum Trinker, ging sogar soweit, seiner Sekretärin Unterricht im Mixen von Manhattans zu erteilen. Leider blieb er dabei aktiv und ehrgeizig, mischte sich überall ein, widersetzte sich jeder Einschränkung seiner Befugnisse und stand der Entwicklung des Unternehmens im Weg. Es schien unmöglich, ihn zu entthronen, und im Management fand man sich mehr oder minder damit ab, mit ihm leben zu müssen, bis Zwangspensionierung oder Tod das Problem löste. Schließlich fand man doch eine Lösung: man ersann zwingende Gründe für einen Umzug in ein anderes Gebäude, und dem lästigen Mann wurde am neuen Sitz der Firma eine große, luxuriöse Bürosuite in der Mitte einer Außenreihe zugewiesen. Da er nicht mehr im Machtzentrum saß und sich nicht länger einmischen konnte, war er bald so gut wie pensioniert. Einer der Mitverschwörer erinnert sich: »Es war ein genialer Einfall. Wir konnten ihn nicht raussetzen und er wollte nicht gehen, aber solange er in dem Zimmer saß, konnten wir nichts mit dem Betrieb anfangen. So sind wir eben umgezogen. Es ist schon verrückt, wenn man drüber nachdenkt. Weil wir einen Mann nicht loswerden konnten, mußten 350 Mann in ein neues zweistöckiges Gebäude umziehen. Kostenpunkt: ein paar hunderttausend Dollar und eine Menge Ärger, weiß Gott – aber es hat sich gelohnt!«

Wer einmal versucht hat, Büroräume neu zu verteilen, wird sich erinnern, daß es gewisse festgefahrene Vorstellungen gibt, über die man sich nicht einfach hinwegsetzen kann. Da wollen einige Leute ihre Zimmer nicht einmal gegen größere, hellere Räume eintauschen, Sekretärinnen haben so feste territoriale Rechte erworben, daß man sie nicht umsetzen kann, Möbelstücke sind sakrosankt. Bestimmte Machtpunkte leuchten ohne weiteres ein – z. B. ziehen Manager immer ein gut abgeschirmtes Zimmer vor, während die meisten Sekretärinnen freie Sicht bevorzugen, da es zu ihren Aufgaben gehört, aufzupassen, daß niemand ungebeten hereinkommt. Ein Managerbüro sollte also am besten etwas abseits vom großen Strom liegen, während eine Sekretärin am liebsten einen Raum hat, von dem sie in möglichst viele Richtungen sehen kann. Interessanterweise nehmen die meisten Manager, da sie selbst nicht behelligt werden wollen, an, daß ihre Sekretärinnen ihren Schreibtisch am liebsten hinter einer Trennwand haben, und kommen dabei gar nicht auf die Idee, daß eine Sekretärin vielleicht mehr Wert auf gute Sicht legt als darauf, ungestört zu sein. (Auch bei den höchsten und bestabgeschirmten Leuten der Führungselite steht der Schreibtisch gewöhnlich so, daß sein Inhaber die Tür im Blickfeld hat. Dies geschieht allerdings nicht so sehr aus Höflichkeit, sondern weil sich niemand gern im unpassenden Moment überraschen läßt.)

Wenn es Ihre Aufgabe ist, jemanden zu beschützen, müssen Sie Gefahr im Verzug rechtzeitig erkennen können, um Vorsichtsmaßnahmen zu treffen und Alarm auszulösen. Je mehr also eine Sekretärin den Blicken anderer ausgesetzt ist, desto größer ist im allgemeinen ihre Macht. Während sich das Büro des Präsidenten der Vereinigten Staaten hinter einer festen Tür befindet und von bewaffneten Geheimdienstleuten bewacht wird, sitzt seine Sekretärin in einer Art offenem Korridor. Von hier aus kann sie einen Gang hinuntersehen und in den Rosengarten des Weißen Hauses blicken. Natürlich könnte die Sekretärin des Präsidenten auch ein etwas abgeschlosseneres Büro haben, wenn sie das wünschte, aber ihre Macht hängt ja gerade davon ab, daß sie sehen kann, wer kommt. In Wirklichkeit wird der Zugang zum Präsidentenbüro von Geheimdienstleuten bewacht, aber man hält die Fiktion aufrecht, daß die Sekretärin des Präsidenten den Besucher überprüft, ihn begrüßt und ihm Zutritt zum Präsidenten verschafft. Obwohl der persönliche Referent des Präsidenten die Terminvereinbarungen trifft und die bewaffneten Männer an der Tür jeden Besucher nach einer Liste überprüfen und erst dann den Zutritt zum Büro freigeben, bleibt der Schreibtisch der Sekretärin ein wichtiger Machtpunkt. Man würde der Sekretärin ihre Macht nehmen, wenn man ihr ein »besseres«, sprich abgeschlosseneres Zimmer geben würde.

Genauso wichtig wie gute Sicht ist die Nähe zur Macht. Macht nimmt mit zunehmender Entfernung vom Zentrum ab. Ein Mitarbeiter, der sein Zimmer neben dem seines Vorgesetzten hat, profitiert davon, an der Quelle der Macht zu sitzen. Gibt man ihm ein größeres Zimmer, das aber weiter weg liegt, so nimmt seine Macht ziemlich sicher ab. Solch ein Umzug lohnt sich für ihn nur, wenn er einen Titel erhält und seine neue Tätigkeit es ihm erlaubt, sich eine eigene Machtposition aufzubauen. Ich kenne einen Mitarbeiter eines älteren Managers, der jedes noch so gutgemeinte Angebot, in ein besseres Zimmer zu ziehen, abschlug. Er saß in einer Art Kämmerchen neben dem Büro des großen Mannes, es war ein dunkles, heißes Kabuff, vollgepfropft mit Aktenschränken und Kleiderständern. Aber er hielt die Stellung, bis er seinen eigenen Titel hatte. Keine Sekretärin hätte in dem kleinen stickigen Loch gearbeitet, aber Sidney hielt dort aus, und er hatte gute Gründe dafür. Das Kämmerchen hatte eine Tür zum Zimmer des Chefs, so brauchte er nicht an der Sekretärin vorbei, wenn er zum Chef wollte. Eine zweite Tür führte auf den Gang, so daß er sehen konnte, wer kam und ging. Wohlmeinende Kollegen hielten ihn für verrückt, das Zimmer war doch zu laut, man wurde ständig gestört, es lag zu nahe bei der Herrentoilette. Wie konnte er da überhaupt arbeiten?

Als wir uns in seinem luxuriösen neuen Büro unterhielten, kamen wir auf diese Zeit zu sprechen: »In dem Kämmerchen habe ich meine Karriere gebaut. Ich kannte jeden, der zum Chef kam. Wer warten mußte, kam zu mir herein, stützte sich auf meinen Schreibtisch und benutzte mein Telefon, um Verabredungen zum Mittagessen zu treffen. Jeder hielt es für ausgemacht, daß ich über alles Bescheid wußte. Als ich in dieses gottverfluchte Loch zog, machte ich nur ein Telefon mit mehreren Leitungen und eine Wechselsprechanlage zum Chef zur Bedingung. Ich habe sie, glaube ich, nie benutzt, aber wenn er telefonierte, dann leuchtete ein Knopf an meinem Apparat auf, und jeder hatte das Gefühl, daß ich einen direkten Draht zum Chef hatte. Auf die Nähe zur Macht kommt es an, nicht auf ein großes Zimmer, einen Teppich oder ein Fenster. Während ich da saß, hatte ich eigentlich gar nichts zu tun; wäre ich aber in ein richtiges Zimmer umgezogen, dann hätten sich die Leute gefragt, wer ich überhaupt sei und was ich da tue. Ich hätte meine Existenz rechtfertigen müssen, was einem Anfänger immer schwerfällt. Aber neben dem Chef zu sitzen, war Existenzberechtigung genug. Auch fiel ich angenehm auf, weil man mich nicht für streberhaft oder ehrgeizig hielt. Als ich auf ein bequemes Zimmer verzichtete, hielt man das für Loyalität oder Bescheidenheit. Wäre ich in ein großes neues Zimmer gezogen, hätte man mich nach einer Woche bis aufs Blut gehaßt.«

Machtzentren

Man sollte einmal die Anordnung der Büroräume untersuchen und sie als eine zusammenhängende Landschaft betrachten. In vielen Firmen liegt das Machtzentrum ein Stockwerk tiefer als die übrigen Büroräume. Ich kenne eine große Emissionsbank, die die beiden obersten Stockwerke in einem Wolkenkratzer in der Wall Street belegt hat. Empfangsraum und Büropersonal befinden sich im obersten Stockwerk, und eine schmale Treppe führt hinunter zu den Büros der leitenden Angestellten. Diese Anordnung ist keineswegs ungewöhnlich. Vielleicht ist sie eine atavistische Erinnerung an den Zweiten Weltkrieg – im Falle eines Bombenangriffs ist es besser, noch einige Stockwerke über sich zu haben. Die unwichtigeren Mitarbeiter sind also in den oberen Etagen, während der Keller zum eigentlichen Machtzentrum wird. In Firmen, in denen das Büropersonal im oberen Stockwerk sitzt, haben die leitenden Angestellten gewöhnlich jede Verantwortung für den täglichen Geschäftsablauf aufgegeben und somit zugelassen, daß über ihren Köpfen eine zweite, aktivere Hierarchie unbeaufsichtigt schaltet und waltet. Sitzen die leitenden Angestellten dagegen in der oberen Etage, so haben sie die Firma normalerweise fest im Griff. Vielleicht liegt es auch ganz einfach daran, daß es bequemer ist, eine Treppe hinunter- als hinaufzugehen. Von einem bestimmten Alter an macht das Treppensteigen Schwierigkeiten und man hat keine Lust mehr, sich einzumischen. Wir wollen aber festhalten, daß man in Gesellschaften, in denen der Vorstandsvorsitzende und seine engsten Mitarbeiter in der unteren Etage residieren, eher an eine Machtposition herankommt als im umgekehrten Fall.

Ganz besonders sollte man sich vor Großraumbüros hüten. Mag sein, daß die Mitarbeiter im Großraumbüro aufgeschlossener sind[30], aber Aufgeschlossenheit ist gar nicht mal so sehr erwünscht, und es leuchtet nicht recht ein, warum man leitenden Angestellten ihre Zimmer nimmt und sie im Großraumbüro mit den anderen zusammensetzt. Es geht doch gar nicht darum, offen und frei miteinander zu verkehren, was mir sowieso reichlich utopisch vorkommt. Sie sollen Projekte entwickeln, sich gegenseitig Konkurrenz machen, den Laden schmeißen und Entscheidungen treffen. Als Gründe für das Großraumbüro führt man Demokratie und Sozialbewußtsein ins Feld, aber es stimmt auch, daß Führungskräfte, die auf diese Prinzipien pochen, ihren leitenden Angestellten meist nicht über den Weg trauen und sie samt und sonders gut im Auge behalten wollen. Diese paranoide Einstellung wird häufig durch Phrasen wie »fruchtbare Zusammenarbeit« oder »gutes Betriebsklima« kaschiert. In Wirklichkeit aber sitzen die leitenden Angestellten an ihren Schreibtischen wie Schreibstubengehilfen in der Armee, und der Chef hat sie wie ein Oberfeldwebel im Auge. Ungestörtsein ist eine der Grundvoraussetzungen für selbständiges Arbeiten; nimmt man seinen Mitarbeitern dieses Recht, so würdigt man sie zu Schreiberlingen in einem viktorianischen Kontor herab.

Auch im konsequent eingerichteten Großraumbüro gibt es gewöhnlich einen abgeschlossenen Raum für so kitzlige Angelegenheiten wie das Feuern von Mitarbeitern. Vor allem aber arbeitet man im Großraumbüro nicht für sich selbst oder an seiner jeweiligen Aufgabe, sondern produziert sich vor seinen Kollegen und Vorgesetzten. Dadurch wird nicht das »gute Betriebsklima« gefördert, sondern die Kunst, furchtbar beschäftigt zu wirken. Wenn der Vorsitzende eines Unternehmens sein Büro verläßt und sich mit seinen Stellvertretern zusammensetzt, dann tut er das eher aus Mißtrauen als in dem Wunsch, sich freimütig mit ihnen zu unterhalten.

Macht kann man am besten dort erwerben, wo ihre Symbole hohe Achtung erfahren. Wo das Management die Machtsymbole entfernt hat, um ein »ungezwungenes Miteinander« zu fördern, da ist die Führungsspitze unbedingt entschlossen, die Macht fest in der Hand zu behalten und keine Machtzentren auf unterer Ebene zu dulden.

Vorsicht ist auch bei extremen architektonischen Neuerungen geboten. Auf einen, der schnell Karriere machen will, wirkt es wenig positiv, wenn er erfährt, daß die vier Partner einer Anlageberatungsfirma einen gemeinsamen großen runden Schreibtisch in einem Eckbüro, ihrem sogenannten »Kriegszimmer«, haben. Vorgesetzte, die den ganzen Tag so eng beieinanderhängen, nehmen gewöhnlich nicht viel Notiz von ihren Mitarbeitern – sie spielen das Machtspiel ausschließlich zu ihrem eigenen Amüsement.

Innenarchitektonische Mätzchen sind normalerweise auch ein sicheres Zeichen, daß es ein Neuer schwer haben wird, Macht zu erlangen. Ich kenne ein Unternehmen, dessen Führungsspitze in einer Art Garten-Penthouse im obersten Stockwerk mit Blick auf

New Yorks Hafen residiert. Zu erreichen ist die Chefetage mit einem kleinen Privataufzug, der einfach, aber teuer mit einer Landschaft von Renoir geschmückt ist. Die unteren Stockwerke sehen wie normale Büros aus, es ist die übliche Mischung von schäbig und modern. Das Penthouse aber hat englische Wandvertäfelungen, französische Möbel aus dem 18. Jahrhundert, riesige Jagdtische, Bücherschränke, Vitrinen, Bilder und Möbel, die in sämtlichen Antiquitätenläden von Paris und London zusammengekauft worden sind. Aus historischen Mauern wurden Kamine herausgebrochen und in Zimmer ohne Kaminabzüge wiedereingefügt, Weinkühler aus der Regency Periode, die einst Sektflaschen enthielten, dienen nun als Telefontischchen. In einer Ecke des Büros steht ein geschnitztes vergoldetes Pferd von einem Kirmeskarussell (die dazugehörige Mechanik hat man irgendwo unten in Kisten gepackt).

Ich warne Sie vor dieser Art Büro! Solange Sie nicht den Schlüssel zu dem privaten Aufzug haben, sind Sie dort machtlos, und die Herren da oben im Penthouse haben bestimmt etwas dagegen, daß Sie einen Schlüssel bekommen. Ein Arrangement mit so eklatanten Rangunterschieden hat unter anderem den Sinn, die unteren Chargen auf ihre Plätze zu verweisen. Wie auch eine mittelalterliche Burg die Bauern an ihren niedrigen Stand erinnern und Ehrgeizige und Aufrührer entmutigen sollte. In einigen Firmen wird das »Festungsprinzip« ad absurdum geführt. In einem Falle sitzt der Führungsstab in einer Art Bankgewölbe aus rostfreiem Stahl (auch die Fußböden sind aus Stahl!). Man hat den Eindruck, das Management befürchtet einen bewaffneten Aufstand. Mit seinen stählernen Wänden, Türen, Fußböden und Jalousien erinnert das Machtzentrum dieses Unternehmens an die Wachstube eines modernen Gefängnisses. Man vermutet irgendwo einen Alarmknopf; macht sich Unruhe bemerkbar, so schließen sich auf Knopfdruck alle Türen und in die Büros strömt Tränengas.

Bei einem anderen Untenehmen sind die Zimmer der Führungskräfte in dunklem Schiefer gehalten. Die Fenster erinnern an Schießscharten, und die Wände sind aus roh behauenen Granitblöcken. Der Architekt scheint an einen Kampf von Mann gegen Mann gedacht zu haben. Dieser Eindruck verstärkt sich noch, wenn man hört, wie einer der stellvertretenden Direktoren sein Zimmer stolz die »Kommandobrücke« nennt[31]. Bei militärischen Bezeichnungen für ihre Büros denken Manager selten an die Außenwelt. Sie haben nicht die Konkurrenz im Auge, sondern eine Firmenrebellion.

Sehen Sie sich die Büroräume genau an. Sie verraten Ihnen, ob die Macht im Unternehmen zentralisiert oder dezentralisiert ist. Bei starker Zentralisierung ist es meist besser, woanders hinzugehen. Ist die Macht dezentralisiert, sollten Sie das System untersuchen. Versuchen Sie z. B. herauszufinden, wieweit und in welcher Richtung der Inhaber eines Eckzimmers seine territorialen Rechte ausgedehnt hat. Die meisten Manager versuchen, mit ihren Untergebenen eine Art Pufferzone zu schaffen. Sie bemühen sich, ihre Fühler so weit wie möglich in die mittleren Außenzimmer vorzustrecken. Manchmal werden sie durch architektonische Eigenarten daran gehindert, aber der Impuls, die Machtsphäre auszudehnen, ist sehr stark.

Oft versuchen Abteilungsleiter, einen kleinen Brückenkopf weit außerhalb ihres Machtgebietes zu erobern, in der Hoffnung, daß ihnen allmählich das ganze Territorium zwischen ihrem Machtbereich und dem isolierten Außenposten zufällt. Architektonische Probleme schieben sie beiseite. Zu ihrem Büro soll es nur einen einzigen Zugang geben, einen Flur, der durch ihr Gesamtterritorium führt und an seinem Ende durch eine Art Berliner Mauer abgeriegelt wird. Will ein Besucher in das Büro nebenan, sieht er sich gezwungen, den ganzen Flur zurückzulaufen. Mißlingt der Mauerbau, so versuchen sie, einen Teil des Korridors einzunehmen. Mit Anschlägen am Schwarzen Brett, Posters und allerlei Wandschmuck machen sie ihre Rechte auf das Stück Flur geltend, das direkt durch ihr Territorium oder daran vorbeiführt. Jeder Fremde, der den Korridor hinuntergeht, weiß sofort, daß er eine unsichtbare Grenze überschritten hat.

Heimliche Übergriffe auf benachbartes Territorium und die Eroberung neutraler Gebiete gehören zum territorialen Machtkampf. Große Aktenablagen leisten dabei gute Dienste, denn sie nehmen viel Platz weg und werden normalerweise im eigentlichen Zentrum des Machtgebietes nicht benötigt. Ich möchte das am Beispiel einer großen Schallplattenfirma verdeutlichen. Bei dieser Firma wurden die Vertragsunterlagen der nominellen Aufsicht eines neuen, noch jungen Vizepräsidenten unterstellt. Eigentlich war die Rechtsabteilung dafür zuständig, aber sie war ungeschickterweise in einem anderen Stockwerk untergebracht. Der Vizepräsident übernahm die Akten, weil er erkannte, daß sie einen wertvollen Besitz darstellten. Zunächst war es nicht nötig, irgend etwas mit ihnen anzufangen – sie waren einfach da und verliehen seiner Büroecke Prestige, denn offenbar war ihr Inhalt von zentraler Bedeutung für die Geschäfte des Unternehmens. Sie hatten allerding mehr symbolischen Wert, da ihr Inhalt zum größten Teil längst auf Lochstreifen übertragen worden war und in einem Rechenzentrum aufbewahrt wurde. Sollte jedoch der unwahrscheinliche Fall eintreten, daß jemand diese Wälzer einsehen wollte, so mußte seine Erlaubnis eingeholt werden. Ja, er entwarf sogar ein kompliziertes Sicherungssystem. Je sorgfältiger die Akten überwacht wurden, desto mehr Wichtigkeit erhielten sie und folglich auch er. Es war ein sehr geschickter Zug in seinem privaten Monopoly-Spiel. Die Akten belasteten ihn nicht wirklich, sie nahmen ihm nur etwas Platz weg.

Vom geschäftlichen Standpunkt waren sie jedoch ein Aktivposten ohne Wachstumsmöglichkeiten, und Wachstum ist ein zentraler Machtfaktor. Daher machte sich ihr neuer Besitzer an eine »gründliche Reorganisation der Vertragsunterlagen«. Folglich mußte eine große Anzahl teurer horizontaler Aktenablagen gekauft werden. Eine Archivarin wurde eingestellt, die jeden Vertrag in neue saubere, farblich differenzierte Ordner legte und ihn in einer Zentralkartei registrierte. Der Umfang der Aktenablagen nahm schnell zu, hauptsächlich weil die neuen Aktenschränke viel mehr Platz wegnahmen als ihre schäbigen Vorgänger. Da sie für ihren angestammten Platz zu groß geworden waren, mußte man eine neue Unterbringungsmöglichkeit für sie finden. Der Vizepräsident ließ geschickt seine Beziehungen spielen, um ein Büro in einiger Entfernung von seinem eigenen Bereich zu erhalten, statt einfach ein benachbartes Büro zu erwerben. Da man nur die Wahl hatte, die Aktenschränke auf den Flur zu stellen (oder zuzugeben, daß sie nutzlos waren), wurden sie schließlich in das neue Büro geschafft, und im Laufe eines Jahres gelang es dem Vize ganz allmählich, die dazwischenliegenden Büros zu erobern. Dadurch gewann er 60 m² Raum hinzu und machte die Aktenablagen zu einem gewichtigen Machtsymbol.

Bis jetzt hat noch niemand darauf hingewiesen, daß ihr Inhalt im Rechenzentrum gespeichert ist und daß die Rechtsabteilung und die Buchhaltung Kopien neuester Ausfertigung von jedem Vertrag haben. Maßgebend ist, daß es die Originale sind, die totemhafte Bedeutung haben. Da stehen sie nun, in einem Raum, der früher zur Vertriebsabteilung gehörte. Sie werden von einer jungen Frau bewacht, die nichts anderes zu tun hat, als den freien Zugang zu ihnen zu verwehren und sie hervorzuholen und wieder wegzuschließen, falls jemand wünschen sollte, sie einzusehen. Das ist natürlich unwahrscheinlich. Aber es dauert bestimmt nicht mehr lange, bis der Mann mit den Akten die Vertriebsabteilung übernimmt. Warum auch nicht? Er hat sie ins Abseits gedrängt.

»Akten sind ja Mätzchen«, sagt Mark Haendel, ein Bekannter von mir, der für eine größere Fernsehgesellschaft arbeitet. »Als ich hier anfing, war da ein Typ, der Werbeartikel zu den Shows unserer Gesellschaft unter die Leute brachte, Spielzeug, Gesellschaftsspiele, Cocktailtücher usw. Er hatte nur ein kleines Zimmer, und da er sah, wie es die anderen machten, wollte er auch größer werden. Damals arbeitete ich für ihn. Er stopfte sein Zimmer so voll mit Kram, daß er dringend einen Ausstellungsraum brauchte. Zu der Zeit waren wir in einem alten Gebäude in der Lexington Avenue. Wir waren sehr beengt, aber die Gesellschaft hatte einen Teil eines alten Hotels bei der Third Avenue gemietet. Da es jedermann peinlich war, mit Gummi-Enten und Indianerausrüstungen Geld zu machen, zogen wir dorthin um. Es war ein merkwürdiges Haus. Unterm Dach war ein Fitneßklub, in zwei Stockwerken hatten sich Nutten breitgemacht, und in den übrigen Hotelzimmern waren unsere Büroräume. Ein paar Leute, die geschieden waren oder getrennt lebten, zogen auch dahin, nun ja, ich hab' ja nichts dagegen – es war schon ein tolles Leben mit den Nutten, dem Fitneßklub und einer Kaffeestube im Parterre.

Einmal die Woche mußten wir alle zur Hauptstelle hinüber, um unseren Scheck abzuholen, und die Sekretärinnen bekamen dort ihre Bleistifte und Farbbänder, aber sonst konnten wir tun und lassen, was wir wollten.

Mein Chef wußte schon, was er tat. Er eroberte einen Raum nach dem anderen, eine Suite nach der anderen, bis er eine ganze Etage hatte. Wir hatten Warenregale, Ausstellungsräume; komische Typen entwickelten ständig neue Spielwaren und Spiele. Wir bauten ein Archiv auf, eine internationale Lizenzabteilung, wir bekamen unseren eigenen Filmvorführraum. Ich hielt ihn für verrückt – er expandierte so schnell, daß wir die meiste Zeit nicht wußten, was wir taten, aber er sagte, ich sollte mir keine Gedanken machen.

›Hör zu, Mark‹, sagte er, ›die Gesellschaft baut gerade ein neues Gebäude an der Sixth Avenue. Als wir das alte verließen, hatten wir bloß ein paar Räume, nicht wahr? Wenn wir wiederkommen, werden sie uns ein halbes Stockwerk geben. Denk dran, daß jeder leitende Angestellte mit Kindern von all unseren Sachen ein Exemplar bekommt, mit den besten Empfehlungen von unserer Abteilung.‹ Er hatte natürlich recht. Als das neue Haus fertig war, bekamen wir eine ganze Abteilung, mit Ausstellungsräumen, Konferenzräumen, großen Büros, alles, was man sich nur wünschen konnte. Es war herrlich.

Leider hatten sie aber auch ein Rechenzentrum eingerichtet, und es fand bald heraus, daß wir seit zwei Jahren Verluste machten. Aber das schadete uns weiter nicht. Niemand dachte daran, eine Abteilung aufzulösen, die ein halbes Stockwerk einnahm, und die Leute hatten sich daran gewöhnt, Spielzeug von uns zu bekommen. Sie dachten gar nicht daran, herzugehen und Geld für Geburtstags- und Weihnachtsgeschenke auszugeben, nachdem sie sie zwei Jahre lang en gros umsonst bekommen hatten. Also gab man meinem Chef einen Titel und unterstellte ihm einen Finanzmenschen, der den Auftrag hatte, wieder alles ins Lot zu bringen. Schließlich setzt man ja niemanden an die Luft, weil er zu schnell expandiert hat – so was ist eben Optimismus. Heute hat er auch die Kassettenabteilung, und er verdient 100 000 Dollar im Jahr.

Seine ganze Fähigkeit besteht darin, Büroräume an sich zu reißen und alles in seinem Machtbereich in der gleichen Farbe anstreichen zu lassen, damit die Leute auch sehen, wie groß sein Territorium ist. Jeder Raum ist blaßgelb, selbst die Herrentoiletten. Ich glaube, er hält irgendwo seine eigenen Maler versteckt. Von heut auf morgen sind sie da und malen wieder ein Büro gelb, damit die Leute auch wissen, wem es gehört. Ich glaube, wenn er die Maler über Nacht ein Büro gelb streichen ließe, würden alle glauben, es gehöre ihm. Wenn er Vorsitzender wird, läßt er bestimmt das ganze Gebäude gelb tünchen.«

Es ist keineswegs ungewöhnlich, seinen Herrschaftsbereich mit farblichen Mitteln abzugrenzen. Mit Farbe kann man höchst wirkungsvoll das äußere Erscheinungsbild eines Raumes bestimmen. Heutzutage gibt es sogar »Farbberater für Führungskräfte«, die Charakter und Auftreten des geplagten Geschäftsmannes analysieren, um die Farben herauszufinden, die seiner persönlichen Macht am förderlichsten sind.

Ist erst einmal die »Hauptmachtfarbe« gefunden, so beraten sie ihre Kunden in allen Fragen von der Büroausstattung bis hin zu Hemden, Krawatten, Socken, Autos und den Küchenschränken daheim. Einer warf seine ganze Kleidung weg und schaffte sich für 1800 Dollar neue Garderobe in seiner Machtfarbe an. Ein anderer ließ nicht nur sein Büro neu streichen, sondern bestand auch darauf, daß sein neuer Wagen umgespritzt wurde[32]. Ein

Vorstandsvorsitzender ließ nicht nur seine eigene »Farbpalette« entwerfen, sondern auch die seiner wichtigsten Mitarbeiter. Im Anschluß daran ließ er ihre Büros neu streichen. »Ich fühle mich zehn Jahre jünger«, soll er gesagt haben, »und ihre Leistung hat sich um 10–15 % verbessert . . .«

Eine leitende Angestellte aus meinem Bekanntenkreis hat eine sogenannte »Schwäche« für Blau. Zuerst legte sie sich einen blauen Teppich in ihr Büro, dann wurde die Sitzgarnitur mit blauem Kord neu bezogen, und schließlich wurden die Wände und sogar die Jalousien blau gestrichen. Bald wurde der Stuhl ihrer Sekretärin durch einen blauen ersetzt, und eine blaue Schreibmaschine mit einem blauen Farbband tauchte auf ihrem Schreibtisch auf. Mit dem Anwachsen ihrer Macht breitete sich die blaue Farbe von ihrem Büro weiter aus. Aktenschränke, Schreibtische, Fußböden, Kaffeebecher und Wasserkühler wurden in ein blaues Farbbad getaucht. Da unter den übrigen Führungskräften keiner eine ähnliche Vorliebe für eine andere Farbe hatte, fiel die Ausbreitung dieses einen Farbthemas um so mehr auf und wurde bald zu einem bedrohlichen Symbol. Die Leute, die für sie arbeiteten, trugen am liebsten Blau, weil es am besten zu ihrer Umgebung paßte. Was zunächst als Scherz oder Marotte begonnen hatte, wurde in kurzer Zeit zu einem Loyalitätsabzeichen, und die anderen Abteilungsleiter zitterten, wenn ihre Sekretärinnen in blauen Kleidern zur Arbeit erschienen, so als hätten sie sich als die 5. Kolonne eines feindlichen Heeres zu erkennen gegeben. Wenn nicht endlich jemand eine Gegenmachtfarbe entdeckt, wird der Betrieb von Tag zu Tag blauer*.

Farbe ist nicht das einzige Mittel, um seinen Machtbereich zu kennzeichnen, aber es ist vielleicht das einfachste und einleuch-

---

* Die meisten Menschen halten Blau für die stärkste Farbe, vorausgesetzt, es handelt sich um Dunkelblau. Gelb empfindet man manchmal als frivol und schwach, Beige und Hautfarben sind zu neutral als Machtfarben, Rot wirkt auf viele furchterregend und Dunkelbraun deprimierend. Weiß hingegen vermittelt die Vorstellung von Weite und Freiheit. Daraus kann man schließen, daß Weiß und Dunkelblau mit einem Spritzer furchterregendem Rot wahrscheinlich die beste Farbkombination für ein Büro sind.

tendste. Es gibt jedoch raffiniertere Methoden. In einem Finanz-
büro in der Wall Street machen sich seit Jahren zwei rivalisierende Manager mit Schiffsdarstellungen und Audubonstichen[33]
Konkurrenz. Nach einem Blick auf die Wände weiß man sofort,
in wessen Machtbereich man sich befindet. Wenn der eine dem
anderen voraus ist, nehmen die Flure entweder ein nautisches
oder ein ornithologisches Aussehen an, je nachdem, wessen Aktien gerade im Steigen sind. In konservativen Büros dagegen wird
die Dekoration gewöhnlich von oben veranlaßt, und die Grenzen eines Machtbereichs werden bestimmt durch identische Füll-
halter und Schreibtischgarnituren, Korkwände und Magnettafeln. Die Hauptsache ist, man findet etwas, was niemand sonst
hat, erhebt es zum Symbol und benutzt es, um territoriale Rechte
geltend zu machen. Wenn es gar nicht anders geht, kann man solche Rechte auch durch eine bestimmte Anordnung der Möbel
manifestieren. In vielen Büros stehen alle Schreibtische einer Abteilung oder Machtsphäre in ein und derselben Richtung, gewöhnlich in Richtung Abteilungsleiter, wie Mohammedaner, die
sich beim Gebet gen Mekka neigen.

Machtgruppen

Im allgemeinen meidet man Machtsphären, als handele es sich um
radioaktiv verseuchte Gebiete. Dennoch sollten Leute, die nach
Macht streben, lernen, gerade diese Machtzentren zu erkennen
und in ihnen zu leben. Bei Räumen, in denen viele Leute zusammenkommen, handelt es sich fast nie um Machtbereiche, denn
Gruppen haben gewöhnlich ein starkes Sicherheitsbedürfnis. In
vielen Büros kann man an der Abnutzung des Linoleums und
den Scheuerstellen an den Wänden erkennen, wo sich diese Sicherheitszonen befinden. Nach allgemeiner Übereinkunft gibt es
bestimmte Räumlichkeiten, in denen man sich unterhalten, Kaffee trinken und ausruhen kann, ohne Einwände des Managements befürchten zu müssen. Innerhalb einer Machtzone würde

eine solche Gruppe dagegen mit Sicherheit unangenehm und als unpassend auffallen.

Daher verlassen Sekretärinnen die Machtsphäre, wenn sie eine Tasse Kaffee trinken und einen kleinen Schwatz halten wollen, während Leute, die nicht innerhalb des Machtbereichs arbeiten, in solchen Fällen bleiben können, wo sie sind. Jede Abteilung hat solche Treffpunkte. Es handelt sich dabei um rein lokale Sicherheitsbereiche, die von Angestellten aus anderen Abteilungen nicht betreten werden. Andere wiederum sind integriert, d. h., hier treffen nach Belieben auch Angestellte aus anderen Abteilungen zusammen. Die wichtigsten Sicherheitszonen befinden sich in der *Nähe* von Machtgebieten, da sie manchmal auch höhergestellte Machtspieler anziehen, die sich gelegentlich unter die kleinen Angestellten mischen, um sich zu zeigen und dabei ihre Macht bestätigt zu sehen.

Eine sorgfältige Analyse eines Büros zeigt, daß es bestimmte Stellen gibt, an denen selbst die mächtigsten Chefs mit ihren Untergebenen auf ziemlich gleichberechtigter Ebene zusammentreffen können. Manchmal ist es der Empfangsraum, wo alle in dem Augenblick, in dem sie in ihre Mäntel schlüpfen, gleich sind. Eine Sekretärin wird vielleicht zögern, den Vorstandsvorsitzenden auf dem Flur anzusprechen, auch wenn sie nebeneinander gehen. Vielleicht geht sie sogar absichtlich etwas langsamer, um dem Vorsitzenden den Vortritt zu lassen und kein Gespräch mit ihm anfangen zu müssen. Wenn sie aber in den Empfangsraum treten, kann sie ihn durchaus ansprechen.

Vom Machtstandpunkt gesehen, handelt es sich hier um ein neutrales Gebiet, das sich nicht richtig *im* Büro befindet, aber doch noch dazugehört. Daher wird eine Unterhaltung zwischen ihnen nicht nur möglich, sondern ergibt sich sogar zwangsläufig. Nachdem sie die Tür bedient und den Aufzug betreten haben, wird jede Unterhaltung wieder unmöglich. Sie haben jetzt das Büro *verlassen* und keine Verbindung mehr miteinander. Hatten sie sich gerade eben noch vor dem Schreibtisch der Empfangsdame freundlich gegrüßt, so steht jetzt jeder für sich in einer anderen Ecke des Aufzugs, die Augen starr auf die Leuchtziffern über der Tür gerichtet, um jeden weiteren visuellen Kontakt zu vermeiden.

Neben dem Empfangsraum, in dem eine freie, wenn auch nur kurze Kommunikation zwischen Leuten verschiedener Machtebenen möglich ist, gibt es andere Stellen im Büro, die zu Machtdemonstrationen benutzt werden. Bestimmte Ecken, Konferenzräume und Flure werden gerne von Angestellten mit größerer Machtbefugnis benutzt. Entweder stehen sie da und tun sehr beschäftigt, um gesehen zu werden, oder sie halten zwanglose Versammlungen auf dem Flur ab, um ihre Macht zu demonstrieren. Von solchen Konferenzen hält man sich am besten fern, denn Äußerungen und Entscheidungen, die zum Zweck öffentlicher Demonstration fallen, sind fast immer unklug. Grüppchen innerhalb von Machtbereichen suchen meistens nach einem Opfer, dem sie einmal richtig zeigen können, wie gut sie selbst sind. Es ist schwierig, in der Öffentlichkeit Macht zu demonstrieren, ohne einen anderen zu demütigen. Wenn man mit einem Mächtigen sprechen möchte, ist es gewöhnlich besser, ihn im Empfangsraum anzusprechen, als wenn er gerade in der Nähe seines Büros hofhält.

Einem scharfsinnigen Beobachter wird jedoch nicht entgehen, daß sich auch die Mächtigen ungern ständig in der Abgeschiedenheit ihres Zimmers aufhalten, und sei es noch so luxuriös ausgestattet. Die Machtrituale müssen in der Öffentlichkeit zelebriert werden, und die Mächtigen sind verpflichtet, sich ihrer Zugehörigkeit zur Führungsspitze in regelmäßigen Zeitabständen und nach festgelegtem Ritus zu vergewissern. Wo sich die Angestellten zur Kaffeepause treffen, pflegen Machtspieler gewöhnlich aus ihren Büros aufzutauchen und sich der Gruppe anzuschließen. Sie gehen aber selten in der Gruppe auf. Vielmehr ziehen sie vor, etwas abseits zu stehen und sich von anderen Machtspielern möglichst fernzuhalten. Finden diese Zusammenkünfte, wie so oft, auf einem Flur statt, wird der Machtspieler gewöhnlich versuchen, mit dem Rücken zur Wand und in der

Nähe des Ausgangs zu stehen. So kann sich ihm keiner von hinten nähern, und er selbst kann sich schnell wieder von der Gruppe entfernen. Alles kommt darauf an, sich so zu stellen, daß man niemals überrascht oder in die Enge getrieben werden kann. Man sichert sich daher einen Weg für den schnellen Rückzug. Nur wenige Machtspieler bewegen sich in den Zimmern anderer völlig ungezwungen (es sei denn, sie spielen ein aggressives territoriales Spiel, kommen einfach herein und legen die Füße auf den Tisch). Es ist ihnen daher viel lieber, die Leute auf die (neutralen) Korridore und Flure herauszuholen.

Bestimmte Korridorecken erhalten so die soziale Funktion eines orientalischen Basars oder der Hauptstraße einer Grenzstadt. Die dortigen Zusammenkünfte werden allmählich so etwas wie die Mitgliedschaft in einem Klub. Es kann vorkommen, daß ein Neuer zunächst keinen Zutritt hat oder übersehen wird, bis einer der Machtspieler seine Anwesenheit und sein Teilnahmerecht anerkannt hat.

Innerhalb ihrer eigenen Sphäre sehen sich die Mächtigen oft extremem Druck von Rivalen und Konkurrenten ausgesetzt. Sie stehen im Konflikt mit Kollegen, die entweder entschlossen sind, ihnen ihre Macht zu nehmen, oder sie gar nicht erst anerkennen wollen. Daher sind Leute mit Macht im gewissen Sinne von Leuten ohne Macht abhängig – sie brauchen sie zu Testzwecken. Das erklärt auch, warum Büroparties notwendig sind und warum sie gern außerhalb der Machtzone abgehalten werden, auch wenn der Partyraum unbequem, klein und schwer zugänglich ist.

Machtdynamik der Büroparties

Eine Büroparty ist in erster Linie eine Gelegenheit für die Mächtigen, ihre potentielle Anhängerschaft zu testen. Entweder stehen sie in einer Ecke und beobachten, wie viele auf sie zukommen, oder sie mischen sich unter die anderen, um ihre Macht über bestimmte Kollegen auf die Probe zu stellen.

Beobachtet man eine Büroparty, so wird man feststellen, daß die Mächtigen gewöhnlich zuletzt eintreffen und nach Möglichkeit eine Ecke des Raumes besetzen. Sind sie etwas schüchtern, dann stehen sie am liebsten in der Nähe der Tür oder neben der Bar (ganz gleich, ob es eine richtige Bar oder ein umfunktionierter Schreibtisch ist). So befinden sie sich mitten im Verkehrsstrom und werden zwangsläufig begrüßt und in ein Gespräch verwickelt. Ein gewitzter Machtspieler wird diese Stellen allerdings meiden, denn es kommt ja gerade darauf an, den Verkehrsstrom auf sich persönlich zuzulenken und dadurch allmählich einen Kreis von Anhängern und Gefolgsleuten um sich zu scharen. Mit der Zeit bilden sich dann in jeder Zimmerecke feste Grüppchen, und in der Zimmermitte stehen die Unentschlossenen, die noch überlegen, in welche Ecke sie gehen sollen.

Bei großen Firmen, wo sich Parties in mehreren Büro- oder Hotelräumen abspielen, vollzieht sich der gleiche Vorgang in jedem einzelnen Raum – die Mächtigen ziehen sich in die Ecken zurück und achten auf größtmögliche Distanz von ihren Konkurrenten. Da bleiben sie dann und sammeln ihre Anhängerschaft um sich. Wem dies Manöver nicht gelingt, der zieht sich in Richtung Tür zurück, in der Hoffnung, Vorübergehende auf sich aufmerksam zu machen. Aber das ist schon das Eingeständnis der Niederlage, und wer in diese mißliche Situation gerät, schützt meist Kopfschmerzen oder Arbeit vor, um die Party möglichst bald zu verlassen.

Zu einem bestimmten Zeitpunkt geben die Mächtigen dann gewöhnlich ihre Eckpositionen auf und bewegen sich zusammen auf neutrales Gebiet zu. Jetzt bilden sie einen Kreis und kehren den Leuten ohne Macht den Rücken. Als erstes stellen sie sich also zur Schau und lassen sich ihre Macht von ihrer Gefolgschaft bestätigen. Ist ihnen das gelungen, so wenden sie sich ganz natürlich ihresgleichen zu und halten die Reihen dicht geschlossen – die Mächtigen distanzieren sich instinktiv von Machtlosen.

Für den Machtspieler ist es interessant und manchmal nützlich, diesen Zeitpunkt zu beobachten. In der ersten Phase wird sich ein mächtiger Manager den Weg in eine Ecke bahnen und dort für jedermann zu sprechen sein. Er redet mit allen, von der Sekretärin bis zum Angestellten aus dem mittleren Management, reißt Witze, äußert sich abfällig über seine Kollegen und gibt einem x-beliebigen sein Glas, damit er es ihm an der Bar nachfüllt. Dies ist der Augenblick, in dem ein ehrgeiziger Angestellter einen Mächtigen ansprechen kann, ohne aufdringlich zu wirken oder unangenehm aufzufallen. In der zweiten Phase wird jeder Annäherungs- und Anbiederungsversuch als Aufdringlichkeit gewertet und vielleicht sogar zurückgewiesen. Wenn die Mächtigen die anderen brauchen, dann stehen sie jedermann zur Verfügung, haben sie aber genug davon, dann sind sie nicht mehr zu sprechen.

Haben die Leitenden genügend Mitarbeiter in den Ecken um sich geschart, um ihrer Macht gewiß zu sein, und bewegen sie sich nun auf die Raummitte zu, so ist der Zeitpunkt gekommen, sich schnellstens von ihnen zu lösen. Es ist das Signal, daß die Zeit der Vertraulichkeiten vorbei ist – was man noch zwei Minuten vorher ruhig erzählen konnte, würde jetzt Anstoß erregen.

Dieser Machtkern bildet sich immer instinktiv in der Nähe der Bar. In der Ecke, im Kreis von Untergebenen, können die Mächtigen leicht an einen Drink kommen, ohne ihre Machtposition zu verlassen. Stehen sie aber im geschlossenen Kreis, so ist ihnen das verwehrt, auch erlauben ihnen ihre Rivalitäten nicht, sich gegenseitig diesen Dienst zu erweisen. Daher müssen sie sich in Reichweite der Bar aufstellen und eine Ecke der Bar für sich erobern.

In seltenen Fällen kann es vorkommen, daß das Arrangement des Zimmers diese Anordnung verhindert. Ich war einmal auf einer Party, die in einer großen Hotelsuite stattfand. In der Saalmitte lag direkt unter dem Kristalleuchter ein Teppich mit einem großen Medaillonmuster. Als die Machtspieler ihre Ecken verließen, bildeten sie automatisch einen Kreis unter dem Leuchter und standen auf dem Medaillon, einem ausgezeichneten, gut sichtbaren Machtpunkt. Leider war nur die Bar zu weit weg. Keiner konnte sich dem Kreis nähern, und wer im Kreis stand,

wollte auch nicht fortgehen. Eine Zeitlang standen die Spitzen-
kräfte des Unternehmens verärgert, aber gleichsam festgenagelt
mit leeren Gläsern da, bis eine verständnisvolle Sekretärin einen
Barkeeper zu ihnen schickte, der ihre Bestellungen entgegen-
nahm.

Es kommt nur selten vor, daß sich ein Mächtiger auf diesen
Parties einmal hinsetzt. Sitzen wird bei solchen gesellschaftlichen
Anlässen als eine Art Niederlage betrachtet. Es sieht nicht nur
nach Müdigkeit und mangelnder Energie aus, man kann sich auch
nicht mehr frei bewegen, und der Sitzende hat den Nachteil, nicht
auf gleicher Höhe mit seinen Gesprächspartnern zu sein. Machtspieler bleiben also stehen, auch wenn sie ein Gipsbein haben
oder sich auf einen Stock stützen müssen. Ich habe das oft beobachtet!

Die tatsächliche Bedeutung der Männer an der Spitze läßt sich
leicht einschätzen, wenn man ihr Verhalten auf einer Party beobachtet. Die selbstsichersten wählen sich eine Ecke aus, weniger
selbstbewußte stellen sich in die Mitte des Verkehrsstroms, und
die unsichersten Spieler wandern im Raum umher. Sie meiden die
schon besetzten Ecken, versuchen aber, einen Kreis von Anhängern um sich zu scharen, der groß genug ist, um deutlich zu machen, daß auch sie eine eigene Gefolgschaft haben. Von der Tür
aus gesehen, bewegen sich solche Leute zumeist entgegen dem
Uhrzeigersinn im Kreis. Dabei zeigt ihre rechte Hand (die natürliche Machtseite) zu den Wänden und Ecken des Raumes.
Manchmal sprechen sie auch zu den Leuten auf der Innenseite
(d.h. zu ihrer Linken, wenn sie sich im Kreis drehen), aber in
Wirklichkeit ist ihre ganze Aufmerksamkeit zur Außenseite gerichtet, wo sich die Machtecken befinden. Begeben sich die Leute
aus den Ecken in die Raummitte, dann können sie sich so unauf-
fällig wie möglich in den Kreis einordnen, um sie zu begrüßen,
– als hätten sie nie zu den Machtlosen gehört.

Die Zeichnung auf der nächsten Seite zeigt ein ziemlich vereinfachtes Schema einer Büroparty in der ersten Phase:

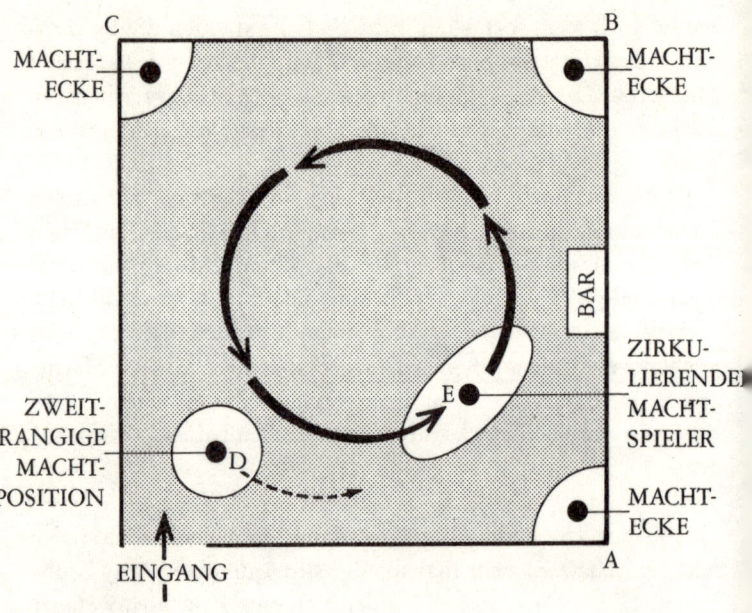

Der im Raum herumkreisende Machtspieler hofft gewöhnlich, eine der Ecken für sich zu erobern, wenn der Mann, der sie besetzt hält, zur Toilette gehen muß oder ans Telefon gerufen wird. Der Machtspieler in der »zweitrangigen Machtposition« (in Türnähe) versucht oft, nach rechts vorzudringen und einen eigenen Kreis zu bilden, der etwas größer ist als der schon bestehende Machtkreis.

In der zweiten Phase strebt jedermann in Richtung Raummitte, wie die Zeichnung auf Seite 97 zeigt.

Ganz offensichtlich befindet sich der Spieler, der im Raum zirkuliert, in einer günstigen Ausgangsposition, wenn die Bewegung zur Raummitte hin einsetzt, denn er kann sich wie selbstverständlich in den Kreis einordnen. Der Mann an der Tür hingegen ist, wie die Zeichnung zeigt, in der schwächsten Position, denn er muß um den ganzen Raum herumgehen. Die Leute

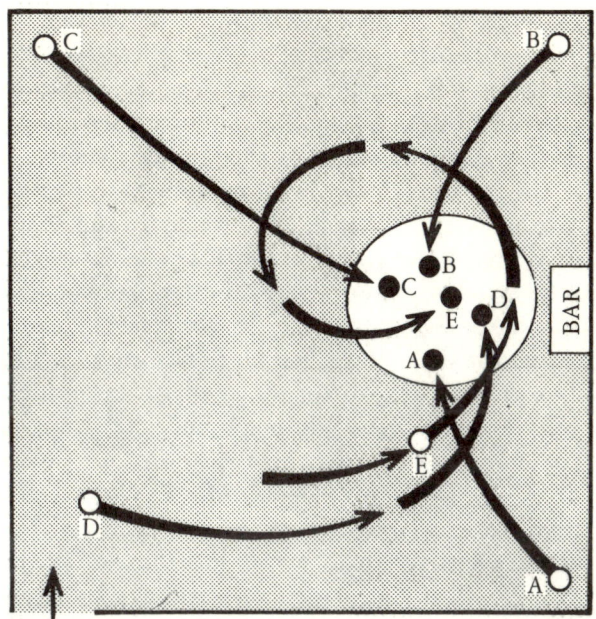

EINGANG

in den Ecken müssen sehr schnell schalten, wenn sie nicht den Anschein erwecken wollen, daß sie sich nur denjenigen anschließen, die schon im Raum herumgehen.

Gewöhnlich tut derjenige, der der Bar am nächsten ist, den ersten Schritt. Ihm kommt es darauf an, den Machtpunkt zu erreichen, bevor seine Konkurrenten es geschafft haben, und den Anschein zu erwecken, daß er ihn ausgewählt hat, während sie nur seiner Initiative gefolgt sind. Der Spieler in Punkt A hat die beste Position, denn er steht nicht nur in einer Ecke, sondern auch am nächsten zur Bar. Wahrscheinlich wird er die Ecke gerade in dem Augenblick verlassen, wenn der zirkulierende Machtspieler E sich am anderen Ende des Raumes, gegenüber der Bar, befindet. Dadurch erreicht er, daß E entweder als letzter oder als zweitletzter hinter dem Spieler am Eingang eintrifft.

Man kann sagen, daß diese Bewegung nach allgemeiner Übereinstimmung ungefähr eine halbe bis eine Stunde nach Beginn
der Party einsetzt (als Beginn zählt der Augenblick, in dem einer
der größeren Machtspieler eintrifft). In vielen Fällen ist es der
Zeitpunkt, an dem die Party erst richtig in Gang kommt, denn
die erste Phase, wenn sich die Machtspieler zur Schau stellen und
ihre Macht auf Kosten der anderen Anwesenden zu festigen suchen, ist eigentlich nur eine Formalität. Die Mächtigen haben
keineswegs grundsätzlich etwas gegen Tanzen, Trinken oder das
Verführen junger Mädchen. Sie müssen nur eine Pflichtübung
durchführen, ehe sie zu diesen Dingen Zeit haben. Dieses Ritual
vollzieht sich sogar dann, wenn sie zu spät kommen und die
Party sich schon in wilder Auflösung befindet. Ich habe einmal
eine Party mitgemacht, bei der die Machtspieler zu spät kamen,
da sie durch eine Konferenz in letzter Minute aufgehalten worden waren. Als sie im Hotel eintrafen, waren die Eiswürfel in den
Pappbehältern schon geschmolzen, die männlichen Gäste hatten
ihre Jacketts abgelegt, einige tanzten, andere saßen auf dem Fußboden. Auf dem Tisch hopste eine junge Dame mit einem Lampenschirm auf dem Kopf herum, ihr Minikleid war bis zum
Bauchnabel aufgeknöpft. Peinlich berührt und verärgert bezogen
sie dennoch ihre Machtpositionen, wie ich sie eben beschrieben
habe, und erledigten ihr vorgeschriebenes Pensum. Sie waren jedoch so entgegenkommend, sich etwas zu beeilen und den
Machtkreis so schnell wie möglich zu bilden, wie Siedler, die sich
vor Indianern in den Kreis der Planwagen flüchten.

Wenn sich der Machtkreis einmal gebildet hat, dann kann er
nur nach allseitiger Zustimmung wieder aufgelöst werden, aber
das kann schon nach kurzer Zeit geschehen. Es genügt, wenn sich
die Mitglieder ihres Ansehens vergewissert und es vor den anderen demonstriert haben. Bei einer langweiligen Party bleiben die
Chefs für eine Stunde oder auch noch länger im Kreis zusammen,
wobei die Machtgruppe zu einer Konferenz wird. Bei einer
schwungvollen Party kann es jedoch schon nach fünf Minuten
soweit sein.

Wenn sich der Kreis erst einmal aufgelöst hat, kann jeder Spieler entweder gehen oder sich am allgemeinen Jux beteiligen. Kein Machtspieler wird sich jedoch auf einer Party amüsieren, ehe er nicht die zwei Demonstrationsphasen durchlaufen hat – er würde sich sonst ins Abseits begeben und automatisch an Ansehen verlieren. Ist die Machtdemonstration aber vorüber, dann kann sich jedes Mitglied der Machtgruppe betrinken, tanzen, das Jackett ablegen, flirten oder einen Lampenschirm auf dem Kopf tragen. Wenn sich der Kreis erst einmal aufgelöst hat, dann hat der Machtspieler für diesen Abend wieder einmal bewiesen, daß er dazugehört und ist hinfort für »seinesgleichen« unsichtbar.

Klatsch und Tratsch

Klatsch hat immer eine schlechte Presse gehabt, und wenn man an Macht interessiert ist, sollte man es tunlichst vermeiden, über andere zu reden. Das bedeutet allerdings nicht, daß man vor Klatsch die Ohren verschließen sollte. Ganz im Gegenteil! Klatsch anzuhören, kann recht nützlich sein, solange man es fertigbringt, keinen Kommentar abzugeben, nichts hinzuzudichten und nichts weiterzutratschen. Es lohnt sich, gut zuzuhören und es sich zur Gewohnheit zu machen, weise zu nicken, als ob man über alles schon Bescheid wüßte. Wenn man kluge Zurückhaltung und Schweigen praktiziert, kann man in den Ruf kommen, sehr viel zu wissen und vielleicht von Höhergestellten zur Geheimhaltung verpflichtet worden zu sein. Wenn jemand zu Ihnen sagt: »Ist das nicht unerhört! Wissen Sie schon, X soll ein Verhältnis mit Y haben, und Z wird demnächst an die Luft gesetzt«, dann sollte man nicht antworten: »Sagen Sie bloß!« oder »Wissen Sie noch mehr darüber?« Richtig ist, ungerührt dazusitzen und bloß »hmmm« zu sagen.

Wenn Sie etwas Nützliches erfahren haben, können Sie es sich ja für später merken, wenn nicht, haben Sie keine Stellungnahme abgegeben. In beiden Fällen erwecken Sie den Eindruck, daß Sie schon vorher genau Bescheid wußten. Das ist besonders wichtig, wenn sich der Tratsch auf Ihre eigenen Angelegenheiten bezieht. Wenn jemand mit einem traurigen und teilnahmsvollen Gesicht zu Ihnen kommt und Ihnen erzählt, wie leid es ihm tut, daß Ihr Rivale die Position bekommen hat, auf die Sie eigentlich hofften, dann sollten Sie am besten weise nicken und die Fähigkeiten und menschlichen Qualitäten des anderen loben, auch wenn sie keine Ahnung hatten, daß Sie übergangen worden sind. Später kann man einen Wutanfall bekommen oder versuchen, die Sache in Ordnung zu bringen. Eine der wichtigsten Spielregeln im Machtspiel ist, bei schlechten Nachrichten die Ruhe zu bewahren, als wisse man schon alles und als ließe es einen ziemlich kalt.

Ich denke da an einen bestimmten Fall. Zwei rivalisierende Vizepräsidenten bemühten sich um eine höhere Position. Einer von ihnen richtete ein langes, eindringliches Schreiben an den Vorsitzenden, in dem er darlegte, daß der andere vom Temperament her ungeeignet für die Position sei. Als sein Rivale das erfuhr, behielt der die Ruhe und pries die Intelligenz, Begabung und Firmentreue des anderen. Er ließ durchblicken, daß er schon genau über das Schreiben Bescheid wußte, daß es ihm sogar *gezeigt* worden sei. Bald kannten alle im Büro seine Reaktion, die Bombe war entschärft. Nach einigen Tagen traf er den Vorsitzenden im Aufzug (natürlich absichtlich) und machte eine scherzhafte Bemerkung über das berüchtigte Schreiben. Der große Mann lachte, tat es mit einer Handbewegung ab und sagte, ihm sei die Stelle sicher. In solchen Fällen sind Ärger, überstürztes Handeln und öffentliche Wutausbrüche stets verhängnisvoll. Es ist am besten, vor möglichst vielen vornehme Gelassenheit zur Schau zu tragen. Ganz sicher wird man an der Spitze alles schnell erfahren, ohne daß Sie sich persönlich verwenden müssen. Von der Seite aus betrachtet ist Klatsch durchaus nützlich. Man bekommt von hintenherum (manchmal allerdings auch unzuverlässige) Informationen, die im Handumdrehen auch bei der Firmenleitung anlangen.

Neuigkeiten und Gerüchte verbreiten sich auf verschiedene Weise. Man könnte das mit einem Flußsystem vergleichen. Irgendwo gibt es eine Quelle mysteriösen Ursprungs und einen Hauptstrom mit Nebenflüssen, die in alle Abteilungen reichen. Hat man erst einmal den Hauptstrom bis zur Quelle verfolgt, kann man von den Nebenflüssen alles Wissenswerte erfahren – das Wasser ist überall gleich. Der Klatsch von Leuten, die keine Macht haben und auch gar nicht richtig Bescheid wissen, ist nur wichtig, wenn man durchschaut, wie sie an ihre Informationen gekommen sind. Man kennt dann den Ursprung und kann ziemlich genau erraten, was alles verdreht und verändert worden ist.

Wer die Geographie des Informationssystems nicht durchschaut, kann mit dem Klatsch nichts anfangen.

Wenn man beobachtet, wer sich mit wem in der Kaffeepause oder beim Mittagessen unterhält, welche Leute mit der Bahn oder im Auto zusammen fahren, kann man dem Informationssystem ziemlich leicht auf die Spur kommen. Wenn Sie wissen, daß der Vizepräsident für Öffentlichkeitsarbeit mit der Assistentin des Leiters der Buchhaltung fährt, daß diese wiederum öfters mit der Sekretärin Ihres Abteilungsleiters zu Mittag ißt, jene aber mit Ihrer Sekretärin Kaffee trinkt, können Sie eine Neuigkeit, die sich wahr oder interessant anhört, ziemlich leicht bis zu ihrem Ursprung verfolgen. Sie brauchen bloß herauszufinden, mit welchem Mitglied des Aufsichtsrates der Vizepräsident am Tag vorher zu Mittag gegessen hat. Kennen Sie die Quelle, dann haben Sie eine wichtige Information und können Rückschlüsse ziehen auf mögliche Entscheidungen des Aufsichtsrates, oder Sie können größere personelle Veränderungen voraussagen. Wenn z. B. Ihre Sekretärin erzählt, daß sich alle über den Gesundheitszustand eines Managers Ende Fünfzig Sorgen machen, und wenn Sie wissen, wie der Firmenklatsch sich verbreitet, können Sie die Geschichte vielleicht bis zu einem der Herren vom Aufsichtsrat zurückverfolgen. Sie können dann sicher sein, daß man auf höchster Ebene über die Pensionierung dieses Mannes gesprochen hat und daß man schlechte Gesundheit als Kündigungsgrund vorschützen wird.

Man sollte auch nicht vergessen, daß Klatsch oft benutzt wird, um die allgemeine Reaktion auf eine Entscheidung zu prüfen, so eine Art Abstimmung, wonach das Management die Durchführbarkeit eines Plans oder einer Stellenumbesetzung abschätzen kann. Wenn alle über die Zwangspensionierung dieses Mannes verärgert sind, kann man den Gedanken durchaus fallenlassen und braucht nicht einmal zuzugeben, daß diese Absicht je bestand. Wenn der Tratsch keine Wellen schlägt, kann man höherenorts die Entscheidung jedoch unbesorgt durchführen. Man kann nicht eigentlich sagen, daß Manager wie Politiker auf öffentliche Unterstützung angewiesen sind, obwohl sie sich manchmal darum bemühen. Sie sind nur oft nicht ganz sicher, was sie tun sollen, können aber auch niemanden recht im Rat fragen, weil das ihrem Ansehen schaden würde. Ist eine Sache zweifelhaft, ist es ganz gut, sich hintenherum über mögliche Auswirkungen zu informieren. So ist Tratsch durchaus wichtig für das Management, da sich die Mächtigen auf diese Art mit den Machtlosen abstimmen können, ohne das Gesicht zu verlieren.

Klatsch kann man auch benutzen, um schlechte Nachrichten zu verbreiten, ehe sie offiziell bekanntgegeben werden. Fehlt der Überraschungseffekt, so sind sie weniger schmerzlich. Fällt die Gewinnbeteiligung geringer aus, oder werden Gehaltserhöhungen drastisch eingeschränkt, gehen schon mehrere Tage vor der offiziellen Bekanntgabe Gerüchte um. Die tatsächliche Bekanntgabe wird dann als eine Art Antiklimax empfunden. Wenn der Firmenklatsch schlechte Nachrichten verbreitet, hat man höherenorts meistens absichtlich etwas durchsickern lassen. Gute Nachrichten behält man dagegen bis zum letzten Augenblick für sich, da sich natürlich alle Chefs freuen, sie bekanntgeben zu können.

Am Jahresende wimmelt es immer von Gerüchten über Leute, die nicht die erwartete Gehaltserhöhung bekommen und die froh sein können, wenn sie überhaupt bleiben dürfen. Durch solche

Andeutungen versucht man, den Schlag abzumildern und demjenigen, der es dem Betroffenen sagen muß, die Aufgabe etwas zu erleichtern. Diese Gerüchte sind meist übertrieben. Wenn jemand hofft, 5000 Dollar zu bekommen, läßt man ihn am besten in dem Glauben, daß er nichts zu erwarten hat. Man gibt ihm ein paar Tage oder Wochen Zeit, sich damit abzufinden, so daß er dann schließlich die 2000 Dollar, die man ihm geben will, ohne Einwände akzeptiert und sogar noch dankbar ist. Per Firmenklatsch kann man einen Angestellten schonend vorbereiten, daß ihm gekündigt werden soll. Das macht es für denjenigen leichter, der die Kündigung aussprechen muß, auch werden Leute, mit denen die Firma nicht zufrieden ist, auf diese Weise verwarnt.

Man darf nicht vergessen, daß sich Klatsch im Gegensatz zu Flußwasser auf- und abwärts verbreitet. Die Leute, die den Klatsch nach unten weitergeben, reichen ihn auch wieder nach oben zurück. Erfährt man eine Neuigkeit, wird auch eine Gegenleistung erwartet. Nur wenige Firmen haben ein richtiges Spionagesystem, aber inoffiziell gibt es so etwas fast überall, und es funktioniert sehr gut. In großen und in kleinen Firmen erfährt man an der Spitze, was sich unten abspielt, aber die konventionelle Hierarchie dient selten als Informant. Auf allen Ebenen geben Vorgesetzte nur sehr ungern etwas Negatives über ihre Untergebenen weiter, hauptsächlich, weil man ihnen das Versagen der ihnen Unterstellten anlasten könnte. Der Betriebsklatsch ist da eine Art Gegengewicht. Die Firmenspitze erfährt so, was die Leute *tatsächlich* sagen und denken, und nicht, was sie nach den Vorstellungen ihrer Vorgesetzten denken *sollten*.

Nur wenige Abteilungsleiter würden ihren Vorgesetzten mitteilen, daß ein bestimmter Manager zuviel trinkt und manchmal erst um 15 Uhr vom Mittagessen zurückkommt, und zwar mit verrutschter Krawatte und schief zugeknöpftem Anzug. Aber durch den Betriebsklatsch erfährt man es oben sofort. Der Abteilungsleiter wird dabei umgangen. Ehe er sich überhaupt entschlossen hat, seinen Vorgesetzten zu informieren, weiß der schon längst Bescheid.

Macht – offiziell und inoffiziell

Wer an Macht interessiert ist, kann es sich nicht leisten, das System des alternativen Managements zu ignorieren, das für jede Firma geradezu lebenswichtig ist. Alle Organisationspläne und die meisten Titel sind bedeutungslos. Je eindrucksvoller sie sich anhören, desto weniger haben sie mit der Wirklichkeit zu tun.

Wie der Informationsfluß in einer Firma an den Klatsch gekoppelt ist und nicht an ein offizielles Informationssystem, so steht auch hinter jeder Funktion im Betrieb ein inoffizielles Alternativsystem. Wenn man die Machtverhältnisse an seinem Arbeitsplatz ganz unkonventionell so sieht, wie sie sind, und nicht, wie sie sich darstellen, hat man einen guten Ausgangspunkt. Die meisten Komitees treten zusammen, um Entscheidungen zu ratifizieren, die längst schon getroffen worden sind. Die meisten Memoranda propagieren Gedanken und Pläne, über die andere schon diskutiert und entschieden haben. Auch die detailliertesten Gutachten und Berichte haben gewöhnlich nur den Zweck, längst fertige Pläne zu rechtfertigen, oder sie dienen als kostspielige Rationalisierung für Entscheidungen, die getroffen wurden, lange bevor man die »Fakten« zu Papier gebracht hat. In den meisten Firmen ist die Mehrzahl der Angestellten damit beschäftigt, längst ausgeführte Vorhaben zu erklären und nach Rechtfertigungen zu suchen für Projekte, die schon angelaufen sind.

Nehmen wir z. B. einen großen Konzern der Getränkeindustrie, der sich von seinen Brauereien trennen will, um sich auf alkoholfreie Getränke zu spezialisieren. Der Aufsichtsrats- und der Vorstandsvorsitzende werden die Sache zunächst einmal miteinander bereden. Vielleicht nehmen sie sich einen Tag frei und fahren an die See zu einer Runde Golf. Sie wollen das Problem an der frischen Luft noch einmal durchgehen, ohne daß »das Telefon ewig dazwischenklingelt«.

Bis sie ihre Golfschläger im Wagen verstaut haben, weiß das ganze Büro Bescheid, denn beide haben die letzte Woche sämtliche Brauereibilanzen angefordert. Wenn die Herren zurückkommen und entschlossen sind, den Vorstand von ihrer Entscheidung zu unterrichten, hängen die Brauereileute schon am Telefon, um ihre Freunde um Vermittlung neuer Stellen zu bitten. Die Brauereigewerkschaft ist dabei, Komitees zur Rettung der Arbeitsplätze zu organisieren, und die Wirtschaftsreporter erkundigen sich telefonisch, ob das Gerücht stimmt.

In den meisten Firmen ist das alternative Informationssystem einfach stärker und wirkungsvoller als das Management. Man kann es nur überlisten, wenn man ein Gerücht in die Welt setzt und dann das Gegenteil tut. Es ist sehr interessant, wenn man einmal den »Organisationsplan« seiner Firma genau aufzeichnet, und zwar das offizielle Schema. Man trägt jedermanns Namen, Titel und Funktion in ordentliche, gleich große Kästchen ein und markiert Weisungsbefugnisse durch Verbindungsstriche. Das ist ein netter, sinnvoller Zeitvertreib, der ungefähr eine Stunde in Anspruch nimmt. In einigen Firmen gibt es das auch in gedruckter Form, und Sie können sich die Mühe sparen.

Wenn Sie damit fertig sind, nehmen Sie ein Stück Pauspapier und fügen die Namen der Leute hinzu, die nicht im Organisationsplan stehen, die aber bei Firmenentscheidungen eine wichtige Rolle spielen oder die einen Einfluß darauf haben, wie solche Entscheidungen zustande kommen.

Haben Sie z. B. ein kleines Kästchen für X und vermuten Sie, daß er schon seit Jahren ein Verhältnis mit seiner Sekretärin hat, einer energischen, klatschsüchtigen Dame, die sich überall einmischt, dann sollten Sie auf jeden Fall ihren Namen neben den seinen setzen. Vielleicht ist der freundliche Herr Y ein Trinker, der seinen Job nur behalten hat, weil er seit Jahren seinen Vorgesetzten mit Theaterfreikarten und Erster-Klasse-Flugpassagen zu Touristenpreisen gefällig ist. In Wirklichkeit aber schmeißt sein cleverer Assistent den Laden. Natürlich müssen Sie dann den Namen des Assistenten neben den seinen schreiben.

Machen Sie jetzt eine neue Zeichnung und ersetzen Sie die Kästchen durch Kreise, die ungefähr der Macht der betreffenden Personen entsprechen. Wenn sich Ys Assistent seit einiger Zeit häufiger mit Z zum Mittagessen verabredet, dann sollte er vielleicht einen größeren Kreis bekommen als Y. Jetzt verbinden Sie alle diese Kreise mit Machtlinien, d.h. Verbindungslinien von unterschiedlicher Stärke, die Freundschaften, Verpflichtungen, Abhängigkeiten, private Bindungen, Rivalitäten usw. anzeigen. Jetzt haben Sie zwei verschiedene Schemata, einmal den offiziellen Organisationsplan der Firma und zum anderen den »Machtplan«, der Ihnen die wirklichen Zusammenhänge zeigt.

Lassen Sie mich ein stark vereinfachtes Beispiel für das obere Management in einer imaginären Firma anführen. An der Spitze steht der Vorstandsvorsitzende. Unter ihm steht der stellvertretende Vorstandsvorsitzende, dem wiederum die Bereichsleiter unterstellt sind. Den Bereichsleitern sind die Abteilungsleiter verantwortlich. Das Schema sieht dann so aus:

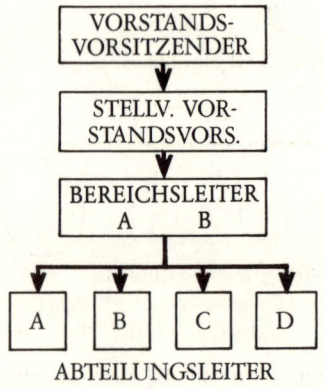

Nehmen wir einmal an, der stellvertretende Vorsitzende steht kurz vor seiner Pensionierung und seine Sekretärin spielt eine beherrschende Rolle in seinem Leben. Der Vorstandsvorsitzende spielt Golf mit Bereichsleiter B, Abteilungsleiter A ist ein Schulkamerad von Bereichsleiter B, und Abteilungsleiter D hat ein Verhältnis mit der Sekretärin des stellvertretenden Vorsitzenden. Jetzt können wir dem offiziellen Organisationsplan ein stark vereinfachtes Machtschema gegenüberstellen. Natürlich dürfen wir nicht vergessen, daß auch andere Faktoren mitsprechen und daß die Machtlinien so kompliziert sind, daß sich ein Spinnweb von Kontakten und Verpflichtungen ergibt, das sich mit den offiziellen Weisungsbefugnissen überschneidet und sie manchmal völlig entwertet.

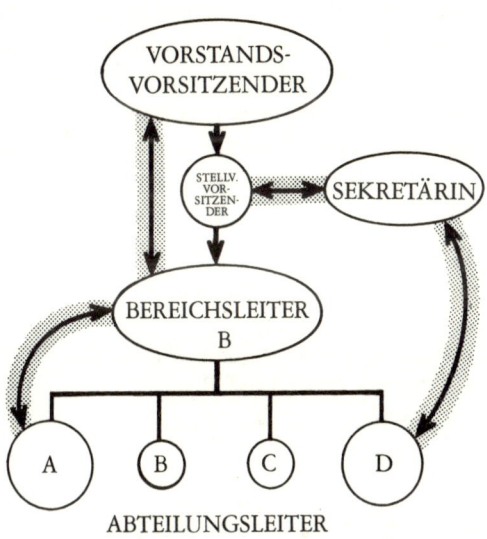

Die aufgeführten Personen sind die gleichen, aber wir haben jetzt ein ganz anderes Bild von der Machtstruktur. Beachten Sie, daß die dicken, schraffierten Pfeile Machtkanäle andeuten, die außerhalb der formalen Struktur liegen und sie außer Kraft setzen, und daß die Größe der Kreise Macht und Einfluß wiedergibt, wie sie tatsächlich, ungeachtet der formalen Position in der Hierarchie, bestehen. An Stelle von größeren oder kleineren Rechtecken habe ich Kreise gewählt, weil mir Kreise weniger »starr« vorkommen und besser die Tatsache andeuten, daß Machtverhältnisse sich täglich wandeln und niemals fixiert sind. Am besten würde man auch die Kreise schattieren, um so das maximale Machtpotential des Betreffenden und seinen minimalen Machtbereich deutlich zu machen:

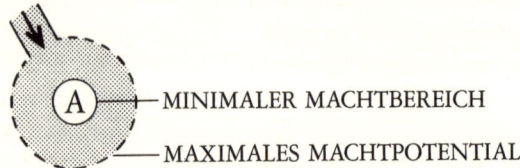

Der kleine Kreis in der Mitte repräsentiert A's tatsächliche Position im Organisationsplan, der äußere gestrichelte Kreis zeigt die Macht, die A maximal im Vergleich zu seinen Kollegen auszuüben vermag. Der schraffierte Raum dazwischen zeigt an, bis zu welchem Grade A's Macht schwanken kann, da sie ja von Veränderlichen wie z. B. Gesundheit, Bereitschaft, Bereichsleiter B um Unterstützung anzugehen, Leistung seiner Abteilung etc. abhängt. Würde nun sein Machtbereich auf Ihrer Zeichnung über den äußeren Kreis hinauswachsen, so würde er fast so groß wie der Kreis von Bereichsleiter B. In einem solchen Falle würde die Zeichnung darauf hindeuten, daß er unter Umständen demnächst an die Stelle seines alten Schulkameraden rücken wird oder daß sein Freund gut beraten wäre, wenn er ihn an die Luft setzen würde, um seinen eigenen Machtbereich zu sichern. Schrumpft sein Machtkreis aber und ist er nur noch genauso groß wie die Kreise der anderen Abteilungsleiter, können wir annehmen, daß sein inoffizieller Machtkanal nicht mehr existiert (die anderen Abteilungsleiter, die ihn um seine Position beneidet haben, verbünden sich jetzt möglicherweise, um ihn zu vernichten) oder daß die Macht von Bereichsleiter B im Schwinden ist (in diesem Falle können wir damit rechnen, daß der Kreis von Abteilungsleiter D zu wachsen beginnt). Sie müssen sich vor allem klarmachen, daß Ihr Machtplan kein statisches Schema, sondern ständigen Veränderungen unterworfen ist. Unter Umständen muß man eine Unzahl von Informationen berücksichtigen (hat die Frau des Vorstandsvorsitzenden entscheidenden Einfluß auf Entscheidungen, dann muß auch sie in das Schema aufgenommen werden).

Es lohnt sich, ein wenig Zeit aufzuwenden, um über die wirkliche Macht der Leute, mit denen Sie zusammenarbeiten, ihre Kommunikations- und Machtmittel, nachzudenken. So bekommen Sie ein Gefühl für die tatsächlichen Wechselbeziehungen, die viel komplizierter und feiner gesponnen sind, als es den Anschein hat. Wenn der stellvertretende Vorsitzende immer blaue Hemden trägt und Sie beobachten plötzlich, daß sich Abteilungsleiter A offenbar für die gleiche Hemdenmode entschieden hat und öfters mit dem stellvertretenden Vorsitzenden zu Mittag speist, dann können Sie vernünftigerweise annehmen, daß sich irgend etwas vorbereitet. Schauen Sie jetzt auf Ihren Machtplan, so können Sie folgern, daß der stellvertretende Vorsitzende versucht, Bereichsleiter B seinen Verbündeten und Vasallen abspenstig zu machen, und daß er offenbar Erfolg hat. Jetzt können Sie auch damit rechnen, daß Abteilungsleiter D viele ernsthafte Gespräche mit der Sekretärin des stellvertretenden Vorsitzenden, seiner Gönnerin, führt, da er fürchten muß, *seine* besondere Position zu verlieren.

Jede noch so kleine Veränderung in einer Beziehung hat weitere Veränderungen im Gefolge, über Nacht entstehen neue Verbindungskanäle zwischen den Mitarbeitern, damit nur ja jedermanns Position im Machtschema gewahrt bleibt. Fast jeder hat noch ein oder mehrere Eisen im Feuer, falls es zu plötzlichen Veränderungen kommen sollte. Die Abteilungsleiter B, C und D werden mit großer Wahrscheinlichkeit Verbindung zu A halten wollen für den Fall, daß seine Beziehung zu Bereichsleiter B ein wichtiger Faktor wird oder daß der Machtkreis seines Gönners plötzlich den des stellvertretenden Vorsitzenden überdeckt. Desgleichen wird A wahrscheinlich herzliche Beziehungen zu D unterhalten, wegen dessen besonderer Position, alles für den Fall, daß A's Gönner an Macht verliert.

So versucht man, seine Macht zu sichern und auf kleine zwischenmenschliche Kontakte zu bauen wie Mittagessen, Drinks nach dem Dienst, eine gemeinsame Tasse Kaffee, gelegentlich mal eine freundliche Unterhaltung im Büro, um anzudeuten, daß man willens ist, ein neues Bündnissystem zu akzeptieren, wenn das alte zusammenbricht.

Wer an Macht interessiert ist, schreibt einen anderen erst ab, wenn er gefeuert und aus dem Spiel ist. Schließlich ist das Leben voll von Überraschungen: ein Machtsystem ist eine empfindliche Konstruktion, es kann über Nacht zusammenbrechen und in völlig neuer Form wiedererstehen.

Darin unterscheidet es sich vom offiziellen Organisationsplan, wo man nur einen neuen Mann in ein Kästchen schreiben muß. Der Organisationsplan repräsentiert ein festes System, wonach Leute bestimmte Funktionen wahrzunehmen haben. Das Machtschema hingegen zeigt, wozu der Ehrgeiz dieser Leute und ihr Wechselspiel führen: bei einer Neubesetzung wird nicht nur einfach ein Spieler durch einen anderen ersetzt, sondern sämtliche Beziehungen ändern sich.

Wer das System des inoffiziellen Managements verstehen und nutzen will, muß lernen, an welchen Zeichen man es erkennt. Verteiler auf Mitteilungsblättern, Berichten und Zeitschriften sind oft aufschlußreich. Im allgemeinen werden Firmenberichte und Schriftstücke offizieller Natur nach der durch den Organisationsplan festgesetzten offiziellen Rangordnung weitergereicht. Informelles Material wie z. B. Wirtschaftsmagazine werden dagegen gewöhnlich nach einem Verteiler weitergegeben, den eine Sekretärin niedergeschrieben hat, und wahrscheinlich zirkulieren sie daher nach dem inoffiziellen Machtplan. Denn Sekretärinnen kümmern sich nicht groß um offizielle Machtstrukturen, sie schreiben einfach die Namen nieder in der Reihenfolge ihrer *tatsächlichen* Bedeutung.

Auch sollte man sich ansehen, in welcher Reihenfolge bestimmte Gruppen in den Aufzug gehen. Sie neigen nämlich dazu, den Aufzug nach dem Organisationsplan, der offiziellen Rangordnung, zu betreten, ihn aber nach ihrer Rangordnung im inoffiziellen Machtschema wieder zu verlassen. Während der Fahrt des Aufzugs haben sie nämlich die Gelegenheit, sich ihrer wirklichen Macht entsprechend umzugruppieren. Man muß natürlich berücksichtigen, daß Herren manchmal einer Dame den Vortritt lassen, aber im allgemeinen betritt man den Aufzug nach der offiziellen Rangordnung und verläßt ihn wieder entsprechend der Position in der inoffiziellen Machtstruktur.

Der Machtkreis

Im allgemeinen kann man sagen, daß Konferenzen über tatsächliche Machtverhältnisse nur wenig verraten. Es versteht sich von selbst, daß die wirklich Mächtigen immer versuchen werden, alles so zu arrangieren, daß Konferenzen in ihrem eigenen Machtbereich und nicht in dem eines anderen oder auf neutralem Gebiet abgehalten werden. Ein guter Machtspieler würde eher ein Dutzend Leute in seinem Büro zusammenquetschen, ganz gleich, wie unbequem das für alle Betroffenen ist, als eine Konferenz mit Komfort woanders abhalten.

Wenn die Konferenz nicht so formell ist, daß die Sitzordnung vorher festgelegt wurde wie bei einer altmodischen Dinner-Party, wird derjenige, der die Konferenz einberuft, versuchen, die Sitzordnung so zu arrangieren, daß er das Fenster im Rücken hat und den anderen die Sonne ins Gesicht scheint. Die Konferenzteilnehmer ihrerseits werden sich bemühen, sich so nah wie möglich beim Tisch oder Stuhl des Konferenzleiters zu plazieren. Man möchte nämlich den Eindruck erwecken, mit der Macht, die die Konferenz einberufen hat, verbündet zu sein, statt zu der größeren Gruppe zu gehören, die zur Konferenz zusammengeholt worden ist.

Dies trifft besonders für Konferenzen zu, bei denen man den Leuten mitteilt, daß sie größere Gewinne machen müssen, weniger ausgeben und nicht erst um zehn Uhr morgens im Büro erscheinen sollen. Ein angehender Machtspieler sollte sich so nahe wie möglich zum Konferenzleiter und mit der geichen Blickrichtung wie er setzen, auch wenn er dadurch auf einen Stuhl verzichten und sich mit der Fensterbank behelfen muß. So kann er den Eindruck erwecken, daß er schon weiß, was gesagt werden soll, es für richtig hält und *daß es ihn persönlich nicht betrifft*. Aus diesem Grunde machen es sich viele zur Gewohnheit, bei Konferenzen zu früh zu erscheinen, sich um den Tisch des Mächtigen herumzudrücken und so lange unentschlossen herumzuirren, bis keine Plätze mehr frei sind, so daß ihnen nichts anderes übrigbleibt, als hinter dem Mächtigen zu stehen oder zu lehnen, den Blick auf die sitzenden Zuhörer gerichtet. Dies ist jedoch keine Machtposition, sondern eine Art Tarnung.

Bei Konferenzen, auf denen die Teilnehmer sich um einen Tisch ganz gleich welcher Form gruppieren, ist Macht fast immer im Uhrzeigersinn angeordnet. Der Platz mit der größten Macht entspricht dann der 12 auf dem Zifferblatt, und von 3 Uhr über 6 Uhr bis 9 Uhr nimmt die Macht ständig ab. Man wird alles versuchen, für sich selbst einen Platz zu ergattern, der der Position im Machtschema entspricht. Man kommt lange bevor die Konferenz beginnt (obgleich das sinnlos ist, wenn man nicht vorher

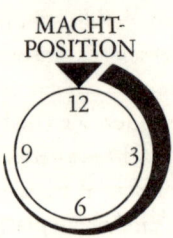

Machtkreis für eine Konferenz an einem Tisch beliebiger Form. Die zweitmächtigste Person sitzt bei 1 Uhr, die machtloseste bei 11 Uhr.

weiß, wo der Mächtigste sitzen wird), man schiebt Zugluft im Rücken vor, Blendung durch die Sonne, Taubheit auf dem rechten oder linken Ohr, ganz gleich was, nur um den richtigen Platz im Machtkreis zu erhalten.

Ein Anfänger im Machtspiel wird vielleicht die Plätze zu beiden Seiten des Mächtigen für gleich begehrenswert halten, aber wie wir gesehen haben, stimmt das nicht. Zu seiner Linken zu sitzen (also bei 1 Uhr) bedeutet der Zweitmächtigste zu sein; auf dem Platz zu seiner Rechten sitzt dagegen ein Niemand. Der Grund ist ganz einfach. In alten Zeiten, als die Umgangsformen noch direkter waren, war es leichter, mit dem Degen in der rechten Hand nach links zu stoßen, als mit der Rechten den Nachbarn auf der rechten Seite zu erstechen. Letzteres ist fast unmöglich, da man den Stoß mit Rückhand ausführen müßte.

Es war daher klug, einen mächtigen Gast gleich links neben sich zu setzen, obwohl es vielleicht gegen die Höflichkeit verstieß. In dieser Stellung konnte er nämlich nicht zustechen, während man selbst außerordentlich geschickt plaziert war, um *ihn* zu töten. Von der Person zur Rechten ging dagegen niemals eine Gefahr aus, und sie war daher bedeutungslos.

Obgleich sich vieles geändert hat, und Leute, die an Konferenzen teilnehmen, nur noch selten Waffen tragen (außer vielleicht bei der Mafia und der Polizei), bestimmt diese althergebrachte Weisheit noch immer die Anordnung des Machtkreises. Auch wird uns dadurch deutlich, daß Furcht bei einer Person höheren Rangs ein guter Gradmesser für unsere eigene Macht ist.

Man sollte noch auf viele andere Zeichen achten, die verraten, wo Macht liegt. Je weniger Macht ein Angestellter hat, desto besser ist sein Arbeitsplatz oder sein Büro erleuchtet. Am machtlosesten ist derjenige, der seinen Arbeitsplatz im Großraumbüro hat, angestrahlt von Neonröhren an der Decke. Mit jedem Schritt nach oben auf der Stufenleiter der Macht, verschlechtert sich die Beleuchtung. Man geht dabei von der Voraussetzung aus, daß die wahrhaft Mächtigen nicht besonders viel tippen, schreiben oder auch lesen müssen und daher kein gutes Arbeitslicht brauchen. In den meisten Büros kann man das leicht beobachten. Die Großraumbüros sind wie Operationssäle erleuchtet, in Büros mit privater Atmosphäre herrscht ein gewisses Zwielicht, und Vorstandsbüros, die dunklen, privaten Höhlen der Mächtigen, sind mit dunklem Holz getäfelt, haben Vorhänge statt Jalousien und abgeschirmtes Licht. Zu allen Zeiten lag Macht im Dunkeln, und das moderne Büro ist da keine Ausnahme.

Alle diese Zeichen sind nützlich, wenn man das Territorium schon kennt – man muß nur Altvertrautes aus einem neuen Blickwinkel betrachten –, aber wenn man eine neue Stellung sucht, ist es vielleicht schwierig, die Machtmöglichkeiten und die schon vorhandene Machtstruktur richtig einzuschätzen. Man braucht ein geübtes Auge und etwas Phantasie, um ein Unternehmen als Außenseiter beurteilen zu können.

Wie wir gezeigt haben, können Architektur, Anordnung und Ausstattung eines Büros wertvolle Aufschlüsse geben, aber wenn man nur von der Personalabteilung interviewt wird, kann man nicht sehr viel machen – Personalabteilungen werden beim Thema Macht sehr zurückhaltend, ganz einfach, weil sie so wenig haben. Man sollte alles tun, um nur ja nicht von der Personalabteilung eingestellt zu werden. Läßt es sich aber nicht vermeiden, so sollte man wenigstens hinterher auf eigene Faust noch einen Rundgang machen. Wenn das Interview vorbei ist, kann man einfach nach dem Weg zur nächsten Toilette fragen, und sich dann überall umsehen.

Ich kenne jemanden, der ständig die Stelle wechselt. Nach dem Einstellungsgespräch sagt er »Tschüs« und wandert dann den ganzen Tag mit einem Notizblock in der Hand im Büro herum, schreibt Telefonnummern der Angestellten auf und sieht beschäftigt aus. »Ich sage nicht direkt, daß ich Telefone repariere«, erzählt er, »aber ich widerspreche auch nicht, wenn man das unterstellt. Von Sekretärinnen erfahre ich eine Menge nützliche Dinge. In einem Unternehmen wurde ich von einem Menschen in der Personalabteilung interviewt, der mir von dem phantastischen zahnärztlichen Versorgungsprogramm der Firma vorschwärmte. Das war mir wichtig, denn ich mußte eine Menge an meinen Zähnen machen lassen. Da war es für mich dann interessant zu hören, wie eine Sekretärin einer Kollegin erzählte, daß das Management entschieden hatte, das zahnärztliche Programm zu streichen, weil zu viele davon Gebrauch machten und es zuviel kostete. Wenn es einem gelingt, in die Räume zu kommen, in denen man später arbeiten soll, kann man sehen, wie sich das Leben dort anläßt, wie die Leute miteinander sprechen, ob sie glücklich aussehen oder nicht. Man kann auch Fragen stellen – warum schließlich nicht? Sie denken, man ist nur ein bißchen neugierig.

Es ist ein guter Tip, Mantel und Aktentasche in der Toilette zu lassen und in Hemdsärmeln herumzulaufen. Niemand mißtraut einem Kerl in Hemdsärmeln, mit Notizblock und ein paar Kugelschreibern in der Hemdentasche. Man kann Türen öffnen, mal bei Konferenzen hereinsehen, die ganze Anlage studieren, die Leute bei der Arbeit beobachten und sich darüber klarwerden, ob man hier überhaupt arbeiten will. Meist nehme ich mir ein Butterbrot in der Aktentasche mit, da kann ich mich dann auch hinsetzen und essen, wenn die anderen ihr Mittag am Schreibtisch verzehren. Man unterhält sich dann meistens sehr offen.

Ich sehe mir auch die Anschläge am Schwarzen Brett sehr sorgfältig an. Da kann man eine Menge erfahren, denn sie zeigen so etwas wie die Kehrseite der Medaille. Man weiß dann ziemlich gut, wie die Angestellten über das Management denken, und welches Verhältnis das Management zu den Angestellten hat. Schließlich bin ich es mir selbst schuldig, Bescheid zu wissen. Man stellt *mir* Fragen, wenn man mich einstellen will, aber ich selbst kann nicht nach den Dingen fragen, auf die es ankommt.«

Die Riten, Gebräuche und Traditionen der Macht variieren in den verschiedenen Büros, aber alle haben miteinander gemein, daß die Leute gewöhnlich »ihre eigene Position im Organisa-

tionsschema dramatisieren«[34]. Wenn man die Traditionen seines
Arbeitsplatzes erkennen lernt, bereitet man sich damit auf eine
Machtposition vor. Viele dieser Riten kann man sehr wirkungsvoll selbst inszenieren – statt sie mit sich inszenieren zu lassen –,
und durch gute Beobachtung kann man oft den üblichen Lern-
prozeß abkürzen oder auch ganz überflüssig machen. So ist es
ratsam, in Erfahrung zu bringen, an welchen Sitzungen man unbedingt teilnehmen muß, und dann sollte man aus eigener Initiative daran teilzunehmen suchen, statt erst eine Aufforderung ab-
zuwarten. Es ist gut, zu wissen, wer von zwei rivalisierenden
Managern mehr Aussicht hat, einen Machtkampf zu gewinnen,
ehe man selbst Partei ergreift. Es ist wichtig, zu erfahren, in wessen Machtbereich das eigene Zimmer liegen wird, denn man hält
die Leute, die im Machtbereich eines bestimmten Managers arbeiten, für seine Verbündeten. Es ist nicht notwendig, einen so
extremen Standpunkt wie Machiavelli zu beziehen, der seine Leser aufforderte, »alles und alle«[35] zu fürchten, aber im Konkur-
renzkampf ist es gut, sich jeden Vorteil zunutze zu machen und
seinen eigenen Machtbereich aufzuspüren und zu sichern. In
Abwandlung des »Peter-Prinzips«[36] könnte man sagen, daß man
gerade so viel Macht erlangt, daß nur noch ein Schritt bis zur völ-
ligen Sicherheit fehlt. Wenn wir erst die Machtverhältnisse um
uns kennen, dann fangen wir an, uns bei ständiger Veränderung
und Bewegung sicher zu fühlen, denn wir verstehen, daß Macht
nicht statisch ist, sondern mit Klugheit und Originalität erworben, verteidigt, erweitert und beschützt werden muß. Wenn wir
uns das Spielfeld genau angesehen haben, dann können wir die
ersten Züge tun und sicher sein, daß wir den größeren Zusammenhang des Spiels verstehen.

5. Kapitel

Machtspiele

Dem einzelnen Spieler ist eine ganze Welt von Möglichkeiten und Kombinationen gegeben, und daß unter tausend streng durchgeführten Spielen auch nur zwei einander mehr als an der Oberfläche ähnlich seien, liegt beinahe außerhalb des Möglichen.

Hermann Hesse
Das Glasperlenspiel

Kronsteen war an Menschen nicht interessiert ... Auch Begriffe wie »gut« und »schlecht« hatten in seinem Wortschatz keinen Platz. Für ihn waren alle Menschen Schachfiguren. Ihn interessierte nur, wie sie auf die Bewegungen der anderen Figuren reagierten.

Ian Fleming
From Russia with Love

Sobald Sie die Spielregeln verstanden haben, müssen Sie die Züge erlernen, mit denen Sie das Machtspiel gewinnen können. Bevor Sie zum Beispiel versuchen, eine Gehaltserhöhung durchzudrükken, sollten Sie sich genau informieren, wie die Gehaltssituation in Ihrem Unternehmen aussieht, wer bei der Entscheidung alles mitredet und wie diese Leute möglicherweise reagieren werden. Wenn Sie das in Erfahrung gebracht haben, müssen Sie Ihr taktisches Vorgehen planen. »Dem Mutigen gehört die Welt«, ist ein guter Wahlspruch, wenn man in Versuchung kommt, den Dingen ihren Lauf zu lassen. Sie können das Machtspiel nicht spielen, ohne Ihre Figuren zu setzen (und notfalls zu riskieren).

Beim Machtspiel führt eine Unzahl möglicher Variationen zum Ziel. Wofür man sich entscheidet, hängt mehr vom Temperament als vom Wissen ab. Bestimmte Züge sind grundlegend, alle anderen Abwandlungen. Der Spieler hat die Wahl zwischen »Spielen der Ohnmacht« und »Spielen der Stärke«. »Spiele der Ohnmacht« werden besonders von Männern leicht unterschätzt. Das ist bedauerlich, denn sie sind außerordentlich wirkungsvoll. Oberst Gamal Abd el-Nasser war zum Beispiel ein Meister dieser Taktik. Er prahlte, bluffte und drohte ständig mit Krieg, wenn auch nie besonders überzeugend. Wurde er aber angegriffen und bedroht, so wies er die Großmächte einfach darauf hin, daß er wahrscheinlich kapitulieren müsse. Es blieb ihnen nichts anderes übrig, als ihn zu retten. Als er 1956 von Engländern, Franzosen und Israelis angegriffen wurde, sperrte er einfach den Suez-Kanal, Ägyptens Haupteinnahmequelle und Machtbasis. Er behauptete, Ägypten würde zusammenbrechen, wenn es nicht durch eine internationale Hilfsaktion gerettet würde. Sofort kam ihm die ganze Welt, seine siegreichen Feinde eingeschlossen, zu Hilfe – keiner kann einen heroischen Kampf gegen ein Regime führen, das im voraus seine Ohnmacht erklärt hat.

Die Israelis dagegen spielen beide Spiele, das der Stärke und das der Ohnmacht, mit seltenem Raffinement. Wenn nötig gehen sie mit Macht und Gewalt vor und zwingen den Ägyptern ihren Willen mit Hilfe ihrer überlegenen Militärmacht auf. Wenn es ihnen jedoch paßt, spielen sie auch auf Ohnmacht und drohen, Israel von den Arabern zerschlagen zu lassen, falls sie die benötigten Waffen und Gelder nicht erhalten. Es mag merkwürdig klingen, daß ein und derselbe Staat seine militärischen Siege feiert und gleichzeitig auf Ohnmacht spielt, aber überall begegnen uns Leute, die diese Taktik im kleineren Maßstab genau so erfolgreich einsetzen. Auch in der Ehe läßt sich ein solches Spiel sehr gut spielen. Hier kann ein Gatte über den anderen dadurch Macht ausüben, daß er oder sie sich ständig beklagt, keine zu haben. Lao-tse sagt: »Das Weiche bringt das Harte; das Schwache besiegt das Starke.«

Spiele der Ohnmacht

William Hazlitt schrieb einmal: »Es gibt nichts, was einem Menschen im Leben mehr hilft als die Kenntnis seiner eigenen charakteristischen Schwächen.« Das dürfte zutreffen, obwohl man natürlich auch imstande sein muß, die Schwächen anderer zu erkennen. Beim Ohnmacht-Spiel suggeriert man anderen, selbst absolut machtlos zu sein. So entgeht man der peinlichen Notwendigkeit, in einer Streitfrage Stellung beziehen zu müssen.

Dieses Spiel läßt sich besonders gut beobachten, wenn Leute mit beträchtlicher Macht ihren Untergebenen eine Gehaltserhöhung verschaffen sollen. Menschen, deren ganze Existenz auf der Fähigkeit aufbaut, harte Entscheidungen treffen zu können, für die »der Kampf bis aufs Messer« zum Lebensstil gehört, werden ein klägliches Bündel Hilflosigkeit, wenn eine Sekretärin statt 140 Dollar pro Woche 150 Dollar fordert. Plötzlich sind sie machtlos. Das Schreckgespenst, sich für einen anderen auch nur ein klein wenig einsetzen zu müssen, erschlägt sie fast. Ein Mann, der gerade im Alleingang über 425 000 Dollar verhandelt hat und der im Vorstand bis hart an die Grenze körperlicher Gewalt gehen würde, um eine Gehaltserhöhung für sich durchzusetzen, wird Unfähigkeit, Müdigkeit, Überarbeitung und vor allem

Machtlosigkeit vorschützen, um sich nicht für die zehn Dollar eines anderen schlagen zu müssen. Er hebt nur die Hände und macht die gallische Geste der Resignation – nach oben gekehrte Handflächen, angewinkelte Ellenbogen, hängende Schultern. Die Geste bedeutet ohnmächtige Sympathie: Wer auf Ohnmacht setzt, benutzt diese Körpersprache instinktiv.

Gehaltserhöhungen sind um so schwieriger durchzusetzen, je kleiner der gewünschte Betrag ist. Das Gehalt eines Managers von 45000 auf 50000 Dollar zu erhöhen, ist verhältnismäßig leicht. Bekäme er die 5000 am Ende des Jahres nicht, so wäre das entweder eine Beleidigung oder das erste Zeichen drohender Kündigung. Eine Sekretärin dagegen von 140 auf 150 Dollar zu bringen, führt mit Sicherheit zu einem erbitterten Kampf und erfordert Appelle an das Gefühl, Erpressung und persönliches Engagement. Die Gehälter der Manager, wie hoch sie auch sein mögen, spiegeln den Zustand der Firma wider und sind daher *kollektiver* Entscheidung unterworfen, während kleinere Gehaltserhöhungen natürlich nur *persönliche* Bitten sein können. Der betreffende Vorgesetzte muß sein eigenes Prestige »ins Spiel bringen«. Folglich wird ein und derselbe Mann bei einer substantiellen Gehaltserhöhung zum Beispiel sagen: »Was machen wir nun mit dem Vertriebsvize? Müssen wir ihm nicht fünf Mille dazugeben?« Doch bei einer Erhöhung kleineren Ausmaßes formuliert er ganz anders: »Ich möchte X zehn pro Woche mehr geben. Sie hat es verdient, und mir würde es das Leben leichter machen. Okay?« Je kleiner die Summe, desto persönlicher muß die Bitte vorgebracht werden. Das erklärt denn auch, daß die meisten Vorgesetzten solche Aufgaben nur widerstrebend übernehmen und daß man eine substantielle Gehaltserhöhung am leichtesten erhält, wenn man schon eine Menge verdient.

Wer auf Ohnmacht spielt, kann besonders leicht »nein« sagen, ohne es wirklich sagen zu müssen. Auch hier sind die Gehälter wieder ein gutes Beispiel dafür, wie Ohnmacht sich auszahlt. Auf der Ihnen übergeordneten Ebene wird Ihre Leistung teilweise danach beurteilt, ob Sie Gehaltswünsche in Ihrem unmittelbaren Verantwortungsbereich niederhalten können, während die persönliche Loyalität auf der Ihnen untergeordneten Ebene davon abhängt, ob Sie für Ihre Leute die Gehälter durchsetzen, die diese sich erträumen. Die geschickteste Haltung in einer solchen Situation ist deshalb kompromißlose Härte gegenüber seinen Vorgesetzten und Ohnmacht gegenüber seinen Untergebenen. Wer um eine persönliche Gehaltserhöhung spielt, hält am besten jeden anderen nieder. Wenn viele seiner Leute auf Erhöhungen verzichten müssen, hat er selbst eine verdient. Man darf nicht vergessen, daß unsere Gesellschaft so strukturiert ist, daß derjenige, den man um eine Gehaltserhöhung angeht, selber nur dann mehr Geld bekommt, wenn er anderen die Erhöhung verweigert.

Seine Macht zu leugnen kann auch sonst nützlich sein. Wer sich auf Verhandeln versteht, weiß, daß es immer gut ist, das eigene Management schlecht zu machen, die eigene schwache Position hervorzuheben, alle Schuld auf den Computer oder den Vorstand abzuschieben und sich so mit seinem Gegenüber zu identifizieren, daß es aussieht, als wären beide Opfer des gleichen räuberischen Systems. Mit diesen Methoden kann man für alles einen günstigeren Preis herausschlagen.

In meiner ersten Stelle fiel mir auf, daß die Spitzenleute im Verlagswesen gern den Eindruck erweckten, alle Entscheidungen selbst zu treffen. Das Spiel bestand nach den damaligen Regeln darin vorzugeben, man hätte autonome oder sogar unbegrenzte Macht. Es war schlechtes Benehmen zuzugeben, man müsse jemanden konsultieren. Agenten und Autoren sollten glauben, daß man selbst das entscheidende Wort sprach. Das stimmte zwar nie: das Management, jene nebulösen Gestalten, die die Finanzen kontrollierten und wußten, wer die Bücher auslieferte, hatte immer ein Einspruchsrecht. Doch es gehörte zum guten Ton, so zu tun, als existiere das Management überhaupt nicht. Heute hingegen gibt keiner mehr zu, daß er zu irgendwelchen

Entscheidungen ermächtigt ist. War man früher stolz, Entscheidungen treffen zu dürfen, so betont man heute, überhaupt keine
Entscheidungen mehr fällen zu können – als wäre man ein Bote
unsichtbarer Mächte. Das hat dem Verlagsgeschäft, das früher
viel persönlichen Einsatz erforderte, manches von seinem
Schwung genommen.

Vor zehn Jahren setzte bei jeder Zahl, die man nannte, das
große Feilschen ein wie in einem türkischen Teppichbasar.
Heutzutage erwähnt der Agent nur eine Zahl, zum Beispiel
100 000 Dollar, und der Lektor antwortet: »Nicht schlecht, ich
muß mich mit den Leuten hier mal drüber unterhalten. Für mich
klingt das o.k., aber ich weiß nicht, wie die anderen darüber denken.« Eine Stunde später wird er anrufen, 25 000 Dollar bieten
und sich vielmals entschuldigen für »ihre« Verbohrtheit, »ihre«
Unfähigkeit, literarisches Talent zu erkennen, und »ihre« Knikkerigkeit. Vielleicht klagt er sogar über sein eigenes Gehalt, um
zu zeigen, daß auch er nur Opfer ist. Das wäre seinerzeit undenkbar gewesen, als die Lektoren ihre Selbstbestätigung in der
Konfrontation suchten. Aber es hat sich wirklich nur der Stil geändert: Die Lektoren sind heute bereit, sich selbst zu demütigen,
um den gewünschten Preis durchzusetzen, während sie früher
gewöhnt waren, andere zu demütigen. Bemerkenswert ist daran
vor allem, daß Demütigungen heute zu einer produktiven und
gewinnträchtigen Taktik geworden sind. Wenn wir den anderen
in mitleiderregenden Tönen vormachen können, daß wir alle
Opfer des gleichen Systems sind, werden wir erhalten, was wir
wünschen, und zwar genau zu dem Preis, den wir sowieso zahlen
wollten. Stolz und öffentliche Autoritätsdemonstrationen können wir uns einfach nicht mehr leisten. Das macht es im modernen Leben auch so schwierig, noch irgend jemanden zu finden,
der zugibt, daß er für eine unangenehme Situation die Verantwortung trägt. In früheren Zeiten dagegen betrachteten junge
Leute jede unbequeme Entscheidung als eine Station auf dem
Weg zum Erfolg und wollten vor allem beweisen, daß sie – und
nicht eine anonyme Gruppe – alles selbst gemacht hatten.

Der Demütigungsfaktor ist eine wirkungsvolle Waffe in den Händen dessen, der ihn auszuspielen weiß und dem Drang widersteht, seine Macht zu zeigen. Ein gutes Beispiel ist die Frauenemanzipation: mit den Forderungen der Frauen nach Gleichheit konfrontiert, reagierten die Männer zuerst mit einem wütenden Gegenangriff, dem dicken Knüppel gewissermaßen. Da das meist nichts nützte, schwenkten sie schnell auf eine andere Spieltaktik um: die Pose des »Wir sind auch nur Opfer«. Das wirkte besser. Der Trick besteht darin, bei jeder aufkommenden Unzufriedenheit auf die eigenen Leiden hinzuweisen. »Ich würde die Sache wahnsinnig gern mal diskutieren, aber diese Woche geht's nicht; wenn Sie meinen Terminkalender sähen – Sie würden es nicht für möglich halten . . .« – »Ich weiß, ich weiß, Sie sollten auch mehr Geld bekommen, aber jeder hat so sein Kreuz zu tragen. Ich muß heute noch bis acht Uhr abends hierbleiben und diese Berichte durchgehen, ich habe noch nicht einmal die gestrigen Anrufe beantwortet, und wenn wir schon vom Geld reden, ich selbst hatte schon zwei Jahre keine Gehaltserhöhung mehr . . .« – »Im Augenblick geht's leider nicht, ich hab' sowieso Schwierigkeiten mit dem Vorstand. Wenn ich jetzt auch noch mehr Geld will, klappt gar nichts mehr. Sie müssen sich noch ein bißchen gedulden.«

Männer gehen sogar so weit, diese Taktik als Präventivwaffe zu benutzen. Sie beklagen bitter ihr schweres Los, damit sich die Frauen beschämt fühlen, wenn sie verwirrende und schwierige Forderungen vorbringen wollen. Diese subtile Form des Demütigungsspiels kann man in vielen Büros beobachten. Der Mann braucht dabei nur oft genug tief zu seufzen, seinen Kopf in die Hände zu stützen und die Pose äußerster Niedergeschlagenheit und Müdigkeit einzunehmen. Kurzum, er leidet so stark, daß keine Frau seinen Kummer noch vergrößern möchte, auch wenn sie zwei Jahre keine Gehaltserhöhung mehr erhalten hat. Die neue Moral und die ungewohnte Militanz der Frauen haben eine ganze Generation amerikanischer Geschäftsleute darin geschult,

Ermüdung und Anspannung täuschend nachzuahmen und diese Schauspielerei so fein abzustufen, daß sie für alle Gelegenheiten und alle Forderungen paßt.

Zum Beispiel sitzt eine Gruppe von Männern behaglich beieinander und hält ganz offensichtlich eine Besprechung ab. Tritt eine Frau ins Zimmer, werden sie sofort die Füße von Schreib- und Beistelltischen nehmen. Mit der entspannten Atmosphäre ist Schluß. Als gehorchten sie einem Reflex, sinken sie kummergebeugt in sich zusammen, die Hände verkrampfen sich vor innerer Spannung. Sie geben all die animalischen Signale des gestreßten Managers: sie nehmen die Brillen ab und massieren die Nasenrücken mit Daumen und Zeigefinger, was Überanstrengung der Augen und geistige Erschöpfung signalisieren soll, sie schließen die Augen wie in tiefen Gedanken, heben die Stimme, um zu zeigen, daß sie über wichtige und dringliche Angelegenheiten reden . . .

Ich kenne einen Manager mit sonst sehr freundlichem Umgangston, dessen Spezialität es ist, Aschenbecher und Kaffeetassen zu zertrümmern, was bedeuten soll, daß seine Nerven bis zum Äußersten strapaziert sind. Ein anderer affektiert Händezittern und Stottern, um Ermüdung und Erschöpfung zu signalisieren. Ein dritter benutzt den einfachen, aber wirksamen Trick, jede aufdringliche Frau um drei Aspirin zu bitten, bevor sie überhaupt eine Chance erhält, ihre Sache vorzutragen.

Mein Freund Harry, der bullenstark und, milde gesagt, eine Kämpfernatur ist, hat als Deckmantel die Hypochondrie gewählt. Trotz schwerster Erkältung kann er drei gute Verträge hereinholen, vier Bitten um Gehaltserhöhung abschlagen und seine Sekretärin so einschüchtern, daß sie bis sieben Uhr abends bleibt und Briefe tippt. Alle seine Instinkte sind auf Kommandieren abgestellt, aber er weiß, wie wertvoll es ist, schwach zu wirken. Im Büro macht ihm oft seine Gesundheit zu schaffen, er hält sich den Leib vor Schmerzen, bittet um Tee und klagt über beschleunigten Herzschlag. Mitten in einer Verhandlung verläßt er plötzlich den Raum und legt sich zitternd auf die Couch. Will jemand eine Gehaltserhöhung, so bittet er ihn um einen Nasenspray und simuliert eine Stirnhöhlenvereiterung.

Bis vor kurzem wurde den Männern beigebracht, nie zu klagen. So etwas taten angeblich nur Frauen (was natürlich Unfug war). Heute gilt methodisches Simulieren als großes Plus fürs Geschäft. Natürlich kann man gewisse Dinge nicht affektieren, manchmal lohnt es sich auch nicht. Ein Beinbruch ist nicht nur mühsam zu simulieren – der lästige Gipsverband! –, sondern gilt allgemein als Zeichen sportlichen Einsatzes und guter Gesundheit. Er erweckt kein Mitgefühl. Tuberkulose und ansteckende Krankheiten sind ebenfalls »out«, denn keiner möchte von den großen Konferenzen ausgeschlossen werden. Aber die kleinen Wehwehchen, besonders Lebensmittelvergiftungen, grippaler Infekt, schwere Erkältung, Rückenschmerzen, Kopfschmerzen, sind unter Spielern, die ihr Fach verstehen, alle »in«. Augenblicklich dürfte es wohl am populärsten sein, Asthma zu haben.

Eine der bekanntesten Geschäftsfrauen von New York, eine mächtige Dame, deren unersättlicher Appetit einst berüchtigt war, macht jetzt die glänzendsten Geschäfte sozusagen auf dem Totenbett. Nur selten nimmt sie einen Anruf entgegen oder ruft zurück. Ihre Sekretärinnen aber übermitteln verzweifelte Botschaften, die immer so anfangen: »Sie fühlt sich nicht wohl heute und kommt nicht ins Büro, aber ich habe mit ihr gesprochen, bevor der Doktor kam, und sie sagte, 50000 Dollar sind nicht genug und ob Sie bitte noch einmal darüber nachdenken würden.« Ist sie – selten genug – doch einmal am Telefon, läßt sie keinen Zweifel daran, daß es ihr Ende wäre, wenn man ihr nicht zustimmte. Man kann zwar feilschen und argumentieren, aber wer will schon ihren Tod auf dem Gewissen haben? Gibt man nicht nach, so wird man binnen kurzem von einer Unmenge gemeinsamer Freunde angerufen, die fragen, wie man einer kranken Frau so etwas habe antun können. Hat man nicht bemerkt, daß sie weinte, als sie das Telefon auflegte? Wußte man nicht, daß sie einen Rückfall gehabt hatte? Was war man für ein Unmensch!

Gegen diese Taktik kann keiner gewinnen. Wer nicht bei jeder Andeutung von Krankheit mit einer noch viel schlimmeren eigenen Erkrankung kontert, ist verloren. Ein englischer Autor, der meinte, er fände bei seinem amerikanischen Verleger nicht genügend Beachtung, ließ gleich nach seiner Ankunft im Verlag durch die Empfangsdame telefonisch ausrichten, er leide an einer Aufzugphobie. Da es schwierig war, die Besprechungen am Zigarren- und Zeitungskiosk abzuhalten, fuhr der Lektor zu ihm herunter, und gemeinsam stiegen sie dann fünfzehn Treppen hinauf. Danach war der Lektor so erschöpft, daß er in jedem Punkt nachgab. Genauer gesagt, gab er schon irgendwo zwischen dem fünften und fünfzehnten Stockwerk nach, wo er immer wieder nach Luft schnappen und seine Waden massieren mußte.

Spiele der Stärke

Vielleicht ist die allgemeine Brutalisierung in unserer Zeit schuld daran, daß wir uns Machtausübung nur noch barbarisch und menschenverächterisch vorstellen können, als wäre Härte gleichbedeutend mit Erfolg. Das erklärt wahrscheinlich auch die Popularität des professionellen Fußballsports bei Geschäftsleuten und Politikern. Sie gefallen sich in der Vorstellung, daß ihre Arbeit – obwohl sie nur im Sitzen verrichtet wird und im wesentlichen aus Manipulation besteht – genausoviel Härte und körperlichen Einsatz erfordert, wie sie Fußballspieler angeblich brauchen. Dies ist ein bedauerliches Mißverständnis: in der Wirtschaft und in der Politik ist die Kunst des Schachspielers oder Bridgemeisters oft viel nützlicher für den Erfolg als die des Fußballprofis, und der Mut, Entscheidungen zu treffen, ist völlig verschieden von dem Mut, jemandem einfach das Nasenbein zu zertrümmern.

Wir haben uns daran gewöhnt, von den Mächtigen »Härte« zu erwarten und diese mit schlechten Manieren gleichzusetzen; so müssen Politiker, die Wahlen gewinnen wollen, zunächst einmal Härte demonstrieren. Lyndon B. Johnson war nicht nur dafür bekannt, daß er seine eigenen Leute tyrannisierte, sondern er versuchte, seine Härte auch den Nordvietnamesen zu beweisen. Das Ergebnis ist bekannt. John F. Kennedy und Robert Kennedy waren voll Verachtung für Adlai Stevenson, nicht weil er eine Präsidentenwahl verloren hatte, sondern weil er ein so »netter Kerl« war und ihnen daher wie ein Schwächling vorkam. Der frühere Präsident Nixon und seine Berater waren mit Ausnahme von Henry Kissinger, der natürlich etwas vom Machtspiel versteht, wegen ihrer »harten« Sprache berüchtigt. Sie waren immer mit Fußball-Metaphern zur Hand, liebten schonungslose »Abrechnungen« und »Konfrontationen von Augapfel zu Augapfel«. Für sie waren verletzende Schärfe, Verunglimpfung des Gegners und schiere Unhöflichkeit die Kennzeichen der Macht. Diese Härtedemonstration wirkte freilich nicht besonders überzeugend bei einer Gruppe von Bürokraten mittleren Alters, deren einzige körperliche Betätigung darin bestand, Telefonhörer aufzunehmen und später dann auf den Treppen von Gerichtsgebäuden die Hüte vors Gesicht zu halten.

Obgleich der politische Stil Amerikas Härte immer als ein Zeichen von Macht begünstigt hat, stehen bei Katastrophen, wenn es ums Überleben geht, selten die Leute mit der harten Sprache an der Spitze. General George S. Patton war ein Meister der »harten« Rhetorik, aber die Führung der Armee lag vernünftigerweise bei General George C. Marshall, zweifellos einem Mann von großer Festigkeit, der aber gerade wegen seines Scharfsinns und seiner guten Manieren überall respektiert wurde. General Pattons Vorgesetzter war Dwight D. Eisenhower, ein geborener Vermittler, dessen Takt, Liebenswürdigkeit (und Fähigkeit, im Zweifelsfall auch einmal nichts zu tun) sprichwörtlich waren. Überhaupt sind die amerikanischen Präsidenten in den großen Kriegen niemals Leute mit »harter Sprache« gewesen, vielleicht durch einen glücklichen Zufall. Lincoln war ein Mann mit Charme, Geist und Takt, den Richard Nixon wahrscheinlich als Schwächling und »netten Kerl« empfunden hätte; Woodrow Wilson konnte andere zur Weißglut bringen, war aber ein stiller und höflicher alter Herr; Franklin D. Roosevelt war kompromißbereit und charmant, aber ein Fuchs. Keiner von ihnen wäre so töricht gewesen, auch noch darauf stolz zu sein, »mit dem Rücken zur Wand« zu kämpfen, keiner hätte die Dummheit begangen, sich in eine so wenig beneidenswerte Situation hineinmanövrieren zu lassen.

In Extremfällen (die häufig genug vorkommen) brechen einige sogar einen Streit vom Zaun, um zu beweisen, wie hart sie sind. Viele Manager sind insgeheim entzückt, in der Arbeit ihrer Untergebenen Fehler zu entdecken, oder sie versuchen mit aller Macht, Auseinandersetzungen heraufzubeschwören, in denen sie Sieger bleiben. Sie können zum Beispiel ihren Untergebenen unrealistische Ziele setzen und dann die Geduld verlieren, wenn sie diese nicht erreichen – das ist eine ganz gewöhnliche Methode, Macht zu demonstrieren. Ein anderer Trick ist, die Meinung eines Mannes schon vor der Konferenz herauszufinden, ihn zu veranlassen, diese Meinung auch vor allen anderen zu äußern und ihn dann zu zwingen, genau das Gegenteil zu tun. Viele fühlen sich unbehaglich, wenn niemand gegen sie opponiert – wenn sie jemanden um etwas bitten und er tut es ohne Widerspruch, haben sie den Eindruck, sie hätten nicht genug verlangt. Wer mit dieser Machttaktik fertig werden will, muß seine Antworten gut verpacken und für jedes Problem mehrere Lösungen anbieten.

Wenn Sie also gefragt werden: »Wann können wir die ersten hunderttausend Stück versenden?«, heißt die richtige Antwort nicht: »Am einundzwanzigsten Juni.« Der Machtspieler würde Ihnen darauf nur antworten: »Entweder Sie schaffen es bis zum fünfzehnten Juni, oder es werden Köpfe rollen.« Die intelligente Antwort auf diese Frage lautet: »Wann werden sie benötigt?« Somit ist Ihr Gegenüber gezwungen, selbst ein Datum festzusetzen. Es ist immer besser, auf eine Frage mit einer Gegenfrage zu antworten und sehr wichtig, daß man niemals als erster ein genaues Datum oder eine Summe Geldes nennt. Wenn ein Mächtigerer Sie fragt: »Was wäre diese Sache Ihrer Ansicht nach wert?«, können Sie sicher sein, daß er schon eine genaue Vorstellung hat, wieviel sie wert sein sollte! Die einzige Antwort, die ihn zufriedenstellen könnte, ist seine eigene. Also ist es am besten, solche Fragen rein rhetorisch aufzufassen. Eine Pfeife ist in solcher Situation sehr nützlich, weil man damit große Rauchwolken erzeugen und ihnen gedankenvoll nachsehen kann, bis der andere ungeduldig wird und sagt: »Ich will Ihnen sagen, wieviel ich dafür geben würde.« Es gibt noch eine zweite gute Antwort. Man wechselt einfach das Thema und fragt: »Können wir die Sache überhaupt brauchen?«, dann kommen Sie unweigerlich in das Fahrwasser einer allgemeineren Diskussion und Ihr Gegenüber könnte unbeabsichtigt die Summe, die ihm vorschwebt, in die Argumentation einfließen lassen.

Viele sind entschiedene Anhänger des »harten Stils«. Sie können sich nicht dazu bringen, auch nur die kleinste Schwäche zu zeigen, und ziehen es vor, lieber hart als im Recht zu sein. Sie fühlen sich nur wohl, wenn sie Drohungen und Schmähungen ausstoßen können, auch wenn ihre Untergebenen alles aus freien Stükken tun. Sie führen mit aller Welt einen imaginären Kampf auf Leben und Tod, als könne ein einziges Lächeln ihr Ende sein. Sie müssen beweisen, daß in unserer leichtfertigen Welt nur sie das Leben ernst nehmen. Selbst wenn sie in hohe Machtpositionen kommen, fühlen sie sich nie wohl. Sie fürchten, daß ein Augenblick der Schwäche beweisen könnte, daß sie Schwächlinge sind.

Präsident Nixon und seine Berater sah man selbst vor Watergate selten lächeln, und wenn sie es doch einmal taten, sahen sie unnatürlich aus. Sie mimten bis zur Vollkommenheit »harte Macht«. Zuletzt ist es für solche Menschen schwierig, überhaupt noch zu lächeln, da ihr Unterkiefer den charakteristischen »Unterbiß der Mächtigen« entwickelt hat, wobei die Muskeln zwei harte, deutlich zu unterscheidende Knoten bilden, die direkt unter und vor den Ohren sichtbar werden. Diesen vorgeschobenen Unterkiefer, der die Wichtigkeit der eigenen Person drohend herausstellt, findet man auf Fotografien von Martin Bormann, Mussolini, Senator McCarthy, vieler Zeitungsbosse, der meisten Filmproduzenten und einer Großzahl von Geschäftsleuten. Das Gesicht wird bei ihnen zu einem visuellen Warnsignal, ähnlich den aggressiven Schaustellungen vieler Tiere. Wenn Wölfe zum Beispiel zusammentreffen, nimmt das dominierende Tier einen »starren Blick an, legt die Ohren nach vorn und dreht sie ein wenig nach außen . . . der ganze Ausdruck zeigt, daß es jeden Augenblick zu einer Explosion kommen kann«[37]. Die Brauen und der Nasenrücken des dominierenden Tieres schwellen ebenfalls an, und die Mimik deutet darauf hin, daß der Wolf zum Kampf bereit ist und die Macht hat zu gewinnen.

Da Wölfe meist vernünftiger sind als Menschen (trotz des ungerechten Kommentars von Vanzetti, daß »der Mensch dem Menschen ein Wolf«[38] ist), machen sie ihre Drohung selten wahr. Solche Signale treten bei Menschen fast immer zusammen mit einer charakteristischen Gesichtsfarbe auf, wobei knallrote Gesichtsfärbung mit extremer Bleichheit abwechselt. Beide Farben bedeuten unterdrückte Wut, Erbitterung und Androhung von Vergeltung. Ein Gesicht, das plötzlich weiß wird, wirkt aber meist gefährlicher, da man rot oft mit übertriebenem Alkoholgenuß in Zusammenhang bringt.

Den meisten entgeht, daß Leute, die auf harte Sprache verzichten, oft weiterkommen als harte Typen. Aggression gehört so sehr zu unserem Lebensstil, daß es für viele schwer ist, Ehrgeiz überhaupt zu erkennen, wenn er nicht mit Brutalität einhergeht. Derjenige, dem man gar nicht anmerkt, daß er nach Macht strebt, hat daher die größte Freiheit und die besten Chancen. Eine Menge kann man schon mit einem Lächeln gewinnen. Flexibilität und gute Laune sind bessere Waffen als brutale Gewalt, und sie haben den Vorteil, andere vergessen zu lassen, daß man ebenfalls zu den Konkurrenten um die Macht zählt.

Natürlich kann man nicht erwarten, daß man nur mit einem Lächeln ans Ziel kommt. Man muß auch etwas von Hierarchie verstehen.

Expandieren, nicht klettern!

Wer an die Hierarchie glaubt, bewegt sich schrittweise nach oben, vorausgesetzt, daß er sich überhaupt bewegt. Er hält Macht für etwas Lineares und Statisches, als wäre das Leben eine Leiter, die man Stufe um Stufe erklimmt. Man kommt nur dann an die Spitze, wenn man keine Stufe ausläßt. So sind denn die Stufen in einem gewissen Sinn wichtiger als die Menschen auf den einzelnen Stufen. Deutlich werden solche Machtsysteme an Armee und Beamtenapparat.

Eine Heeresdivision braucht zum Beispiel für den Oberbefehl einen Generalmajor. Seine Pflichten und Funktionen sind durch Vorschriften genau definiert. Vorausgesetzt, er kann in Friedenszeiten Disziplin und Leistungsfähigkeit seiner Einheit aufrechterhalten und ihr in Kriegszeiten zumindest einen minimalen Kampfgeist verleihen, hat er seine Pflicht getan. Er kann seine Division jedoch nicht in ein Korps umwandeln. Er hat eine Position, die ausgefüllt werden muß, ob nun durch einen begabten und ehrgeizigen Soldaten im Stil Pattons oder durch eine Nulpe. Die Nulpe mag unter bestimmten Umständen sogar leistungsfähiger sein. Jedenfalls kann ein Divisionskommandeur sich nur in vertikaler Richtung verändern (und das trifft auch auf viele Positionen im zivilen Bereich zu). Er muß seine Division verlassen, wenn er befördert wird. Natürlich kann er wohl danach streben, Kommandeur eines Korps zu werden oder in eine Stabsposition als Generalleutnant zu gelangen, aber er kann keinen weiteren Stern gewinnen, wenn die Division wechselt oder die alte vergrößert.

Im Zivilleben muß man sich in bestimmten Abteilungen mit ähnlichen Situationen abfinden. Ein Manager kann nur aufsteigen, wenn er seinen augenblicklichen Job aufgibt und einen größeren und wichtigeren übernimmt. So kommt er Stufe um Stufe nach oben, entweder *kontinuierlich* (das heißt innerhalb des gleichen Unternehmens)

oder *diskontinuierlich* (durch Jobwechsel und Aufstieg in den verschiedenen Firmen bei jedem Wechsel).

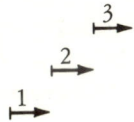

Beide Diagramme sind in einem wichtigen Punkt identisch: man kommt jeweils nur einen Schritt nach oben. Solch Aufstieg erfordert viel Zeit, und die Konkurrenz auf jeder Stufe ist hart.

Viel besser stehen sich diejenigen, die ihre Jobs *ausbauen* können und sich allmählich so viele Leute und Funktionen aneignen, daß sie einfach befördert werden müssen. Wie Amöben ihre Füßchen, strecken sie ihre Fühler aus und verleiben sich immer neue Verantwortungsbereiche ein.

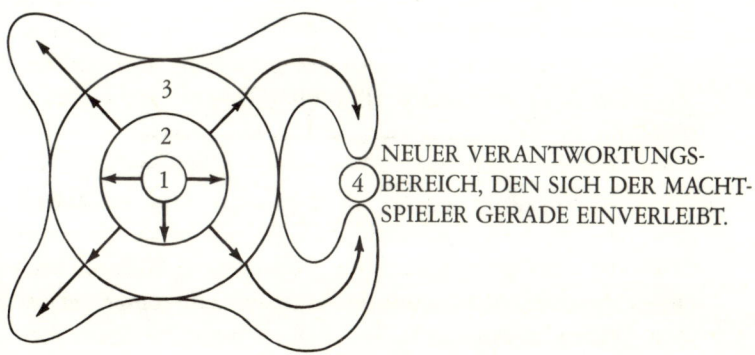

NEUER VERANTWORTUNGS-BEREICH, DEN SICH DER MACHT-SPIELER GERADE EINVERLEIBT.

Beachten Sie den Unterschied zwischen diesem Vorgehen und dem Erklettern einer Leiter! Der Expandierende gibt seinen Ausgangsjob und alle später hinzukommenden Funktionen nicht auf. Statt sich nach oben zu bewegen, expandiert er nach außen, wie ein Lavafluß. Er schafft sich immer neue Jobs, Titel und Verantwortungsbereiche und vertraut darauf, daß er dabei genug Leute aufliest, auf die er lästige Aufgaben abwälzen kann. Der Trick besteht darin zu delegieren, ohne die Verantwortung abzugeben, *bis man schließlich für alles verantwortlich ist, ohne etwas tun zu müssen.*

Die wirklich leidenschaftlichen Machtspiele werden meist von »Expandierern« gespielt, nicht von »Kletterfritzen«. Denn der »Expandierer« kann seinen Machtbereich ständig vergrößern, ganze Abteilungen absorbieren, alte Titel abschaffen und neue erfinden, um seine erweiterten Funktionen zu umschreiben. Im Gegensatz dazu kann der »Kletterfritze« immer nur eine Stufe zur Zeit nehmen und muß dann warten, bis der Mann über ihm höhersteigt. Stellen Sie sich den »Kreativ-Direktor« einer Werbeagentur vor, einen »Kletterfritzen«, der in seinem Unternehmen schnell aufsteigen möchte. Er ist bereits Abteilungsleiter und muß also den Vizepräsidenten verdrängen, wenn er noch eine Stufe höher möchte.

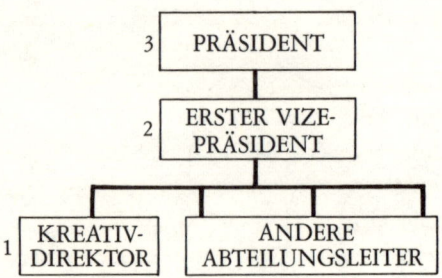

Wenn aber der erste Vizepräsident nicht völlig inkompetent oder dem Alkohol hoffnungslos verfallen ist (auch das reicht meist nicht!), wird unser Kreativ-Direktor das Weiterklettern sehr schwierig, wenn nicht unmöglich finden. Der Kreativ-Direktor müßte die anderen Abteilungschefs für eine Verschwörung gewinnen, aber das wäre riskant. Natürlich kann der Kreativ-Direktor lautstark dafür plädieren, daß er ebenfalls Vizepräsident werden müßte, aber das würde seinen Status kein bißchen verändern: er steht auch dann noch unterhalb der begehrten Stufe und hat drei andere neben sich. Wird er Vizepräsident, was man ihm wahrscheinlich ohne weiteres zubilligen würde, verlangen die anderen Abteilungsleiter den gleichen Titel auch für sich und entwerten ihn dadurch. Dieser Prozeß, eine Art »Greshamsches Titelgesetz«[39], ist in einigen Unternehmen so weit fortgeschritten, daß viele Vizepräsidenten diesen Titel auf Visitenkarten und Briefpapier schon nicht mehr benutzen und einen zweiten Titel, der ihre Funktion beschreibt, hinzufügen. Sie nennen sich dann »Vizepräsident und Leiter der geschäftlichen Abläufe« oder »Kreativ-Vizepräsident«.

Andere Unternehmen komplizieren die Sache dadurch, daß sie zwei Typen von Vizepräsidenten schaffen (in einer mir bekannten Kosmetikfirma heißen sie »Schafe« und »Böcke«). Der eine Titel ist eine relativ bedeutungslose Abfindung für Leute, die nicht die erwartete Gehaltserhöhung bekommen haben. Der andere ist insofern mehr oder weniger echt, als sein Inhaber sich Prokurist nennen darf und autorisiert ist, Verträge zu unterzeichnen und für seinen Arbeitgeber ins Gefängnis zu gehen. Daher ist es immer wichtig, zu wissen, mit was für einem Vize man es zu tun hat.

Eine Daumenregel ist, daß ein Vize ohne Eckzimmer oder Sofa, das wenigstens eineinhalb Meter lang ist, nur ein »Frühstücksdirektor« ist und keine wirkliche Macht hat.

Wenn unser Kreativ-Direktor zum Vize ernannt wird, werden ihm die anderen Abteilungsleiter schnell folgen. Alle haben sich auf ihrer gemeinsamen Stufe ein bißchen aufgebläht, und sie sitzen jetzt ungemütlich eng auf Tuchfühlung. Wenn der Mann über ihm nicht von der Leiter fällt oder mit seinen schicken Modellschuhen nicht die nächsthöhere Stufe erklimmt, um Präsident zu werden, sitzt der Kreativ-Direktor – ganz gleich wie sein Titel lautet – fest.

Der »Expandierer« kennt solche Probleme nicht. Er braucht sich um die Stufe nicht zu kümmern. Wie ein Fluß tritt er über die Ufer und eignet sich überall kleinere Teile aus anderen Abteilungen an. Meist sind es Projekte, die so langweilig oder so kniffelig sind, daß alle anderen die Finger davon lassen. Vor allem ist er auf Funktionen aus, die Verbindungen zu anderen Abteilungen erfordern. Binnen kurzem hat er sich ein kompliziertes und beinah unsichtbares System eines alternativen Managements geschaffen. Wahrscheinlich ist es wirksamer als das auf dem Papier existierende, das durch den ersten Vizepräsidenten repräsentiert wird. Denn es ist näher an den wirklichen Problemen, die zu lösen sind. Zur gleichen Zeit expandiert er so sehr, daß es bald nötig sein wird, »etwas für ihn zu tun«, wie es im Manager-Jargon heißt. Ein guter »Expandierer« wird so viele von den Funktionen seines Vorgesetzten schlucken, daß dieser zuletzt nur noch den Titel hat. Auch den kann man so leicht beiseite schieben wie seinen Inhaber, wenn er erst einmal auf absolute Machtlosigkeit reduziert ist. »Expandierer« schwemmen Leute, die ihnen im Wege sind, nicht nur hinweg, sie tilgen auch alle Spuren der Vergangenheit und schaffen neue Titel, die ihren gewaltig erweiterten Funktionen entsprechen. Selbst wenn sie die gewünschte Macht erlangt haben, achten sie darauf, nicht wieder eine feste Hierarchie zu errichten, die die von ihnen zerstörte ersetzt. Man kann sie nicht von ihrem Thron stoßen, weil sie gar keinen haben. Da sie sich nie von einem ihrer Verantwortungsbereiche trennen, ist es praktisch unmöglich, sie in die Schranken zu weisen; jeder Pfad im Irrgarten des Managements, den sie sich angelegt haben, führt zu ihnen zurück, auch wenn sie die ganze Arbeit geschickt delegiert haben. Sie haben nur eine Schwäche: sie versinken oft in dem Wust kleiner Details, von denen sie sich nicht freimachen wollen, weil sie fürchten, einen machtleeren Raum zu hinterlassen. Dem »Expandierer« droht nur aus seinem eigenen Machtkreis Gefahr, nicht von der Peripherie oder von außen. Wie der Kommandeur einer Besatzungsmacht muß der erfolgreiche »Expandierer« immer auf eine mögliche Revolte auf seinem Territorium achten und pausenlos bemüht sein, die Herrschaft über sein Riesengebiet zu sichern.

Doch trotz gewisser Unzulänglichkeiten ist Expandieren das beste Machtspiel, das es gibt. Die Aufstiegsleiter existiert nur so lange, wie man an sie glaubt und bereit ist, sie zu erklimmen. In dem Augenblick, wo der »Expandierer« sich wie eine große Flut ausbreitet, schwimmt auch die Leiter auf und davon.

Das Informationsspiel

Wichtiger noch ist die Informationskontrolle. Beinah jeder ist davon abhängig, daß er mit Informationen versorgt wird, doch der »Input« von Informationen wird meist als eine Verwaltungsaufgabe aufgefaßt, fast als eine Arbeit für Lakaien. Diskussionen über die Geschäftspolitik dauern Stunden um Stunden, aber die Informationen, von denen die Entscheidungen abhängen, werden nur auf sehr lässige Art zusammengetragen. Ein Manager, der eine Werbekampagne plant, die hunderttausend Dollar kosten soll, findet nichts dabei, sich an jemanden, dessen Gehalt unter zweihundert Dollar pro Woche liegt, zu wenden und zu sagen: »Fragen Sie mal die Leute von der Produktion, wann das Projekt fertig ist, und sehen Sie zu, daß Verkauf und Versand klappen und das Zeugs in den großen Städten ist, bevor die Anzeigen rauskommen. OK?« In den nächsten beiden Stunden diskutiert er dann mit seinen Leuten die Vorteile der Druckmedien gegenüber dem Fernsehen, die Farbe für die Displays, das Modell für die Anzeigen (soll es vom Typ her »sexy« oder »mütterlich« sein) und was ihnen sonst noch alles so durch den Kopf geht. Aber das einzig Wichtige hat man sehr wahrscheinlich einer Sekretärin – oder jemand anders in einer untergeordneten Position – überlassen.

Informationen kommen immer von unten, und je wichtiger sie sind, desto weiter unten werden sie zusammengetragen. Wenn der gleiche Manager herausfinden will, wieviel Geld für die entsprechende Kampagne im letzten Jahr ausgegeben wurde, läßt er das durch seine Sekretärin recherchieren. Diese wird wiederum die Sekretärin des Anzeigenmanns fragen, da ihr Chef sich mit solchen Routinesachen nicht abgibt. Sie gehen gemeinsam die Akten durch und addieren alle Zahlen, die sie finden können. Weil sie in die höhere Politik nicht eingeweiht sind, gibt es da eventuell ein paar geschickt versteckte Informationen, von denen sie nichts wissen können, und ihre mit so viel Mühe errechneten Zahlen geben ein vollkommen schiefes Bild. Nichtsdestoweniger basieren sechs gutbezahlte Manager ihre eigenen Rechnungen auf diese Zahlen, ohne sie in Zweifel zu ziehen. Bitten um Information sind fast immer lästig. Irgendeiner muß dann langwierige Nachforschungen anstellen, weil die Information in der gewünschten Form meist gar nicht verfügbar ist.

Vor Jahren hatte ich einmal die Aufgabe, die Buchliste eines Verlegers über einen Zeitraum von fünf Jahren zu prüfen und die gesamte Buchproduktion nach Kategorien aufzuschlüsseln – »Religion«, »Romane«, »Belletristik«, »Geschichte«, »Biographien« usw. Anhand einer Graphik wollte man den Prozentsatz von Büchern jeder Kategorie feststellen, so daß der Exekutivausschuß die Manuskripteinkäufe je nach Menge der benötigten Romane, Biographien oder Gedichte vorausplanen konnte. Mein Leidensgefährte bei dieser wenig angenehmen Arbeit (jetzt Cheflektor eines größeren Verlages) wußte genauso wenig über die Vergangenheit des Unternehmens wie ich. Wir waren beide auf der untersten Stufe der Hierarchie – niemand mit auch nur ein wenig Macht wäre bereit gewesen, so langweilige Informationen zusammenzutragen. Leider waren die Kategorien völlig unbrauchbar. Es war zum Beispiel unmöglich, zu entscheiden, ob ein mystisches Werk eines griechischen Dichters unter »Poesie«, »Philosophie«, »Belletristik« oder »Religion« fiel. Wenn wir es unter allen Kategorien aufführten (was natürlich eigentlich korrekt gewesen wäre), hätte die Gesamtzahl der in diesem Jahr veröffentlichten Bücher nicht mehr gestimmt. Wir hätten einen Titel als fünf Bücher gezählt. Hätten wir jedoch ein Fünftel jedes Buches jeder Kategorie zugeschoben, wäre unsere Übersicht sehr schwer zu interpretieren gewesen. Wir warfen daher entweder eine Münze oder führten solche Bücher unter »Übersetzung« auf oder schlugen sie zu »Verschiedenes«, im Verein mit vierfarbigen Tafeln über die Heilkräuter der Welt, einer Lernmaschine für Bridge-Anfänger und einem Taschen-Kalorienzähler. Trotz unserer literarischen Skrupel entschieden wir uns in diesem Fall für »Verschiedenes«. Diese Kategorie umfaßte beinahe fünfzig Prozent der ganzen Liste. Da wir die Bücher nicht gelesen hatten, war es oft schwierig, aus den Titeln zu erraten, in welche Kategorie sie am besten paßten. Als uns der Verdacht kam, daß die Zahl der in einem Jahr veröffentlichten Romane unwahrscheinlich niedrig war, übertrugen wir einfach einige der uns zweifelhaft erschienenen »Sachbücher« in die Kategorie »Romane«, wo sie wahrscheinlich auch hingehörten. Wir hatten nur die Aufgabe, innerhalb einer Woche eine hübsche Graphik zu produzieren, schön koloriert und aufgeteilt in vorgegebene Kategorien. Daß diese Kategorien keinen Sinn ergaben, ging uns nichts an.

Ich brauche kaum noch zu betonen, daß unsere Arbeit mit Enthusiasmus aufgenommen wurde und für längere Zeit Grundlage der »Planung« auf höchster Ebene war. Jahre danach fanden die von uns errechneten Prozentzahlen sogar ihren Weg in die Lehrbücher. So erhielten sie die Aura von »Informationen zweiten Grades«. Das sind Informationen, die man auf Anfrage an jemanden außerhalb des Unternehmens weitergibt, die dann in einem Buch oder einer Zeitschrift gedruckt werden und in dieser weit autoritativeren Form schließlich ins Unternehmen zurückkommen. Menschen, die die Zahlen in ihren eigenen Akten für unzuverlässig halten, akzeptieren sie wie ein Evangelium, wenn sie sie in einem Magazin finden. Daß sie es waren, die das Magazin mit der Information versorgten, scheint ihnen völlig entfallen zu sein.

Natürlich kam uns nicht die Idee, unsere Arbeit für ein kleines Machtspiel zu nutzen. Dazu waren wir damals noch zu unbedarft. Wir strichen das viele Lob für unsere Arbeit ein und setzten ein paar französische Romane der Avantgarde auf unsere Liste. Hätten wir unsere Graphik ernst genommen, so hätten wir ein derart kompliziertes und ehrgeiziges Informationssystem geschaffen, daß nur wir es hätten erklären können. Der Exekutivausschuß hätte uns bei den Verlagsentscheidungen konsultieren müssen. Statt zu vereinfachen, hätten wir alles komplizieren sollen.

Wer das Informationsspiel spielt, beherrscht diese Taktik. Er erhält und kontrolliert die Informationen nicht nur, er weiß auch, wie man sie praktisch unverständlich macht. Sein Ziel ist, die ihm zur Verfügung stehenden Informationen so geheimnisvoll und unzugänglich wie nur irgend möglich zu machen. Er schlüsselt die Informationen so kompliziert auf, daß nur er selbst erklären kann, was sie bedeuten (falls sie überhaupt etwas bedeuten).

Der Computer hat diese Arbeit eher erleichtert. Computer-Ausdrucke sind nicht nur wie Akkordeons gefaltet, um in hoffnungslosem Durcheinander vom Schreibtisch auf den Fußboden zu fallen. Sie müssen auch interpretiert werden. Auf jede Frage liefert der Computer mehrere Antworten, von denen sich keine direkt auf die gestellte Frage bezieht, da diese nicht berücksichtigt, welches Wissen im Computer überhaupt gespeichert ist. Wer den Computer kontrolliert, ist daher in einer einzigartigen Machtposition, um so mehr, als er für eine äußerst teure Maschine verantwortlich ist. Wenn ein Unternehmen mehrere Millionen Dollar in ein Computer-System investiert hat, ist es verpflichtet, den Informationen des Computers Aufmerksamkeit zu schenken. Sonst müßte es ja zugeben, ein Vermögen verschleudert zu haben.

Das Informationsspiel läßt sich aber selten erfolgreich von der Stelle aus spielen, die für den »Input« der Informationen verantwortlich ist. Es gibt allerdings Beispiele für Unternehmen, die vom Computerfachmann übernommen worden sind. Ihm gelang es, ein so komplexes Informations- und Rechnungssystem zu erfinden, daß das Unternehmen nur noch von ihm geführt werden konnte. Meist aber haben die Leute in der Datenverarbeitung keine andere Funktion als die Bauern im Schachspiel. Die Meisterspieler versuchen einfach, sich selbst so viel an Informationen wie nur möglich zuzuleiten, um sie dann möglichst vielen Gegenspielern vorzuenthalten. Wenn die Wochenumsätze und die Gewinn- und Verlustzahlen regelmäßig einem Dutzend Leuten auf den Tisch gelegt werden, wird der Meisterspieler zunächst eine neue Methode zur Aufschlüsselung der Zahlen erfinden und behaupten, daß die alte Methode sinnlos war (die neue wird natürlich auch unsinnig sein, aber das tut nichts zur Sache).

Sobald er die Verantwortung für die Schaffung eines neuen Berichtssystems übernommen hat – eine Aufgabe, die ihm seine Kollegen nur zu gern überlassen, da sie ohnehin nur ihre Initialen abhaken, wenn die Berichte über ihren Tisch gehen –, steht es dem Machtspieler frei, den alten Verteiler aufzuheben. Die Informationen kommen jetzt nur noch zu ihm, und er kontrolliert den Zugang zu ihnen.

Anfangs wird das wahrscheinlich nicht bemerkt, oder keiner interessiert sich dafür. Aber mit der Zeit kann der Mann, der die Informationen kontrolliert, sein Monopol in jeder Diskussion nutzen. Wenn einer ihm widerspricht, sagt er einfach: »Sie äußern Ihre persönliche Meinung, ich aber habe die Fakten!« Dieser Kunstgriff (Meinung gegen Fakten zu stellen) ist sehr wirkungsvoll. Erstens hat keiner Zugang zu den »Fakten«, wenn alle Informationen einem einzigen Manne zugeleitet werden. Zweitens werden die »Fakten« jetzt in einer Form berichtet, die nur ein einziger Mann im Unternehmen verstehen kann. Auch wenn einer ihn überreden kann, ihm die Zahlen zu zeigen, muß er sich diese von ihm erklären lassen, was automatisch wieder seine Macht über ihn vermehrt. Schließlich wirkt jedes längere Argument über diese »Fakten« so, als wollte man sie anzweifeln. Das würde aber ein erschöpfendes Studium des ganzen Informationssystems erfordern. Keiner, der seine fünf Sinne beisammen hat, würde sich dazu drängen, und der Besitzer der »Fakten« hat deshalb eine relativ unverwundbare Position.

Die Informationsmenge, die der Kontrolle eines einzigen unterworfen sein kann, ist praktisch unbegrenzt. Wer erst einmal über bestimmte Schlüsselberichte verfügt, kann anfangen zu expandieren. Er bittet andere, ihre Informationen direkt an ihn weiterzuleiten, was sie normalerweise auch gern tun werden. Denn bisher hat sich nie jemand auch nur im geringsten dafür interessiert, wie viele Schreibmaschinen es in den Büros gibt und wie hoch ihr Versicherungswert ist oder wie viele Briefe in einer Woche durch die Poststelle gehen (die verlorenen nicht mitgerechnet). Der Besitz dieser Informationen gibt den eigenen Argumenten nicht nur Durchschlagskraft, sondern verleiht einem auch eine gewisse Autorität über Leute, die die Informationen zuliefern, auch wenn diese gar nicht im eigenen Verantwortungsbereich arbeiten. Wenn diese Autorität gefestigt werden soll, ist es wichtig, keinen Bericht, und sei er noch so trivial, wegzuwerfen. Richtig ist es, jeden Bericht an den Absender zurückzusenden, nachdem man ihn mit den eigenen Initialen, dem Datum und dem Vermerk »zur Kenntnis genommen« versehen hat. Diese an sich bedeutungslose Höflichkeit wird schnell zur Standardpraxis. Jetzt ist es nicht mehr schwer, zu behaupten, daß Berichte erst »akzeptiert« sind, wenn sie von Ihnen abgezeichnet wurden. Die Tatsache, daß Sie nie jemand autorisiert hat, sie zu »akzeptieren«, daß sie auch gar nicht »akzeptiert« zu werden brauchen, können Sie getrost übersehen. Ein neuer Machtbrauch ist geboren, der nur noch durch höhere Gewalt wieder abgeschafft werden kann.

Für diesen an sich recht simplen Zug gibt es viele Variationen. Lassen Sie uns annehmen, daß alle Abteilungsleiter eines Unternehmens einem der Spitzenmanager einen Wochenbericht zuschicken, von denen drei weitere Spitzenmanager Kopien erhalten. Diese Berichte sind fast immer Zeitverschwendung. Für den Berichterstatter sind sie ermüdende Plackerei, die nur den Nutzen hat, zu beweisen, daß die Abteilung tatsächlich existiert. Für die Empfänger des Berichts handelt es sich nur um den üblichen Papierkram, der denn auch sofort in den Papierkorb wandert. Da es ja Vierteljahresberichte gibt, sind Wochenberichte überflüssig. Ein ehrgeiziger Manager wird jedoch um Kopien dieser Berichte bitte, weil er den »Informationsfluß« verbessern möchte. Da dazu nur eine Fotokopie nötig ist, wird keiner etwas dagegen haben. Aber anstatt wie die Kollegen die Berichte wegzuwerfen, versieht er sie mit seinen Initialen und gibt die abgezeichnete Fotokopie an die einzelnen Abteilungsleiter zurück. Wenn diese gegen eine solche Praxis nicht protestieren – und wahrhscheinlich haben sie ganz andere Dinge im Kopf – hat der Manager »erste Rechte« über dieses Berichtssystem erworben. Er hat sich einen neuen Machtbereich geschaffen und kann nun versuchen, die Abteilungsleiter auch auf anderen, wichtigeren Gebieten zu kontrollieren.

Das Informationsspiel hat noch einen weiteren Vorteil. Der Spieler wird dadurch zwangsläufig unersetzlich, und das Unersetzlichkeitsspiel, so riskant es auf die Dauer auch sein kann, ist eine weitere hervorragende Machttaktik.

»Niemand ist unentbehrlich«

Alle Auseinandersetzungen zwischen Vorgesetzten und Personal drehen sich um das Problem der Unentbehrlichkeit. Der Angestellte muß sich für unentbehrlich halten, auch wenn er oder sie daran zweifelt, während die Vorgesetzten vom Gegenteil überzeugt sein müssen. Viele versuchen, sich während ihres Arbeitslebens unentbehrlich zu machen, weil sie nach absoluter Sicherheit streben, was sich kaum je lohnt. Zunächst einmal ist die Auffassung der Vorgesetzten, daß niemand unentbehrlich ist, grundsätzlich richtig. Wie wichtig Sie auch sein mögen, es ist schlimmstenfalls unbequem, kostspielig und zeitraubend, Sie zu ersetzen. Leute, die ihre Unentbehrlichkeit beweisen wollen, sind gezwungen, sich immer mehr aufzubürden. Sie können nie genug Aufgaben, Titel, Pflichten und Zuständigkeiten an sich ziehen, um ihre Unentbehrlichkeit zu beweisen; genau wie jemand, der Liebe braucht, um sich sicher zu fühlen, nie genug davon bekommen kann. Der Ehrgeiz, aufzusteigen, um mehr Macht, Geld oder Prestige zu erwerben, ist leicht zu verwirklichen. Bis zu absoluten Sicherheit aufzusteigen ist dagegen unmöglich. In jeder Firma werden die Leute, die sich für unentbehrlich halten und auch von ihren Kollegen dafür gehalten werden, schließlich doch gefeuert. Der Grund ist einfach, man will ihn aber nur selten wahrhaben. Keine Firma kann sich den Glauben leisten, daß ihre Existenz von der körperlichen und geistigen Gesundheit und dem guten Willen einer relativ kleinen Anzahl von Leuten abhängig ist, schon gar nicht, wenn das etwa zutreffen sollte.

Einer meiner besten Freunde setzte sich zum Ziel, in seiner Firma unentbehrlich zu sein, und schaffte es auch fast. Seine Projekte waren nicht nur ungemein gewinnbringend, allmählich übte er auch eine Art moralischer Vorherrschaft über die anderen aus. Wichtige Akten wurden in seinen Schreibtisch eingeschlossen. Machtsymbolisierende Möbelstücke wurden um Mitternacht in sein Büro geschafft, so daß eines Morgens der alte Mahagoni-Konferenztisch als sein Schreibtisch fungierte. Er ließ das Schloß an der Toilettentür ändern, so daß jeder, der zur Toilette wollte, ihn um den Schlüssel bitten mußte. Ständig müde, gehetzt, nie zufrieden, kümmerte er sich um jeden Dreck vom Betriebsausflug bis zur Typographie des Jahresberichtes. Mehr noch, ihm gelang die strategische Meisterleistung, seine Unentbehrlichkeit auch außerhalb der Firma bekanntzumachen. Einen Großteil seiner Zeit verbrachte er mit Interviews, Parties und Fernsehauftritten. Und da jede Firma eher an die Meinungen Außenstehender als an eigene Beobachtungen glaubt, blieb seine Unentbehrlichkeit unangefochten.

Einer seiner Kollegen sagte über ihn: »Drei Jahre haben wir mit diesem Mythos gelebt. Alle Macht ging allmählich auf diesen

Burschen über. Wenn jemand widersprach oder mit ihm argumentierte, sagte er, daß er übermüdet sei. Dabei nahm er die Brille ab und massierte seinen Nasenrücken, um zu zeigen, daß er erschöpft war. Dann sagte er, daß er nicht wisse, wie lange er diese Bürden, mit denen man ihn überhäufe, noch tragen könne. ›Viel mehr kann doch ein Mensch nicht aushalten!‹ war seine stehende Redewendung. Aber wenn man auch nur die kleinste Sache erledigen wollte, ohne ihn um Rat zu fragen, machte er ganz ruhig alles wieder rückgängig, zwang einen, nach seinem Kopf zu handeln. Nichts konnte ihn davon abhalten. Wenn man ihm arg zusetzte, legte er sich auf den Fußboden und spielte den Herzkranken, bis man ging. Es war aussichtslos. Kam man um 8 Uhr früh ins Büro, erzählte er einem, daß er am Sonntag stundenlang dort gewesen war. Kam man sonntags ins Büro, dann war er bis 4 Uhr morgens aufgewesen, um auszubügeln, was andere verpfuscht hatten . . . Er machte es sich zur Gewohnheit, an allem wenigstens etwas zu ändern, und sei es auch nur eine Kleinigkeit, so daß er sagen konnte: ›Hoffentlich haben Sie nichts dagegen, daß ich der Sache den letzten Schliff gegeben habe.‹ Und so konnte er behaupten, daß alles Pfusch gewesen sei, bis er die Sache ›gerettet‹ hatte. Eines Tages kündigte er und nahm eine andere Stelle an. Es war wie ein Weltuntergang. Nicht nur, daß niemand wußte, was in den Akten stand, wir konnten sie noch nicht einmal finden. Alles war so zentralisiert, daß nicht einmal mehr die Telefonnummern unserer Kunden aufzufinden waren. Sie standen in dem kleinen Taschenadreßbuch, das er mitgenommen hatte. Wir wußten nicht einmal ihre genauen Namen. Dann wurde mir klar, was ihn so mächtig gemacht hatte: wir waren faul gewesen. Es hatte uns nur zu gut gepaßt, ihn alles machen zu lassen. Für uns bedeutete das Arbeitsersparnis und, noch besser, keine Verantwortung, denn er wollte ja für alles verantwortlich sein. Wir hatten ihn zu einem Ungeheuer gemacht, aber schon nach wenigen Wochen war es, als wäre er nie dagewesen. Das Leben ging weiter, alles lief sogar viel besser. Wir machten nicht bankrott, und nichts brach zusammen. Aber hier wurde mir klar:

niemand ist unentbehrlich! Es stimmt wirklich und ist keine Paranoia von Vorgesetzten. In dem Augenblick, wo man sich für unentbehrlich hält, lädt man sich im Verhältnis zum Gehalt zuviel Arbeit auf. Man zahlt drauf: Je mehr Sie zu beweisen versuchen, wie sehr Sie gebraucht werden, desto eher werden sich andere fragen, ob Ihre Arbeit überhaupt notwendig ist.«

Jemand, der versucht, sich unentbehrlich zu machen, ist wie ein Schwimmer, der sich im Sturm an ein Stück Treibholz klammert, obwohl es sicherer wäre, loszulassen und zu schwimmen. Die Welt ist voll von Leuten, die vierzehn Stunden am Tag an einer Arbeit sitzen, die leicht in sieben Stunden erledigt werden könnte. Sie machen sich selbst fertig und gehen jedem Vorgesetzten und Untergebenen auf die Nerven mit ihrem unsinnigen Bemühen, zu beweisen, daß das Leben ohne sie nicht weitergehen könnte. Es ist viel besser, zuzugeben, daß eine Menge anderer Leute Ihre Arbeit ebenso gut oder vielleicht noch besser tun könnten, aber daß im Augenblick *Sie* diese Arbeit tun.

Nein-Spiele

Mit der Fähigkeit, nein zu sagen, kann man sich eine Position von einzigartiger Autorität aufbauen. Man muß nur alle Bitten um Geld, ob es sich um eine Investition, eine Ausgabe oder eine Gehaltserhöhung handelt, automatisch wenigstens zweimal ablehnen, auch wenn die Bitten sehr vernünftig sind oder sogar höhere Gewinne ermöglichen.

Konsequente Nein-Sager sind gar nicht so leicht zu finden. Die meisten Menschen legen Wert auf Dankbarkeit und Liebe, die Mächtigen nicht ausgenommen, und sind daher ständig versucht, ja zu sagen. Richtige Nein-Sager sind durch solche Regungen nicht zu korrumpieren. Es stört sie nicht, lächerlich zu wirken. Ihre Taktik ist einfach: sie sagen zu allem nein, bis sie überstimmt werden. Sie können sicher sein, daß sie sechzig Prozent der Fälle im Recht sind und daß man ihnen die übrigen vierzig Prozent vergibt.

Ein talentierter »Nein-Spieler« kann sehr schnell aufsteigen, da die meisten Manager nur zu glücklich sind, jemanden gefunden zu haben, der für sie nein sagt. Wieviel leichter ist es doch, sich ein leidenschaftlich vorgetragenes Plädoyer anzuhören, ob es sich nun um ein neues Projekt, eine Gehaltserhöhung oder einen neuen Xerox-Kopierer handelt, und zu sagen: »Ja, Sie haben ganz recht. Das ist eine gute Idee, und ich bin dafür. Klären Sie mit X die finanzielle Seite, und wir fangen sofort an . . .« X hat freilich die Aufgabe, wie versteinert dazusitzen, nein zu sagen und sich durch Bitten, Drohungen und gesunden Menschenverstand nicht beeindrucken zu lassen.

Wer das »Nein-Spiel« spielen will, muß vor allem konsequent sein. Wenn Sie erst einmal anfangen, hin und wieder ja zu sagen, das Pro und Kontra abzuwägen, einigen vernünftigen Bitten vielleicht sogar nachzugeben, sind Sie nur noch ein Entscheidungsträger unter vielen.

Leute, die nein sagen können, sind gewöhnlich von Natur aus geizig, denn die »Nein-Stellung« erfordert eine sparsame Ader, wenn man sie erfolgreich halten will. Den meisten »Nein-Spielern« fehlt auch der Sinn für Proportionen. Sie können endlos lange darüber nachdenken, wie man Büroklammern spart und wie oft ein Blatt Kohlepapier benutzt werden sollte. Oder sie geben detaillierte Anweisungen heraus über die Wiederverwendung von Büroumschlägen. Ihr Wert für das Management besteht darin, daß sie zwischen Büroklammern und Wichtigerem keinen Unterschied machen; sie sagen mit der gleichen Leidenschaftslosigkeit nein zu einem Plan, der die Gewinne verdoppeln könnte, wie sie die Bitte nach einem neuen Päckchen Büroklammern abschlagen.

Büroklammern sind tatsächlich ein potentes Symbol für »Nein-Spieler«, und wenn Sie jemand sehen, der alte, verbogene und verbrauchte Büroklammern hortet und sie zur Wiederverwendung zurechtbiegt, können Sie sicher sein, einen »Nein-Spieler« vor sich zu haben. Oder eine »Nein-Spielerin«. Denn sehr viel »Nein-Spieler« sind Frauen, vielleicht weil sie einen atavistischen Sinn für Sparsamkeit haben oder weil sie meinen, daß alle Männer Angeber und Verschwender sind, Frauen dagegen voller Umsicht und Realismus. Sie reagieren auf jede Bitte um Geld wie eine Ehefrau auf die Betteleien eines schlappen und betrunkenen Ehemanns, der eine Schwäche für Pferdewetten hat. Ich kenne eine sehr mächtige Frau, die den Beweis für die Leistungsfähigkeit eines Unternehmens darin sah, daß sich der Verbrauch von Büro-Utensilien nicht erhöhte. Man konnte sie – allerdings war das nicht sehr klug – zum Wahnsinn bringen, wenn man während eines Gesprächs aus Büroklammern Armbänder anfertigte.

Beleuchtung ist ebenfalls ein starkes »Nein-Symbol«. Leute, die gerne »nein« sagen, haben gewöhnlich Zwangsvorstellungen in puncto Stromsparen. Ich habe einen Manager kennengelernt, der allen Ernstes behauptete, daß keine nach siebzehn Uhr dreißig verrichtete Arbeit jemals Geld genug einbringen könnte, um die damit verbundene Stromvergeudung wiederwettzumachen. Bevor er abends ging, lief er noch einmal durch alle Räume, um das Licht auszudrehen, selbst da, wo noch gearbeitet wurde. Natürlich sagte er zu jedem Vorschlag »nein«. Gleichgültig wie interessant und gewinnbringend die Sache auch war, er hörte schweigend zu und lehnte dann ab.

Nein-Menschen lassen sich niemals von Enthusiasmus, Leidenschaft oder Erregung anstecken. Sie lieben zumeist riesige, schwere Schreibtische, die als Barrikaden dienen, und stellen den Besuchersessel gewöhnlich so hin, daß man ihnen direkt in die Augen sieht. Da sie im voraus wissen, was sie sagen werden, sind sie gewöhnlich sehr höflich – Höflichkeit ist ja oft ein Zeichen dafür, daß Ihr Gesprächspartner seinen Entschluß schon längst gefaßt hat.

Verantwortungsspiele

Eng verbunden mit dem »Nein-« und dem »Unersetzlichkeits-Spiel« ist das Spiel mit der »Verantwortung«. Es ist ganz einfach. Man braucht sich nur für alles verantwortlich zu fühlen. Man kümmert sich um Dinge, die nicht zum eigenen Verantwortungsbereich gehören, und kann damit alles entschuldigen, was im eigenen Bereich passiert. Wie jeder die Arbeit eines anderen vom Standpunkt des Perfektionisten beurteilt, ist jeder auch berechtigt, sich um Dinge zu sorgen, für die er keine Verantwortung trägt, und alle Probleme, die er nicht lösen muß, mit großer Sorge zu betrachten. Eine Grundregel des Machtspiels lautet: sieht ein Spieler unzufrieden aus, so ist er in der Regel nicht mit der eigenen Arbeit unzufrieden, sondern mit der seines Kollegen. Wer das Verantwortungsspiel spielt, sieht immer viel unzufriedener drein als der tatsächlich Verantwortliche. Solche Leute wollen zumindest zeigen, daß sie alles sehr beschäftigt, und wenn sie Glück haben, qualifizieren sie sich für ein Eckzimmer und sind dort über die wirklich wichtigen Dinge unzufrieden. So wie man für einen Nein-Sager immer eine gute Position findet, so auch für jemanden, der es fertigbringt, selbst dann noch unzufrieden dreinzusehen, wenn alles zum besten steht. Ständiger Pessimismus kann die Verantwortlichen zwar irritieren, aber früher oder später erweist sich Pessimismus immer als begründet, so daß der Pessimist, wenn er nur Geduld hat, auf die Dauer den Ruf gewinnt, ein gutes Urteilsvermögen zu haben.

Macht-Allüren

Auf den ersten Blick scheint es in der Welt der Macht nur »brutale Menschen und rohe Sitten«[40] zu geben, aber in Wirklichkeit sind die gesellschaftlichen Machtspiele komplex und vielseitig. Die Kunst, andere »fertigzumachen«, hat viel von ihrem alten Reiz verloren, seit sogar Frauen zeigen, daß sie sie beherrschen.

Andere Formen von schlechten Manieren sind weniger extrem und dabei genauso wirksam. Wer eine Machtstellung errungen hat, hält meist alle Kenntnisse und Fähigkeiten, über die er selbst nicht verfügt, für unwichtig und lächerlich. Bevor ich ins Verlagsgeschäft ging, wußte ich bereits, daß meine ungewöhnlich guten Fremdsprachenkenntnisse allen ein Dorn im Auge waren. Jedesmal, wenn ich etwas übersetzen sollte, war ich lächerlich gemacht worden. »Ich kann diesen Quark nicht lesen«, hieß es, »was soll das bedeuten?« Oder man stellte mich anderen als »Sprachgenie« vor, mit dem Unterton, daß ich ein armer Flüchtling oder ein gescheiterter Professor sein mußte.

Humor spielt im Machtspiel keine große Rolle. Wer die Macht liebt, nimmt sich wichtig und versteht Humor nur in seiner primitivsten Form. Viele Mächtige wollen mit ihren Witzen gar nicht unterhalten, sondern die Unterhaltung beherrschen. Wenn sechs Leute miteinander diskutieren, sagt daher derjenige, der seine Machtposition betonen möchte: »Also, bevor wir weiterdiskutieren, will ich noch schnell eine komische Geschichte erzählen«, und fängt an, sie in aller Ausführlichkeit auszumalen, weniger, um andere zu amüsieren, sondern um zu beweisen, daß er jede Diskussion nach Laune unterbrechen kann. Einen Machtmenschen erkennt man daran, daß er Sätze benutzt, die das Lachen fast befehlen wie »Diese Geschichte wird Ihnen gefallen« oder »Ich will Ihnen etwas erzählen, worüber Sie ungeheuer lachen müssen« oder »Wenn Sie dies hören, lachen Sie sich kaputt«. Witze und »komische« Geschichten, die mit einem Befehl anfangen, sind fast immer Machtwaffen. Man sollte sie nicht mit Kameraderie und Humor verwechseln.

Sehr beliebt sind auch Machtspiele um die Vorrangstellung. Grundsätzlich bittet man Leute ins eigene Zimmer, statt in das ihrige zu gehen, denn sonst würde man seinen eigenen Machtkreis verlassen und den eines anderen betreten. Diese Regel scheint sehr einfach, berücksichtigt aber noch nicht die ganze Kompliziertheit des territorialen Machtanspruchs. Viele Mächtige, besonders die aggressiven unter ihnen, gehen sogar viel lieber in die Zimmer anderer, weil sie hier auf fremdes Territorium vordringen. Wer deshalb seine Überlegenheit über einen anderen deutlich machen will, geht in dessen Zimmer, setzt sich hin, legt seine Beine auf den Schreibtisch und verletzt so das persönliche Gebiet des Rangniederen. Solch kleine Zeichen der Eroberung sind häufig. Dazu gehört, Gegenstände als Aschenbecher zu benutzen, die offensichtlich einen ganz anderen Zweck haben, die Sekretärin eines anderen herumzukommandieren, Kaffee zu verschütten, auf des anderen Teppich Turnübungen zu machen, während er noch an seinem Schreibtisch sitzt. Wichtig bei solchen Spielen ist, daß man seine territorialen Ansprüche klarmacht und gleichzeitig lässiger als der Gegner wirkt. Man erweckt den Eindruck, *sein* Zimmer gehöre zum eigenen Machtbereich, und tut so, als wäre man zu Hause. Im allgemeinen werden diejenigen, die das Machtspiel mit Untergeordneten spielen, die Anweisungen in ihrem eigenen Machtbereich geben, Drohungen und Warnungen aber im Zimmer der Untergebenen aussprechen. Vielen ist sicher die Taktik vertraut, daß man eine Konferenz in seinem Zimmer einberuft und darauf achtet, daß nicht genügend Stühle vorhanden sind. So bringt man die Leute dazu, die Stühle entweder über den Flur herbeizuschleppen oder auf dem Fußboden zu sitzen. Man etabliert seine Macht, indem man anderen Unbequemlichkeiten aufzwingt.

Selbst Hysterie ist in den richtigen Händen eine sehr wirkungsvolle Macht-Waffe. Jemand, der den Ruf hat, hysterisch, dünnhäutig oder überempfindlich zu sein, wird gewöhnlich leichter eine Gehaltserhöhung oder ein größeres Zimmer bekommen als einer, der ruhig vor sich hin arbeitet, und sei es auch nur, weil keiner eine häßliche Szene provozieren möchte. Wenn Ihre Arbeitskraft wirklich gebraucht wird, können Sie dadurch, daß Sie sich daneben benehmen, weinen und Wutanfälle bekommen, viel Macht erlangen. Ein Manager erzählte mir: »Wir haben hier einen, der bei der geringsten Opposition Amok läuft, und ich glaube, auf die Dauer macht es sich bezahlt. Er bekommt Gehaltserhöhungen, wenn sonst keiner welche bekommt. Einer wie der wird nie an die Spitze kommen, aber vorausgesetzt, man leistet auch etwas, schlägt man mehr kleine Privilegien heraus, als man denken sollte. Kann man jemanden immer nur mit Samthandschuhen anpacken, so erhält er mehr Aufmerksamkeit als andere, und auf die Dauer *bekommt* er mehr. Es ist unfair, aber so ist es nun einmal. Natürlich hat das auch seine Gefahren. Es ist wie beim Theater: wer sich wie ein Star aufführt, tut auch verdammt gut daran, ein Star zu *sein*.«

Die theatralische Seite der Macht wird oft übersehen, vielleicht, weil die meisten Geschäftsleute gern als ruhig, konventionell und vernünftig gelten wollen. Doch das theatralische Element läßt sich nicht leugnen, wenn es auch nicht gerade mit dem Trara vergleichbar ist, das wir gewöhnlich mit Theaterproben und den Garderobenfehden verbinden. Da das Leben im Büro oft langweilig und eintönig ist, erscheint die Fähigkeit, alles zu dramatisieren, sehr hilfreich. Ähnlich mußten schon die späten römischen Kaiser dem Mob Brot und Zirkusspiele bieten, um ihn ruhig und bei der Arbeit zu halten. Ein langweiliger Manager, dem das Talent fehlt, die eigene Karriere und die Arbeit der Leute um sich her zu dramatisieren, wird die Unterstützung seiner Kollegen schnell verlieren. Gewitzte Machtspieler wissen, wie man epische Krisen schafft, unters Volk bringt und sich dann selbst als Retter feiern läßt. Sie wissen auch, wie man vor Verkündung einer guten Nachricht schnell noch eine Katastrophe vorhersagt, so daß die gute Nachricht um so besser klingt. Wenn dieses Spiel richtig gespielt wird, kann selbst eine schlechte Nachricht wie ein Triumph aussehen – es ist nur nötig, die Vorhersage so katastrophal zu machen, daß alles, außer dem Bankrott, wie eine Erleichterung wirken muß.

Die Beherrschung solcher Spiele verschafft einem schließlich den Mythos eines »Wunderdoktors« oder, wie man heute sagt, eines »troubleshooters«. Wahrscheinlich wird keiner bemerken, daß der »trouble« nur eingebildet oder selbstgeschaffen war. Wenn Sie guten Grund zu der Annahme haben, daß die Monatszahlen für Ihre Abteilung um 200 000 Dollar unter denen des Vorjahres liegen werden, ist es falsch, Zeit mit der Erfindung von Entschuldigungen zu vergeuden. Besser ergreift man die Initiative und verkündet: die Katastrophe ist unvermeidlich, die Zahlen liegen mindestens 400 000 Dollar niedriger und »Köpfe werden rollen«. Natürlich muß man es so sagen, daß kein Zweifel besteht, daß die Köpfe *anderer* auf dem Spiel stehen. Am besten ruft man alle Leute in sein Zimmer und führt eine Szene auf, die einem Othello angemessen wäre. Man beschuldigt jeden des Verrats und droht mit schlimmer Vergeltung. Nachdem Sie klargestellt haben, daß nicht Sie der Schuldige sind, können Sie zur nächsten Position Ihres Spiels übergehen und in einer edlen und selbstaufopfernden Art die Verantwortung für das Unglück auf sich nehmen. Ihre Vorgesetzten haben inzwischen von Ihrer Attacke auf Ihre Untergebenen gehört. Da Sie schon indirekt klargestellt haben, daß alles deren Schuld ist, können Sie jetzt ganz ruhig sagen, daß es in diesem Monat nicht gut steht und daß Sie bereit sind, die Rolle des Sündenbocks zu übernehmen. Sie können sogar um Ihre Entlassung bitten, falls Sie so gut wie sicher sind, daß keiner an Entlassung denkt, was gewöhnlich der Fall ist. Inzwischen haben Sie Ihre Vorgesetzten auf das Schlimmste vorbereitet und verstärken nun ihre Befürchtungen noch dadurch, daß Sie unheilschwangere Memoranden schicken und abends im Büro bleiben, bis alle anderen nach Hause gegangen sind. Es empfiehlt sich auch, so oft wie nur möglich die höheren Chargen zu besuchen. Je mehr sie mit einbezogen werden, desto mehr wird *Ihr* Problem »unser« Problem, und die Verantwortung dafür liegt nicht nur bei Ihren Untergebenen, sondern auch bei Ihren Vorgesetzten. Wenn Sie nun im richtigen Augenblick verkünden, daß Sie »nur« 200 000 Dollar unter dem Ergebnis des Vorjahres liegen, wird man denken, daß Sie ein Wunder vollbracht haben, und ohne große Mühe können Sie so viel Lob, wie Sie nur wollen, aus dieser *Leistung* herausschlagen. Sie haben einen prosaischen Fehlschlag in ein großes Drama verwandelt und lassen sich nun als den Helden feiern. Da jeder gern ein Drama verfolgt und noch lieber eine wichtige Rolle darin spielt, werden die Zahlen selbst bald vergessen sein, und jedes Urteil, das oben über Ihre Karriere gefällt wird, basiert auf dem Spannungsgrad Ihrer Vorstellung. Noch Monate später werden die Leute davon reden, wie Sie »dem Sturm die Stirn geboten« haben, und man wird Ihnen zu Ihrem Mut angesichts der Katastrophe gratulieren. »Er machte keine Panik«, werden sie sagen. »Er lag sechs Mille oder so unter dem Vorjahr und machte zwei daraus.« Das Schaffen künstlicher Katastrophen ist eins der Spiele, die man auf jeder Ebene spielen kann. Es ist besonders nützlich, um bei anderen ein Schuldgefühl zu erzeugen und lästige Bitten abzuwehren. Sie können normalerweise Ihre Untergebenen niederhalten, indem Sie ihre Fehler zu großen Dramen machen. Ich hörte einmal, wie ein Manager sagte: »Dies ist der schlimmste Tag meines Lebens.« Er saß zusammengesunken an seinem Schreibtisch, ein Bild der Verzweiflung. Grund seiner Niedergeschlagenheit war ein verlegter Aktenordner. Übertreibungen dieser Art erhöhen nicht nur die Spannung des Dramas, sie geben auch allen in Ihrer Umgebung ein Schuldgefühl, selbst wenn sie nichts mit der Sache zu tun haben. Die logische Fortsetzung dieses Spiels inszeniert der Mann, der abends nach einem gut verlaufenen Tag im Büro nach Hause kommt und sich seufzend in seinen Lehnstuhl fallenläßt. Wenn seine Frau dann fragt: »Hast du einen schlechten Tag gehabt?« kann er sagen, daß es so schlimm war, daß er nicht weiß, wie er es ihr erklären soll. Wenn sie nichts sagt, kann er sich darüber beklagen, daß sie nichts um ihn gibt. In beiden Fällen ist er der Gewinner. Außer Hause kann dieses Spiel benutzt werden, um Leute, die Gehaltserhöhungen wollen, zu entmutigen, um den Streß seiner Arbeit zu betonen, Mitgefühl zu wecken und generell zu beweisen, daß man sein Gehalt zu Recht bezieht. Denn je mehr wir leiden, desto berechtigter sind wir auch, um ein höheres Gehalt zu bitten und unsere Wünsche und Forderungen anderen aufzuzwingen. Es wird nur von uns erwartet, daß unsere Leiden dramatisch und interessant sind. Keiner respektiert einen Spieler, der still vor sich hin leidet oder, schlimmer noch, uns mit seinem Leiden langweilt. Der Trick besteht darin, effektvoll zu leiden.

Gewinnbringende Machtspiele sind auch die Ablenkungsmanöver. Man verwandelt die Diskussion eines Fehlers, den man begangen hat, einfach in eine allgemeine Unterhaltung. Das Ziel ist natürlich, die Schuld auf so viele Leute zu übertragen, daß keiner mehr richtig verantwortlich ist.

Wenn Sie zum Beispiel für Ihr Zuspätkommen kritisiert werden, sollten Sie nicht protestieren. Statt dessen bringen Sie das Gespräch auf die allgemeine Frage der Betriebsdisziplin, als gehörten Sie selbst zum Management.

Manager: »Sie sind schon wieder zu spät gekommen. Wir haben hier aber bestimmte Regeln.«

Sie: »Mir sind die Regeln wohlbekannt. Sie sind hier wirklich nötig. Ein Betrieb wie dieser würde ohne bestimmte Regeln nicht funktionieren. Immer wieder kommen die Leute zu spät, gehen zu früh und bleiben zu lange über Mittag. Es ist für alle von Nachteil.«

Manager: »Wen meinen Sie damit?«

Sie: »Ich möchte hier keine Namen nennen, aber ich glaube, hier handelt es sich um ein Problem der Betriebsmoral. Ich habe schon oft darüber nachgedacht und habe auch ein paar Ideen dazu. Würden Sie irgendwann in nächster Zeit einmal mit mir zum Lunch gehen und sich mit mir darüber unterhalten? Ich finde, man sollte etwas dagegen tun. Mit der Behandlung von Einzelfällen ist es nicht getan.«

Es kommt darauf an, so schnell wie möglich vom Besonderen zum Allgemeinen überzugehen und entschlossen die Partei dessen zu ergreifen, der Ihnen das Leben schwermachen will. Die meisten Menschen, die eine Machtstellung haben, verbreiten sich lieber über die großen allgemeinen Probleme als über den gerade vorliegenden Routinekram und entwickeln, wenn man ihnen eine Möglichkeit dazu gibt, gern ihre eigenen Management-Theorien. Besonders günstig für solche Gespräche ist die Zeit unmittelbar nach dem Mittagessen oder spät am Nachmittag. Denn diese Zeiten sind absolute Tiefpunkte, was Handeln und Entscheidungsfreude betrifft.

6. Kapitel

Macht-übungen

In der Geschäftswelt kann man in Ruhe und Zufriedenheit da-
hinleben, ohne jemals andere heuern, feuern, pensionieren oder
befördern zu müssen, zumal einige Unternehmen sich ein paar
»Henker« halten, die den Spitzenleuten diese unangenehmen
Aufgaben abnehmen. Wer jedoch Macht erlangen will, kann sich
vor diesen Pflichten nicht drücken.

Irgendwann kommt der Augenblick, wo er seine Macht beweisen
muß, und das kann er nur, wenn er sie an anderen demonstriert.
Es liegt dabei natürlich auf der Hand, daß man ihm selten dafür
zu danken weiß.

Einigen wenigen macht solche Machtanwendung zwar Spaß,
aber für die meisten ist sie nur die ungeliebte Kehrseite des Erfolgs. Fast jeder zieht es vor, einen anderen »indirekt« an die Luft
zu setzen und sich vor einer direkten Gegenüberstellung zu
drücken. Wir können uns nämlich nur zu leicht vorstellen, wie
einem zumute ist, wenn man gefeuert wird, und voller Unbehagen spüren wir, wie launenhaft das Schicksal sein kann. Ähnlich,
wie die meisten Menschen beim Tod eines anderen an die eigene
Sterblichkeit erinnert werden, geht auch dem mächtigsten Manager die Gegenwart eines Unglücklichen, der gefeuert werden
muß, auf die Nerven. Die meisten fürchten so halb, sein Versagen
könnte ansteckend wirken. Uns graut mehr vor dem Versagen
als vor dem Tod, als ob Versagen eine Art Vorwarnung für den
schlimmeren und endgültigeren Verlust der Macht sei.

In unserer Zeit haben wir uns mit dem Tod zwar arrangiert.
Privat haben wir ihn in Mausoleen verbannt, im öffentlichen Leben haben wir Massenmord zu einer Medienattraktion und einer
historischen Kuriosität gemacht. Doch wenn wir ehrlich sind,
schockiert uns der Tod von Bekannten nicht so sehr wie die
Nachricht, daß sie ihre Stellung verloren haben oder gegen ihren
Willen pensioniert worden sind. Der Tod wird dagegen oft als
willkommene Erlösung von Ohnmacht und Versagen aufgefaßt.
Was bleibt einem nach dem Verlust der Macht schließlich noch
anderes übrig als zu sterben?

»Leider muß ich Ihnen eine unerfreuliche Mitteilung machen.«

Leute zu feuern, ist vergleichsweise einfach, vorausgesetzt, man kann sich einreden, daß der andere wegen seiner Unfähigkeit an die Luft gesetzt wird oder weil er eine so große Dummheit begangen hat, daß Feuern sogar ein Gnadenakt ist. Es ist immer wieder interessant zu beobachten, wie die Mächtigen sich in eine große Wut auf denjenigen hineinsteigern, der auf der Abschußliste steht, und wie schnell sie zu der gleichen Person freundlich werden, wenn sie den unangenehmen Augenblick hinter sich haben. Der Trick, andere geschickt zu feuern, liegt zur Hälfte in der Kunst, vor sich selbst einleuchtende Gründe dafür zu ersinnen. Dabei sind die überzeugendsten Gründe natürlich, wie immer, persönlich und irrational. Leute, die sich dieser Aufgabe oft unterziehen müssen, stählen sich, indem sie ein genaues Verzeichnis der irritierenden Charakterzüge, körperlichen Eigenschaften und Kleidungsgewohnheiten anlegen und nach lange vergessenen Versäumnissen und Zeichen mangelnder Achtung fahnden.

Die eigentlichen Gründe sind vielleicht schlechte Leistungen, Korruption oder Stupidität, aber solche Gründe reichen selten aus. Man muß etwas Persönliches finden. Das Opfer kann alle wichtigen Akten verlegt haben oder für den Verlust von Tausenden von Dollars verantwortlich sein, aber zuletzt sind es Eigentümlichkeiten wie zum Beispiel, daß er braune Schuhe zu einem blauen Anzug trägt oder Eisstücke aus seinem Drink fischt und zermantscht oder einem nicht ehrlich in die Augen sehen kann, die es einem möglich machen, sich von ihm zu trennen. Keiner wird so genau beobachtet wie jemand, der auf der Abschußliste steht. Wer seinen Job bisher ungestört in einer gewissen Obskurität ausübte, kaum Aufmerksamkeit erregte und niemandem zu nahe trat und jetzt plötzlich feststellt, daß seine Arbeit für ungeheuer wichtig gehalten wird, kann das meist als Zeichen bewerten, daß die Entlassung vor der Tür steht.

Ein erfahrener Manager erzählte mir die Geschichte von dem Assistenten eines Abteilungsleiters, einem netten und überall respektierten jungen Mann, dessen etwas nebuloser Job sich besonders gut für Einsparungen zu eignen schien, als von oben die Weisung kam »zurückzustecken«. »Jeder mochte Martin«, sagte er, »aber keiner wußte so richtig, was er tat. Man konnte nicht sagen, daß er nichts leistete, denn niemand hätte erklären können, was er eigentlich leisten sollte. Man wußte nur, daß er eine Menge Magnettafeln mit farbigen Markierungszeichen hatte und die anderen an Dinge erinnerte, die sie entweder schon getan oder so lange aufgeschoben hatten, daß es ohnehin zu spät war. In dem Augenblick, wo das Management ihn auf die Abschußliste setzt, wurde sein Job zu einer bedeutenden Managementfunktion hochstilisiert, als ob dieser arme Kerl, der zwölf- bis fünfzehntausend verdiente, für alle Schwierigkeiten des Milliarden-Unternehmens verantwortlich war. Martin wurde, ohne es zu ahnen, zum Sündenbock. Selbst Spitzenmanager, die ihn überhaupt nicht kannten, machten plötzlich Martins Magnettafeln, die sie nie eines Blickes gewürdigt hatten, für jeden Fehler in den letzten zwei Jahren verantwortlich. Bis dahin hatten ihn die meisten gern gehabt, aber schon sehr bald mißfiel ihnen alles an ihm, von seinen ausgelatschten Schuhen bis zu seiner Gesichtsform. All die kleinen Angewohnheiten, die man an ihm geschätzt hatte und die seine Gegenwart so angenehm gemacht hatten, fielen ihnen plötzlich auf die Nerven. Martin war immer sehr ruhig gewesen, was als positiv galt, solange er erwünscht war. Aber jetzt hieß es, er sei faul und gleichgültig. Er war immer pünktlich gewesen, und einer seiner Vorgesetzten erkannte nun, Martin sei einer von diesen Typen, die immer rechtzeitig kommen, um zu verschleiern, daß sie in Wirklichkeit gar nichts tun. Er hatte sich nie nach vorn gedrängt, also war er jetzt ungesellig, ein schlechter Kollege, ein Neurotiker, der mit niemandem zurechtkam. Als man ihm schließlich die unerfreuliche Mitteilung machen mußte, hatten sich alle eingeredet, daß er eine Art Schädling oder ein Fall für den Psychiater sei. Es war leicht geworden, ihn fortzujagen. Niemals hatte er so viel Beachtung gefunden wie in den Wochen vor seiner Hinrichtung.«

Keiner feuert gern andere. Das erklärt, warum jedes Unternehmen voll von Leuten ist, die längst hätten an die Luft gesetzt werden müssen, wenn es nach Leistung oder Vernunft ginge. Ein Freund von mir, nicht eben ein abergläubischer oder unfreundlicher Mensch, erklärte mir einst, warum er nicht neben einem Kollegen sitzen wollte, dessen Entlassung unvermeidbar schien. »Ich möchte nicht in seine Nähe kommen«, sagte er, »damit sein Pech mich nicht ansteckt.« Diese Furcht ist sehr weit verbreitet. Die ersten Zeichen, daß die weitere Beschäftigung im Unternehmen »diskutiert« wird, sind Isolierung und Ächtung. Die Kollegen grüßen eine Idee zu freundlich und gehen dabei auf die andere Seite des Gangs, um Abstand zu halten. Gespräche stocken, wenn Abschußkandidaten einen Raum betreten, und bei Konferenzen werden die Stühle neben ihnen nur zögernd besetzt. »Ich wußte, daß ich erledigt war«, erzählte mir ein Manager, »als ich nach Dienstschluß auf den Aufzug wartete und ein Bekannter herauskam, mich da stehen sah und sagte: ›Oh, ich habe was vergessen und muß noch mal zurück‹, um nur ja nicht mit mir im Aufzug fahren zu müssen. Schon am nächsten Tag war ich am Telefon, um mir einen neuen Job zu suchen.«

Konferenz-Mythologie

Jede Entlassung ist ein ritueller Vorgang. Sie geht uns deshalb menschlich nicht besonders nahe und erregt wenig Mitgefühl. Sie ist auch eine Art Exorzismus: Wenn einer geopfert wird, besteht Hoffnung, daß die Götter den übrigen wieder lächeln werden. Wenn es um die Firma schlecht steht, trennt man sich von Leuten nicht eigentlich, um zu sparen (sie werden ganz sicher durch Außenstehende ersetzt, die höher bezahlt werden), sondern um der dringenden Notwendigkeit eines rituellen Opfers nachzukommen. Schon bei den alten Kelten wurden zur Wintersonnenwende ein paar Vornehme getötet, auf daß ihr Blut die Bäume, Felder und Herden befruchte und eine reiche Ernte sicherstelle[41].

Der Akt des Feuerns hat deshalb eine Bedeutung, die sich mit Begriffen wie »individuelles Schicksal« oder »gerechte Entscheidung« nicht fassen läßt. Wer ermächtigt ist, den rituellen Akt zu vollziehen, wird in den Augen seiner Untergebenen zu einer Art Schamane. Wie eine Priesterin im vorhellenischen Europa muß der »Feuernde« den heiligen Akt selbst vollziehen. Von der Wahl des richtigen Opfers hängt das Überleben des Stammes oder der Gruppe ab. Und wie einst das Opfer den Stamm von Unglück, Schuld und Verbrechen seit der letzten Sonnenwende reinigte, weil es dies alles mit in den Tod nahm, so wächst die Bedeutung des zu Feuernden vor seiner Entlassung so sehr, daß er oder sie schließlich für alles, was schiefgelaufen ist, verantwortlich gemacht werden kann.

Alle Macht ist seit jeher Ritual und Mythos. Wer nach Macht strebt, muß bereit sein, die Machtrituale zu vollziehen und seinen Platz in der lokalen Mythologie einzunehmen. Wenn jemand aus bestimmtem Anlaß eine Konferenz einberufen hat, kommt sie zustande, weil entweder die Konferenz interessiert oder die Person, die sie einberuft. Aber regelmäßige Konferenzen sind mehr. Sie haben geradezu magische Bedeutung, ob es sich nun um Ausschußsitzungen zu festgesetzten Zeiten oder um Vorstandssitzungen handelt, die nicht von der Laune eines einzelnen, sondern von Satzungen abhängen. Oberflächlich betrachtet handelt es sich um Zusammenkünfte der Stammesältesten, aber wenn man tiefer blickt, so symbolisieren sie die Seele und den Fortbestand des Stammes. Das macht es auch so schwierig, Zeit und Ort von Konferenzen zu verlegen. Solche Sitzungen müssen nicht produktiv sein oder wichtige Fragen behandeln. Sie müssen nur stattfinden, damit der Rhythmus des Stammeslebens nicht unterbrochen wird. Ohne diese Routine wäre das Leben chaotisch und desorganisiert. Es gäbe keinen Zeitplan zur Einteilung der Arbeit.

Der Machtspieler weiß das zumindest unbewußt, und daher versucht er, die Konferenzen, die er abhält, unbedingt so schnell wie möglich zu einer regelmäßigen Einrichtung zu erheben. Gewohnheit macht selbst die dümmste und nutzloseste Konferenz zu einem Ritus, und derjenige, dessen »Eigentum« sie ist, erhält den Status eines Stammesältesten. Vom Standpunkt der Macht ist es längst nicht so nützlich, Konferenzen nur dann abzuhalten, wenn sie notwendig werden, ganz gleich, wie produktiv und dringlich sie dann sind. Es kommt darauf an, einen legitimen Grund für eine Konferenz zu erfinden und dann sicherzustellen, daß diese Konferenz immer zur gleichen Zeit und am gleichen Ort stattfindet und bei jedem im Terminkalender steht, gleichgültig, ob es etwas zu diskutieren gibt oder nicht. Da alle, die zur Teilnahme an einer solchen Konferenz aufgefordert werden, auch verpflichtet sind, sie für wichtig zu halten (was hätten sie sonst da zu suchen?), wird es bald jede Menge Leute geben, die sich voller Bitterkeit fragen, warum sie nicht geladen sind. Das gibt dem Konferenzvorsitzenden Gelegenheit, Gunstbeweise zu verteilen und seine Autorität durch Einladen bestimmter Leute zu festigen. Zwar ist die Zahl derer, die zu einer Konferenz geladen werden können, gering – wenn sie ihre Exklusivität einbüßt, verliert sie auch ihre Macht –, aber ein phantasievoller Machtspieler kann praktisch unbegrenzt Anlässe zu weiteren Konferenzen erfinden. Früher oder später kann jeder Mitglied wenigstens *einer* solchen Konferenz werden, und für einige werden sich Konferenztermine derartig überschneiden, daß sie kaum noch Zeit für etwas anderes haben. Die Anzahl der Konferenzen, die solche Leute besuchen, läßt sie in ihren eigenen Augen und denen ihrer Vorgesetzten wichtig erscheinen, und vor allem haben sie keine Zeit dazu, Rivalen der Machthaber zu werden. Es ist ebenfalls eine gute Methode, unzufriedene und potentielle Rivalen im Auge zu behalten.

Die Teilnahme an den Gruppenritualen stellt eine Form der Aufnahme in die Machtstruktur des Stammes dar. Einige mühen sich jahrelang, ohne daß ihnen diese Aufnahme zuteil wird. Sie kann in den verschiedensten Formen vollzogen werden. Wer zum Direktor gemacht wird (natürlich nicht im Aufsichtsrat eines anderen Unternehmens), erhält Zutritt zum zentralen, symbolischen Machtkreis des Stamms. Das wird auch überall so verstanden. Konferenzen, auf denen die Gehälter anderer Leute diskutiert werden, ermöglichen den Zugang zu wirklicher Macht und verleihen deshalb besonderes Prestige, ähnlich wie bestimmte Messen und Konferenzen, bei denen die Geschäftspolitik festgelegt wird. Das vielleicht am eifersüchtigsten gehütete Privileg ist in den meisten Unternehmen das Recht, im Namen des Unternehmens mit Außenseitern, besonders mit der Presse, sprechen zu dürfen. Aber nicht die Leute von der Presseabteilung, deren legitime Funktion das ja eigentlich ist, haben diese Macht. Sie sind nur Briefträger – wirkliche Macht ist das Recht, sie zu übergehen und sich direkt mit der Presse über die Unternehmenspolitik« oder den gelegentlichen Skandal zu unterhalten. Der eigene Draht zu den Medien, auch wenn es sich nur um Fachzeitschriften handelt, verleiht gewaltiges Prestige und bedeutet mit Sicherheit die Aufnahme in die Machtgruppe – falls diese sich nicht entschließt, den Mann zu feuern, weil er sich nicht der autorisierten Kanäle bedient.

Alle Aufnahmeriten haben den Sinn, »die Großen von den Kleinen« zu trennen. Auf Konferenzen erhält oft ein junger Mann von einem Mächtigen den Auftrag, den Vorschlag oder Plan eines anderen zu attackieren, so daß der »Machthaber« so tun kann, als sei er unparteiisch und höre nur zwei Nachwuchskräften beim Debattieren zu. So merkt keiner, daß sein Mann eine schon vorher festgelegte Meinung vorträgt, die durchgedrückt werden soll. Diese Art zu delegieren, führt den jungen Manager in die Machtriten ein und verführt ihn gleichzeitig. Der Kunstgriff ist besonders wirksam, wenn es darum geht, Manager, die kurz vor der Pensionierung stehen, fertigzumachen. Wenn man jüngere Leute mit weniger Macht dazu kriegt, älteren Rivalen zu opponieren, gibt man den Senioren das Gefühl, daß sie klein und lächerlich gemacht werden sollen. Man selbst wahrt dabei das Gesicht hinter der Maske der Unparteilichkeit. Wo eine offene Konfrontation mit den Führern des Stammes vielleicht erfolglos wäre, ist es für den ehrgeizigen Krieger immer möglich, jüngere Mitglieder des Stammes dazu zu bringen, sich über den alten Mann lustig zu machen, bis seine Stellung schließlich durch mangelnden Respekt unterhöhlt ist. Da es unter der Würde eines Spitzenmanagers ist, mit jüngeren und rangniederen Managern zu argumentieren, kann er nicht zurückschlagen: er kann nur Vergeltung an Feinden üben, die ihm ebenbürtig sind. Da sich ihm ein solcher Feind nicht stellt, ist dies immer sein Untergang.

Wichtig an diesen Machtkämpfen ist der rituelle Aspekt. Die Konsequenzen sind dagegen weniger wichtig. Manch einer könnte an die Macht gelangen, ohne seine Rivalen zu beseitigen, aber seiner Macht fehlte die rituelle Bestätigung, wenn er darauf verzichtet, sie aus dem Weg zu schaffen. Jede Beförderung muß durch ein Opfer legitimiert werden. Ohne Opfer ist der Akt unvollständig, so wie einige Stämme von einem jungen Krieger erwarten, daß er sich mit dem Blut der besiegten Feinde beschmiert. Sie nur zu töten, würde nicht ausreichen – der junge Krieger muß ihre Stärke der seinen hinzufügen, wenn er wirklich mächtig sein will. So aßen die Eingeborenen der Südsee das Fleisch ihrer Feinde, um selbst stärker und mächtiger zu werden, und so sammelten die Prärie-Indianer Skalps, um die magischen Kräfte der Getöteten zum Schutz der eigenen Person zu nutzen. Da die meisten Aufsteiger nicht die Skalps von Schwächlingen und Nullen sammeln wollen, müssen sie die Macht derer, über die sie triumphiert haben, übertreiben. Das erklärt auch, weshalb die Firmen-Mythologie voll ist von Legenden über die gerissenen, erbarmungslosen und räuberischen Führer der Vergangenheit. Wären sie allerdings wirklich so mächtig gewesen, hätten sie sicher nie zu gehen brauchen. Sie müssen glorifiziert werden, damit die Siege derer, die sie niederkämpften, um so bemerkenswerter sind.

Die Machtrituale

Ritualisiert sind auch unsere Mahlzeiten und das Essen ganz allgemein. Die religiöse Bedeutung ist klar zu erkennen: Ein gemeinsames Mahl schafft ein Gefühl der Einheit, als wäre ein Lunch auf Spesen eine Art eucharistische Transsubstantiation. Wir »brechen das Brot miteinander«, »teilen das Mahl«, »nehmen einen gemeinsamen Imbiß« und gehorchen damit alten Ritualbräuchen, bei denen die Gastfreundschaft ja auch nur eine geringe Rolle spielt. Es geht eigentlich gar nicht darum, daß man mit seinen Lieferanten, Kollegen, Rivalen, Untergebenen, Vorgesetzten, Vertretern, Verkäufern, Anwälten, Buchhaltern, Erfindern, Autoren und PR-Experten gemeinsam essen möchte, auch glaubt keiner daran, daß man für den Preis einer Mahlzeit eine Einigung kaufen kann. Unbewußt kennen wir noch immer die eigentliche *Bedeutung* des Essens: als Geste friedlicher Absichten. Bei den meisten Stämmen und in den meisten Kulturen muß ein Fremdling erst ein gemeinsames Mahl mit einem Stammesangehörigen halten, ehe er akzeptiert wird. Nach Auffassung des Stammes ist ihm Gastfreundschaft gewährt worden, und er ist damit eine Verpflichtung eingegangen; der Fremdling seinerseits hat seine friedlichen Absichten kundgetan und die des Stammes akzeptiert. Ein Austausch hat stattgefunden, aber es ging nicht eigentlich ums Essen, außer im rituellen Sinn.

Solche Rituale haben vor allem den Sinn, eine *Verpflichtung* zu schaffen. Ihren extremsten Ausdruck findet diese Auffassung in der traditionellen japanischen Kultur. Sie zeigt sich aber auch in der Entschlossenheit, mit der die meisten Männer bei einem Lunch auf Geschäftskosten zahlen wollen. Sie wollen höflich und nett sein und gleichzeitig sich den anderen verpflichten. So gesehen ist das Bezahlen und Einstecken der Lunchrechnung – das instinktiv als Großzügigkeit interpretiert wird – ein verborgener Akt der Aggression.

In Japan wurde der Versuch, sich andere zu verpflichten, zu einem komplizierten Verhaltenskodex, dem *On*, entwickelt, mit genauen Formeln für die Rückerstattung dieser Verpflichtungen, die bis ins einzelne definiert und schematisiert sind[42].

Dieses feste System, das die eigenen Verpflichtungen gegenüber dem Staat, den Freunden und der Familie festlegt, macht das Leben für die Japaner sicher einfacher. Sie brauchen sich nicht mit all den Zweifeln und Problemen herumzuschlagen, die den gesellschaftlichen Umgang im Westen so schwierig machen. Aber hinter der imposanten Fassade des japanischen Verhaltenskodex werden die nackten Tatsachen eines komplexen Spiels gesellschaftlicher Erpressung sichtbar, das dem unsrigen sehr ähnlich ist. Im On ist genau festgelegt, wie die Verpflichtungen zurückerstattet werden müssen und sogar, in welchem Zeitraum das zu geschehen hat. Wer eine Verpflichtung akzeptiert, ist auch hier der Verlierer. Die Dialoge des On sind auf ritueller Ebene perfekte Beispiele für die Kämpfe, die wir Tag für Tag aufs neue bestehen müssen: wir versuchen, uns andere zu verpflichten, lehnen es aber unsererseits ab, Verpflichtungen zu akzeptieren. Daher auch unsere notorische Unfähigkeit, das Problem zu lösen, wer in unserem Kulturkreis als erster durch die Tür gehen darf. In anderen, genauer kodifizierten Kulturen gibt es oft genaue Vorschriften, die den Vortritt regeln. Fünf Mann, die gemeinsam ein Büro verlassen, werden daher außerordentliche Verrenkungen machen, die richtige Reihenfolge herauszufinden, sich gegenseitig anrempeln, dabei die Drehtür verfehlen und andere aufhalten. Kehren sie zurück, so wird sich dieser konfuse Wettstreit um den Vortritt wiederholen. In einer demokratischen Gesellschaft gibt es keine dauerhafte Lösung gesellschaftlicher Probleme, also muß die richtige Reihenfolge an jeder neuen Tür aufs neue festgestellt werden, und morgen, wenn die gleichen Männer zum Essen gehen, kann alles schon wieder ganz anders aussehen. Doch auch das komplexe System des On ist in einem solchen Fall unendlich schwer zu befolgen. Im Prinzip sollte die älteste oder die angesehenste Person die Chance erhalten, als erste durch die Tür zu gehen, und so wird es auch meist gehandhabt. In der Regel jedoch wird diese Person die Ehre zurückweisen, um ihre Bescheidenheit zu zeigen und dem anderen eine Verpflichtung aufzuzwingen. Wenn dieser sich nun ebenfalls weigert, als erster durch die Tür zu gehen, kann der Ranghöhere nachgeben und sich den Luxus erlauben, zuerst zu gehen. Meist aber entsteht zwischen beiden ein kurzer Kampf, bei dem sie sich an der Schulter fassen und vorwärtszudrängen suchen. Der Rangniedere will natürlich zeigen, daß er einer solchen Ehre unwürdig ist. Auch möchte er ein Geschenk zurückweisen, das ihn dem Höhergestellten verpflichtet und das ihm möglicherweise die Feindschaft der mit ihm Wartenden einträgt. Wenn er sich schließlich doch als erster durch die Tür drängen läßt, wird er bei der nächsten Tür darauf achten, daß der Höhergestellte diesmal aber sicher als erster durchgeht, und dann warten, bis alle anderen die Tür passiert haben, so daß er als letzter hinein- oder hinausgehen kann. So löscht er die an der ersten Tür eingegangene Verpflichtung wieder aus. Da der gleiche Kampf auch in der übrigen Gruppe stattfindet und jeder versucht, dem anderen den Vortritt zu lassen oder gar sich *vorzudrängen* (das passiert aber nur einigen wenigen aggressiven Hohlköpfen), entsteht selbst auf dem kürzesten Weg ein großartiges Durcheinander mit ungezählten Zusammenstößen und Verzögerungen.

Einige machen einen Fetisch daraus, Verpflichtungen aus dem Weg zu gehen. Sie sind voller Eifer, anderen Freundlichkeiten zu erweisen, aber selbst fest entschlossen, keine zu akzeptieren. Sie werden anderen nie erlauben, Restaurantrechnungen zu bezahlen, ihnen die Tür aufzuhalten oder die Zeitung zu leihen, als ob einfache gesellschaftliche Höflichkeiten ihnen rituelle Verpflichtungen auferlegen könnten. Leider haben sie nicht ganz unrecht – die gesellschaftliche Höflichkeit hat den Zweck, andere mit einer Geste, die einen selbst nichts kostet, zu verpflichten. Nichts kann einen Machtspieler nervöser machen als eine Freundlichkeit, die er oder sie nicht zurückweisen oder wenigstens sofort erwidern kann. Machtspieler haben ihr eigenes On-System, dessen Regeln oft persönlich und obskur, aber darum doch absolut sind. Gelingt es Ihnen, die Restaurantrechnung des anderen zu begleichen, so wird er Himmel und Hölle in Bewegung setzen, so schnell wie möglich ebenfalls ein Lunch für Sie zu bezahlen oder Ihnen eine kleine, vielleicht gar nicht erwünschte Gunst erweisen, die die Schuld wieder auslöscht. Mehr noch, diese Rückzahlungen werden bei guten Spielern sogar sorgfältig abgestuft. Sie führen über die Freundlichkeiten, die sie erhalten und die sie zurückzahlen, genau Buch und messen jeder einen ganz bestimmten Wert zu. Auf einer Skala von eins bis zehn wird das Lunch, zu dem Sie den Machtspieler ins italienische Restaurant eingeladen haben, zum Beispiel mit fünf bewertet. Sie sind ihm gegenüber jetzt im Vorteil, denn Sie haben die Rechnung bezahlt und sind ihm auf seiner Skala fünf Punkte voraus. Das kann er nicht gelten lassen. Er sinnt also auf ein Mittel, diese Verpflichtung durch irgendeine Freundlichkeit wieder loszuwerden. Und zwar zahlt er Ihnen nicht nur die fünf Punkte zurück – womit die Waage wieder im Gleichgewicht und er frei wäre –, sondern er versucht das Gleichgewicht zu seinen Gunsten zu ändern. Wenn Sie Geburtstag haben, schickt er Ihnen vielleicht eine Flasche Sekt, die auf seiner Skala acht Punkte bedeutet. Nach seiner Rechnung haben Sie ihm gegenüber jetzt also ein On oder ein Minus von drei Punkten. Er hat jetzt wieder ein gutes Gefühl Ihnen gegenüber, obgleich er instinktiv versuchen wird, den Wert der Verpflichtung noch weiter zu erhöhen, bis Sie ihm seiner Meinung nach schließlich so viel On schulden, daß Sie es nie mehr zurückzahlen können. Für den Machtspieler muß die Bilanz immer im Gleichgewicht sein. Wenn das nicht geht, darf er wenigstens nicht im Minus sein.

Auch das Annehmen und Geben von Geschenken ist ein Beispiel für On-Verhalten. Sehr wenige Menschen können ein Geschenk annehmen, ohne sofort daran zu denken, wie sie das wiedergutmachen können. Es ist kein Zufall, daß Leute, wenn sie ein unerwartetes Geschenk erhalten, sich mit den Worten bedanken: »Das hätten Sie doch nicht tun sollen«, oder daß der Austausch von Weihnachtsgeschenken zu einer Art Neurose wird. Der Instinkt, nicht in der Schuld eines anderen stehen zu wollen, ist bei uns genauso stark entwickelt wie bei den Angehörigen des Ik-Stammes in Uganda[43], wo ein Mann sein Haus, wenn irgend möglich, heimlich in der Nacht baut. Denn Höflichkeit und Gewohnheit verpflichten seine Nachbarn, ihm beim Hausbau zu helfen, und als Gegenleistung ist wiederum er verpflichtet, ihnen ein Mahl anzubieten. Da bei den Ik immer Hungersnot herrscht, können die Nachbarn ihre gesellschaftlichen Verpflichtungen erfüllen und gleichzeitig das Opfer ihrer Hilfe dem Hungertod ausliefern. Zwar erfüllen sie so den Gesellschaftsvertrag, aber der zukünftige Hausbesitzer legt keinen Wert auf diese unerbetene – ja tödliche – Verpflichtung. Er kann sich Dankbarkeit oder die Annahme von Freundlichkeiten nicht leisten, er kennt auch die Motive hinter der Großzügigkeit seiner Nachbarn. Die meisten von uns wissen, daß wir in dieser Beziehung nicht besser dran sind als die Ik, wenn größerer Reichtum uns auch den Luxus erlaubt, so zu tun als ob. Das Schlimmste, was Weihnachten passieren kann, ist die Ankunft eines Geschenks oder einer Karte von einem Menschen, dem wir nichts geschickt haben, besonders wenn es zu spät ist, um die Gegengabe zu erstehen, die die Verpflichtung wieder ausgleichen würde. Uns ist eine On-Verpflichtung auferlegt worden, und wir wissen es nur zu gut. Selbst ein teures Geschenk, das wir denen schicken, in deren Schuld wir nun sind, kann unser On nicht ganz auslöschen, und wir tauschen an den folgenden Weihnachtsfesten wie wild Geschenke aus oder fassen den Entschluß, den Schenkenden nie wieder zu sehen.

In diesem Sinn sind alle gesellschaftlichen Bräuche als Höflichkeit drapierte Aggression, so wie Clausewitz den Krieg als Diplomatie mit anderen Mitteln definierte. Wir geben uns die Hand, um zu zeigen, daß wir in der Rechten keine Waffe haben (diese Sitte erklärt auch, warum Linkshänder als Verräter gelten), wir stehen auf, sobald ein Fremder an unseren Tisch tritt, nicht aus Höflichkeit, sondern weil unsere Vorfahren im Sitzen das Schwert nicht ziehen konnten, und wenn wir glauben, daß ältere Leute und Respektspersonen als erste durch die Tür gehen sollten, dann, weil in alten Zeiten nur der mächtigste und mutigste

Krieger die Führung übernehmen mochte, aus Angst vor einem Hinterhalt. Darum wurde Vortritt zu einer Ehre. Durch den Austausch von Verpflichtungen regeln wir unsere Beziehungen zur übrigen Welt, ein Prinzip, das wir in fast jeder Situation, in der Macht eine Rolle spielt, erkennen können.

»Niemand will sich müh'n als um Beförd'rung«[44]

»Ein Glück, daß es den Hosenbandorden gibt. Für den braucht man nicht diese komischen ›Verdienste‹«, bemerkte einst Lord Melbourne über die älteste und exklusivste britische Auszeichnung. Diese Ansicht gilt auch für Beförderungen. Fast jeder glaubt, daß er eine verdient hätte, gleichgültig, wie hoch er schon gestiegen ist. Da sich jedoch die Anzahl der Positionen verringert, je größer die damit verbundene Macht ist, sind die meisten logischerweise dazu verurteilt, ihr Leben in Neid und Enttäuschung zu verbringen. Das hat viele Vorteile. Hätten sie nämlich nicht die Hoffnung aufzusteigen, würden nur wenige von ihnen mehr arbeiten, als zum Überleben gerade nötig ist. Der Glaube, daß man es durch Arbeit zu etwas bringen kann, ist den Menschen wichtig, aber wie Lord Melbourne schon hervorhob, haben die Mächtigen eine Abneigung gegen »Verdienste«. Von oben gesehen stiften »Verdienste nur Verwirrung«. Bei einer Beförderung überzeugen schließlich immer die Gründe am meisten, die mit Verdiensten nichts zu tun haben, vielleicht, weil sie auffallender und leichter zu behalten sind. Wer in einer Position ausharrt, steigt auf. Die meisten Beförderungen sind Gegenleistungen für Treue und nicht der Versuch, Verdienste zu würdigen. Man darf nie vergessen, daß keiner eine höhere Position erhalten kann, bevor nicht der augenblickliche Stelleninhaber gegangen ist. Diese einfache Tatsache wird oft übersehen. Soll jemand demnächst an die Luft gesetzt werden, so ist es vernünftig, sich selbst als eine von ihm völlig verschiedene Person darzustellen. Soll er aber befördert werden, ist es ratsam, sein Verhalten genau zu imitieren. Geht er demnächst in Pension, kann man dagegen tun und lassen, was man will. Wenn jemand auf der Abschußliste steht, dann suchen seine Vorgesetzten natürlich nach »einem, der anders ist«. Wenn sie jemanden befördern wollen, suchen sie jemanden, der ihm so ähnlich wie möglich ist, nicht nur, weil sie viel von ihm halten, sondern weil sie bei der Suche nach seinem Nachfolger auch seinen Rat einholen müssen und er natürlich jemanden empfehlen wird, der ihm möglichst ähnlich ist. Wenn jemand in den Ruhestand tritt, wird das Management nicht recht wissen, was es machen soll, und vielleicht sogar bereit sein, »einen von draußen« ins Unternehmen hereinzuholen. Man sollte auch nicht vergessen, daß das Management, wie ein Individuum, auf Dauer das langweilig findet, was es schon immer gehabt hat. Da es unter Abwechslung natürlich nicht versteht, daß es sich selbst ersetzen will, kann es eine Änderung nur erreichen, wenn es an der Basis einmal tüchtig für frischen Wind sorgt. Wie sagte doch ein Manager über seinen Kollegen: »Manchmal rührte er gern im Topf herum, nur um zu zeigen, wem der Löffel gehört.«

Für die Mächtigen ist Befördern die zweitwichtigste Machtübung nach dem Feuern. Befördern hat den Vorteil, gleich eine große Anzahl von Leuten zu betreffen. Man kann zwar in der Regel jeweils nur einen Angestellten zur Zeit feuern, aber auf einen bestimmten Job spitzt sich möglicherweise schon ein ganzes Dutzend. Es gibt unendlich viele Möglichkeiten, einen gegen den anderen auszuspielen. Mehr noch, solche Anlässe bieten eine ausgezeichnete Gelegenheit, die Loyalität von Rangniederen festzustellen. Der betagte Kaiser Franz Josef von Österreich-Ungarn fragte, als ein Minister mit der Begründung, er sei ein Patriot, befördert werden sollte: »Ja, aber ist dieser Patriot auch für mich?« Wer sich mit Leuten unterhält, die für den Aufstieg vorgesehen sind, sucht wie der alte Kaiser persönliche Loyalität. Er versucht herauszufinden, bis zu welchem Grade der zukünftige Gefolgsmann sich persönlich verpflichtet fühlen wird, falls er die Stelle bekommt.

Normalerweise ist ein solcher Dialog sehr delikat; nur wenige können sich dazu bringen, offen zu sagen: »Sie erhalten den Job, wenn Sie dafür in mein Lager kommen.« Doch die Denkweise ist ganz die gleiche wie beim mittelalterlichen Lehnswesen. Jeder Manager versucht eine kleine Armee von Anhängern aufzustellen, die ihm ihren Lebensunterhalt verdankt. In Notzeiten sind diese Leute sein Aufgebot, und je höher seine Stellung, desto mehr Anhänger braucht er; aber je mehr er hat, desto schwieriger ist es auch, sie zu unterhalten. Wie eine mittelalterliche Armee müssen sie gekleidet, ernährt, untergebracht und mit Belohnungen und Beute bedacht werden. Ihr Führer gehört genauso zu ihnen, wie sie zu ihm gehören, und seine Verpflichtungen ihnen gegenüber sind genauso bindend wie die ihrigen ihm gegenüber. Diese Gruppen gibt es in jedem Unternehmen, und die dringende Notwendigkeit, ihnen Beförderungen, Titel, Arbeit und Gehaltserhöhungen zukommen zu lassen, erklärt die endlose Aktivität und die vielen Intrigen, die das Leben im Büro so faszinierend machen. Da der Druck von unten nie aufhört und jeder Manager gezwungen ist, sich eine Truppe von Loyalisten aufzubauen, ist die Versuchung, überall neue offene Stellen zu schaffen, außerordentlich groß. Sie ist verantwortlich für die sinnlosen Entlassungen und Umdisponierungen, die zum Betriebsalltag gehören.

Für alle, die die Macht haben, anderen zum Aufstieg zu verhelfen, gilt die goldene Regel, den ganzen Beförderungsprozeß genauestens zu überwachen. Es lohnt sich, gute Nachrichten selbst zu überbringen und hin und wieder falsche Gerüchte auszustreuen. So werden Hoffnungen erweckt und alle wichtigen Dinge vernebelt, so daß überall große Spannung herrscht und die endgültige Entscheidung dramatisiert wird.

Je mehr die Leute einer Beförderung entgegenfiebern, desto dankbarer werden sie sein, wenn sie sie bekommen. Viele sind sogar schon geschmeichelt, wenn sie überhaupt im Gespräch sind. Wenn man möglichst viele Leute in dem Glauben läßt, daß sie für einen Job in Frage kommen – auch wenn man die Entscheidung für eine bestimmte Person längst getroffen hat –, kann man seine Machtposition in den Mittelpunkt der allgemeinen Aufmerksamkeit rücken und gleichzeitig das erregende Schauspiel eines Ein-Mann-Rennens bieten. Ein mir befreundeter Manager drückt es so aus: »Schließlich will man ja nicht, daß so ein Kerl zu eingebildet wird, auch wenn er der einzig Richtige für den Job ist. Soll er sich ruhig ein wenig anstrengen. Um so dankbarer ist er, wenn er ihn kriegt. Und man selbst hat ihm gezeigt, wer hier der Boß ist.«

Wer befördert werden will, sollte daran denken, daß es auch hierfür bestimmte Regeln gibt. Erstens ist Nähe von Nutzen. Wenn es Ihnen gelingt, dem Zimmer der Person, auf deren Job Sie es abgesehen haben, immer näher zu rücken, wird diese sich natürlich bedroht fühlen (oder meinen, daß Sie der logische Nachfolger sind). Sie werden auch ein Gefühl des Unvermeidlichen in den Köpfen derer erzeugen, die über die Beförderung schließlich entscheiden werden. Es ist deshalb immer nützlich, von der augenblicklichen Stellung auf die erwünschte Eckmachtstellung zuzurücken. Sind Sie schließlich im Nachbarzimmer angelangt, werden die meisten annehmen, daß Ihnen das Recht der Nachfolge zusteht. Soll eine Führungskraft ersetzt werden, so denkt man gewöhnlich zuerst an den, der ihr am nächsten sitzt, und so sollten Sie jede Gelegenheit nutzen, sich in der richtigen Richtung vorzuschieben. Die Mächtigen, die im Eckzimmer ein- und ausgehen, werden Sie im Nachbarzimmer sehen und natürlich denken, daß Sie zum Nachfolger »auserwählt« sind, während derjenige, der als Nachfolger am qualifiziertesten wäre (also der Nachfolger nach »Verdienst«), eventuell vier Zimmer weiter entfernt sitzt und somit verhältnismäßig unsichtbar ist.

Eine Beförderung muß immer mit einem Zimmerwechsel einhergehen, wenn man davon profitieren will. Es nützt wenig, eine neue Arbeit zu übernehmen oder einen neuen Titel zu erhalten, wenn man im gleichen Zimmer bleibt, so wichtig die neue Verantwortung auch sein mag. An der gleichen Stelle zu bleiben wirkt immer statisch. Der Zimmerwechsel gibt dagegen den anderen das Gefühl dramatischer Veränderungen, als ob Sie sich durch Ihre Seitwärtsbewegungen schon nach oben bewegten. Selbst erfahrene und sehr erfolgreiche Spieler sehen in der Rückerinnerung immer diejenige Beförderung, die mit einem größeren Zimmerwechsel einherging (in ein Eckzimmer oder die Vorstandsetage zum Beispiel), als die wichtigste an, auch wenn hinterher noch viele neue Titel und Positionen dazu kamen. Man feiert die veränderte Geographie, weil sie sichtbar und symbolträchtig ist. Eine Beförderung kann zwar ein wichtiger Schachzug in der Karriere eines Menschen sein, aber wenn sie nur bedeutet, daß man neue Visitenkarten und neues Schreibpapier bestellt, ist die Wirkung auf andere meist minimal. Was zählt, ist ein neues Zimmer. Nur wenige kennen oder interessieren sich für den neuen Titel oder können sich vorstellen, wieviel Macht damit gewonnen ist, während ein neues Zimmer mit den Zimmern anderer, was Größe, Ausstattung und Begehrtheit angeht, verglichen werden kann. Ich kenne einen, der getreulich die Ochsentour machte und schließlich sogar eine ziemlich hohe Position und einen hohen Titel erlangte, ohne jemals wirkliche Macht über andere zu erhalten oder von seinen Kollegen ernst genommen zu werden. Zu seinem Nachteil hatte er schon ganz am Anfang seiner Karriere ein großes, behagliches Zimmer erhalten, als er eigentlich noch nicht berechtigt war, zwei Fenster, eine Ledercouch und einen vornehmen Jacaranda-Schreibtisch zu haben. Behaglich eingerichtet, hatte er keine Lust auszuziehen, und es gab auch kein größeres Zimmer, in das er hätte gehen können. Doch all seine Beförderungen wirkten nun wie bloße Formalitäten und wurden von anderen als bedeutungslos aufgefaßt. Schließlich kamen sie ihm sogar selbst belanglos vor, und er beklagte sich unaufhörlich, daß seine Karriere »im Sande verlaufen« sei, obwohl sein Aufstieg eigentlich eindrucksvoll und schnell gewesen war.

Es ist durchaus möglich, durch Zimmerwechsel einen Aufstieg zu simulieren, vorausgesetzt, den Wechsel begleitet ein gewisses Zeremoniell. Der Umzug darf nicht klammheimlich um Mitternacht vor sich gehen oder als Ausdruck innerer Unruhe wirken. Hier gelten die gleichen Gesetze wie bei bestimmten Indianerstämmen, wo die Größe des eigenen Zelts und sein Platz im Lager die gesellschaftliche Stellung bestimmen. Einige Indianer waren dafür bekannt, daß sie aus jedem Lagerwechsel Profit zu schlagen suchten und die Position ihres Zeltes jedesmal veränderten.

Schwieriger, aber ebenfalls sehr wirkungsvoll, ist der Aufstieg als »Nebeneffekt«. Dieses Spiel hat viele Variationsmöglichkeiten. Am häufigsten beobachtet man, daß jemand eine besondere Beziehung zu einem anderen Manager aufbaut, möglichst zu einem, der ehrgeizig ist und sicher aufsteigen wird. Wenn es einem gelingt, den Eindruck zu erwecken, daß man, was Macht angeht, gleich hinter ihm kommt, wird man wahrscheinlich jedesmal, wenn er befördert wird, mitbefördert, damit der Abstand gewahrt bleibt. Wenn man zum Beispiel alle überzeugen kann, daß man eine Stufe unter X steht, steigt man bei jeder seiner Beförderungen ebenfalls eine Stufe höher auf. Das einzige Risiko besteht darin, daß X eventuell nie aufsteigt. Jedenfalls folgen viele Beförderungen diesem oder einem ähnlichen Schema. Es soll für die Balance zwischen den einzelnen sorgen. Wenn man erst einmal im richtigen Sog ist, kommt man gemächlich und ohne Anstrengung nach oben. Nichts ist nützlicher als ein ehrgeiziger Vorgesetzter, besonders natürlich einer, der »von außen« kommt. Denn dann müssen bei jedem ein paar »Anpassungen« vorgenommen werden. So kann das Auftauchen eines Außenseiters, der einen klangvollen Titel erhalten mußte, damit er überhaupt kam, zu einer Inflation von Titeln führen, damit sich niemand zurückgesetzt fühlt. In Firmen, die einen großen »Umsatz« an Außenseitern haben, kann es vorkommen, daß diejenigen, die bleiben, sich mit schwindelerregender Geschwindigkeit befördert sehen, bis es zuletzt schwierig wird, überhaupt noch neue Titel für sie zu erfinden. Einer meiner Bekannten ist schon seit zehn Jahren bei der gleichen Firma, einem Unternehmen der

Unterhaltungsbranche, und verrichtet dort in aller Ruhe immer die gleiche Arbeit. Das Unternehmen versucht krampfhaft, sich ein neues Image zu schaffen, und heuert und feuert immer neue Managergenerationen. Mein Bekannter hat inzwischen eine gewisse Macht erlangt, weil er einer von den wenigen ist, die lange genug da waren, um zu wissen, wo alles aufbewahrt wird und was das Unternehmen eigentlich herstellt. Mit jedem Managerwechsel bekommt er einen neuen klangvolleren Titel, der ihn bei Laune halten soll. »Immer, wenn sie mir einen dieser neuen ›Wunderknaben‹ bringen, sagen sie: ›Mach dir keine Gedanken. Wir brauchen diesen Mann, und wir mußten ihm einen Titel geben, um ihn zu bekommen. Aber um dir zu zeigen, daß wir dich nicht vergessen haben, machen wir dich zum Stellvertreter des Kreativ-Direktors oder zum ersten Vizepräsidenten oder was du willst.‹ Jeder sagt, daß dies nur Scheintitel sind, die nichts bedeuten, und irgendwie stimmt das auch, aber man kann sie doch dazu gebrauchen, Ende des Jahres ein oder zwei Mille mehr herauszuholen. Sie wären sicher ziemlich verlegen, wenn sie zugeben müßten, daß die Titel nichts bedeuten, und daher meinen sie wohl auch, daß sie einem, der schon einen Titel hat, auch ein bißchen mehr geben müssen, damit es nicht falsch klingt. Jedenfalls, wenn man einen neuen und größeren Titel bekommen hat, ist es schwieriger, gefeuert zu werden. Irgend jemand könnte fragen, warum man mich 1974 zum Vizepräsidenten gemacht hat, wenn ich so miese Arbeit leiste, daß man mich 1975 feuern mußte. So hat man sie also am Wickel. Von mir aus können sie ihre Leute jederzeit von überall herholen und auch über meinen Kopf weg befördern. Wenn sie kommen, bin ich, ohne was dafür zu tun, wieder eine Stufe höher, und wenn das so weitergeht, werde ich in fünf Jahren noch Vorstandsvorsitzender.«

Ein gewitzter Machtspieler weiß die Beförderungen anderer für sich auszunutzen. Er spielt auf keinen Fall den Beleidigten. Jede Beförderung bedeutet gleichzeitig auch einen neuen offenen Job oder Titel, und die meisten Beförderungen sind ein guter Grund, auch Sie zu befördern.

»Gegen Geld und Sex ist Vernunft machtlos«[45]

Was für Beförderungen gilt, trifft auch auf Gehaltserhöhungen zu. Die beiden sind unauflöslich miteinander verquickt, mit einem wichtigen Unterschied: Der berufliche Aufstieg vollzieht sich öffentlich, die Gehaltserhöhung ist fast immer Geheimsache. Eine Beförderung, die geheim bleibt, wäre sinnlos – sie ist ihrem Wesen nach ein öffentliches Ereignis –, während Gehaltserhöhungen gewöhnlich mit dem Schleier tiefsten Geheimnisses umgeben werden. Und so sollte es auch sein. Alle Geschäfte drehen sich letztlich um Geld, und vom Geld geht daher die gleiche Macht aus wie vom heiligsten Mysterium eines religiösen Kults. Die meisten Menschen erzählen einem alles über sich selbst, nur nicht, was sie verdienen, und die meisten Unternehmen entscheiden über Gehaltserhöhungen in einer Atmosphäre von Geheimhaltung, Intrige und Verschwörung, die gut zu einem CIA-Komplott passen würde. Gehaltserhöhungen sind für alle Organisationen ein Problem. So überrascht auch nicht, daß unter den Dokumenten, die beweisen sollen, daß Martin Bormann noch am Leben ist, ein Brief existiert, in dem Adolf Eichmann die Bitte um eine höhere Pension abgeschlagen wird. Als Begründung wird angegeben, daß auch die anderen Naziflüchtlinge mehr Geld fordern würden, wenn sie das erführen. Man muß nicht herrlich und in Freuden in Argentinien leben, um das Argument Tausende von Malen gehört zu haben: »Wenn wir Ihnen mehr geben, und es kommt heraus, dann müssen wir allen mehr geben und können den Laden dichtmachen[46].«

Es ist immer schwierig, eine Gehaltserhöhung durchzukämpfen. Fordert man sehr viel mehr Geld, so wird einem bedeutet, daß das einen Präzedenzfall schaffen würde. Bittet man um eine kleine Gehaltsanhebung, so verliert man nicht nur an Ansehen, sondern bekommt auch zu hören, daß das Management es ablehnt, mit Pfennigkram belästigt zu werden. Gehaltserhöhungen sind der einzige Aspekt im Erwachsenenleben, für den die Regeln der Kindheit nach wie vor Gültigkeit haben. Bei Auseinandersetzungen um Geld werden von beiden Seiten die verwirrenden Dialoge wiederholt, die zwischen Kindern und Erwachsenen stattfinden. Wenn Sie fragen, wieviel ein anderer verdient, bekommen Sie zur Antwort: »Das tut nichts zur Sache« oder »Das geht Sie nichts an«, genau wie der Einwand, daß andere Kinder das aber durften, niemals ein stichhaltiger Grund war, uns auch die Erlaubnis zu geben.

Auch wird man von uns verlangen, »vernünftig« und »geduldig« zu sein, »zu versuchen, anderer Leute Probleme zu verstehen«, mit denen Eltern, Lehrer und Schuldirektoren im Umgang mit Kindern recht freigiebig sind und die den Sinn haben, die Kinder zu beschämen, daß sie überhaupt gefragt haben. Wenn alles andere nichts fruchtet, kann man immer noch an den Gemeinschaftssinn appellieren: »Sehen Sie doch die Sache einmal von unserem Standpunkt. Wir sind ein großes Unternehmen. Wir müssen an die Leute vom Empfang denken, die Sekretärinnen, an alle. Sie sind schließlich nicht der einzige hier ...«

Bei dieser allgemeinen Geheimnistuerei kennen nur wenige Manager ihren genauen Marktwert, und viele plagt der Verdacht, sie würden eventuell schon überbezahlt. Wenige Vorgesetzte bekommen es fertig, bei Bitten um Gehaltserhöhungen rundweg »nein« zu sagen. Eine Absage wird vielmehr fein säuberlich in Erklärungen und Rechtfertigungen verpackt. »Geld ist«, in den Worten eines Managers, »das Wichtigste«, aber weil niemand darüber reden mag, hat das Management es meist leicht, Aufstieg und Macht vom Geld zu trennen. Man gibt den Leuten Verantwortung, Autorität und Titel in Hülle und Fülle und argumentiert gleichzeitig, daß dies aber keineswegs eine Gehaltserhöhung rechtfertigt. Es ist verhältnismäßig leicht, sich Leute mit Hilfe von Gehaltserhöhungen zu Komplicen zu machen. Je mehr Macht sie haben, desto mehr Verantwortung tragen sie auch für den Gewinn des Unternehmens, und je größer ihre Verantwortung ist, desto zurückhaltender müssen sie mit ihren Forderungen sein. Die beste Methode, Leute von hohen Gehaltsforderungen abzuhalten, besteht darin, sie im inneren Machtkreis aufrücken zu lassen und dann an ihren Sinn für Verantwortung zu appellieren.

Die meisten Angestellten wissen nicht, ob sie über- oder unterbezahlt sind. Das erklärt ein Gutteil ihrer »Angst« – auch so ein Kreuz, das die hochachtbare Mittelklasse tragen muß. Gewerkschaftlich organisierte Arbeiter wissen genau, wie hoch der Stundenlohn ihrer Kollegen in anderen Industriezweigen ist, die Spitzen einer Aktiengesellschaft können die Höhe ihrer Gehälter den Geschäftsberichten entnehmen. Aber die große Menge, die sich zwischen diesen Extremen bewegt, lebt in äußerster Unwissenheit. Natürlich hat sie auch nicht begriffen, daß Gehälter Teil einer Machtstruktur sind, in der die tatsächlich gezahlten Beträge nur von zweitrangiger Bedeutung sind. Keiner hat was dagegen, wenn Sekretärin X zehn Dollar mehr pro Woche bekommt oder Manager Y tausend Dollar im Jahr – das Problem ist vielmehr, wieweit eine Gehaltserhöhung von Sekretärin X das Klima und die delikate Balance der Beziehungen zwischen allen anderen Sekretärinnen stören würde. Das gleiche gilt auf höherem Niveau für Y. Wie ein erfahrener Anzeigenmann es einmal formuliert hat: »Gehälter haben ein System. Die Beziehungen zwischen Kollegen sind sehr empfindlich, und wenn du mehr Geld willst, kämpfst du gegen das System. Nehmen wir mal an, du selbst machst fünfundzwanzig und dein Kollege siebenundzwanzigeinhalb. Wenn du nun auf sechsundzwanzig kommst, hat sich der Abstand zwischen euch beiden verringert. Aber dieser Abstand hatte ja seinen guten Sinn. So kosten deine tausend das Unternehmen doppelt soviel, weil sie auch deinem Kollegen etwas geben müssen, wenn sie dir mehr geben. Oder sie müssen eine Verschiebung des Gleichgewichts hinnehmen, wodurch jedoch die Stellung aller anderen auf der Machtskala verändert würde. Es geht hier aber um die Unversehrtheit der Machtstruktur. So tue ich etwas ganz Einfaches. Ich stachele jeden, mit dem ich zusammenarbeite, auf, mehr Geld zu verlangen, selbst die Spitzenmanager, die über Gehaltserhöhungen entscheiden. Denn die meinen ja auch, daß sie unterbezahlt werden, und sind nur zu glücklich, wenn man ihnen erzählt, daß sie eigentlich mehr haben müßten. Man muß außerdem mit allen Mitteln versuchen, die Leute unter einem dazu zu bringen, mehr Geld zu fordern. Das ist der springende Punkt! Wenn es um Geld geht, werden die meisten Menschen zu Neidhammeln; sie werden nervös, und es kratzt sie, wenn Leute unter ihnen Gehaltserhöhungen kriegen. Das ist aber Dummheit. So lange du deine Position auf der Machtskala halten kannst, müssen sie dein Gehalt anheben, wenn die Leute unter dir mehr bekommen, und wenn die Leute über dir mehr kriegen, ziehen sie dich mit, damit der Abstand nicht vergrößert wird. Im Augenblick macht der Mann an der Spitze 100 000 Dollar, der zweite 75 000 und ich 50 000. Ich mache mir gar nicht erst die Mühe, mehr zu fordern – sie würden sich nur bedroht fühlen. Ich versuche Nummer eins zu überzeugen, daß er mindestens 125 000 verdienen müßte. Bewilligt er sich diese Summe, dann werden alle unsere Gehälter proportional angehoben, und ich habe gar nichts zu fordern brauchen. So funktioniert das System nun mal. Von oben nehmen sich Gehälter nicht als Geld aus – außer wenn man sie am Jahresende alle zusammenzählt. Sie sind eine Art Punktsystem, an dem man die Bedeutung und die Rangordnung der Angestellten ablesen kann.«

Warten Sie nicht, bis man Ihnen kündigt, sondern ...

Auch Kündigen ist eine wenn auch noch nicht allgemein anerkannte Kunst.

Natürlich erfordert es keine große Intelligenz, seine Arbeit in einem Wutanfall hinzuschmeißen, weil man nicht befördert wurde oder keine Gehaltserhöhung bekommen hat oder ganz einfach, weil man nicht richtig vorankommt. Das ist genau wie bei einer Schachpartie, die mit Patt endet.

Für Leute, die wissen, wie (und vor allem wann) man kündigt, kann dies der profitabelste Zug des ganzen Spiels sein. Die meisten Experten in diesem Spiel sind entschlossen, eine Blitzkarriere zu machen. Beim leisesten Anzeichen, daß sich ihr Aufstieg verlangsamt oder behindert wird, landen sie mit einem spektakulären Satz in einer anderen Firma. Meist steigen sie dabei eine Stufe höher und klettern von ihrer neuen Position aus weiter. Mit jedem Jobwechsel versuchen sie, ein neues Macht- und Gehaltsniveau zu erreichen, und haben so auch für den nächsten Sprung einen guten Ausgangspunkt. »Es ist wichtig«, sagte mir ein Manager, »niemals zu lange zu bleiben. Wenn man Ihnen zum Einstand eine schöne Gehaltserhöhung geboten hat, kommen erst einmal die Flitterwochen. Der Trick ist abzuhauen, solange man noch oben schwimmt.«

Mit den Worten eines erfolgreichen Springers gesagt, ist es am besten, »während eines Hochs wegzugehen«. Es ist ein Zeichen von Überlegenheit, wenn man eine Position aufgibt, während man auf dem Gipfel seiner Macht ist. Erstens wirkt das sehr dramatisch, und zweitens zeigt es, daß man die Situation in der Hand hat. »Zum Teil ist es einfach Schocktherapie«, erklärte mir einer dieser Springer. »Man macht einen großen Coup, und während alle glauben, daß man nun mehr Geld will, kommt man herein und sagt: ›Ich gehe.‹ Da stehen sie da wie begossene Pudel.«

Kündigen ist ein Aktionsspiel, so etwas wie ein Schwertertanz. Der Spieler muß schnell und sicher zum nächsten Job springen, ohne aus der Balance zu kommen. Ein kleiner Fehler, und er hat verloren. Wenn ihn seine Schwungkraft verläßt, ist er nur noch einer von vielen Arbeitslosen, und es ist weit schwerer, einen neuen Job zu finden, wenn man keinen hat. Mit dem Job, den Sie haben, haben Sie auch die Macht, den Job zu bekommen, den Sie möchten. Aber haben Sie diese Macht erst einmal eingebüßt, so dürften Sie bald merken, daß das Interesse der Leute an Ihnen rapide abnimmt. Machtspieler wissen das genau und befolgen peinlich die Kündigungsetikette.

Einstellungsgespräche können zum Beispiel nur bei einem Drink nach Dienstschluß stattfinden. Während der Arbeitszeit wären sie ein Verstoß gegen die Etikette und gegenüber der

Firma, für die Sie gerade arbeiten. Sie dürfen den Mythos der Loyalität bis zum Schluß nicht verletzen, denn auch die Leute, die vorhaben, Sie einzustellen, werden nervös, wenn Sie »nicht loyal« sind. Beim Kündigungsspiel ist es notwendig, sich nur lobend und anerkennend über das Unternehmen, das man verlassen will, zu verbreiten. Gleichzeitig macht man aber deutlich, daß man sich gerne verändern würde. Keiner möchte schließlich einen Mann einstellen, der sich über seinen augenblicklichen Arbeitgeber geringschätzig und unloyal äußert. Ein unsichtbares Band verbindet alle Mächtigen, auch wenn sie miteinander in Konkurrenz stehen, und es ist nur klug, dies zu respektieren.

»Dulden muß der Mensch sein Scheiden aus der Welt«[47]

So schwierig es ist, Macht durch Kündigen auszuüben, noch schwerer ist es, die Pensionierung in einen Machtakt umzufunktionieren. Für die meisten ist die Pensionierung der endgültige Verlust der Macht. Ihre Furcht davor wird noch verstärkt durch die Tatsache, daß sie meist mit einem großen Einkommensverlust einhergeht. Die interessantesten Machtspiele sind oft Versuche, die Pensionierung hinauszuzögern oder einen alternden Manager schneller hinauszubefördern.

Die beste Methode, die Pensionierung hinauszuzögern, ist, gar nichts zu tun. Ein verzweifelter Aktivitätsausbruch in letzter Minute macht nicht nur besonders auf Sie aufmerksam, sondern gibt auch anderen das Gefühl, daß Sie ihren eigenen Plänen und Ambitionen schaden könnten. Besser ist es, das lässige und selbstsichere Verhalten eines älteren Staatsmanns zu kultivieren: keine Memoranden zu schreiben, in Streitfragen nicht Partei zu ergreifen, sich einen Ruf als »Friedensstifter« zu erwerben und, wenn möglich, mit Pfeiferauchen anzufangen. Es lohnt sich, Mitglied in möglichst vielen Industrievereinigungen zu werden und in möglichst jedem Ausschuß, jeder Gruppe und jedem Verband mitzumachen und so oft wie möglich Reden zu halten. Es ist für ein Unternehmen immer schwer, einen Manager loszuwerden, der als eine »Figur des öffentlichen Lebens« gilt. Da solche Aktivitäten meist bedeutungslos sind, tun sie in der Firma auch niemandem weh. Die Kunst, die Pensionierung hinauszuzögern, liegt darin, sich den Anschein der Macht zu erhalten, während man ihre Realität aufgibt. Sich an die wirkliche Macht zu klammern, ist sinnlos, man schadet dadurch nur sich selbst – jüngere, ehrgeizige Leute haben dann nur einen Vorwand, Sie aus dem Unternehmen zu vertreiben. Wenn Sie ihnen die reale Macht freiwillig abtreten, können Sie die äußeren Requisiten der Macht nicht nur behalten, sondern auch alle Arbeit und Mühe vergessen, die in der Regel mit ihnen verbunden sind. Wer fürchtet, nicht mehr über die Annehmlichkeiten des modernen Geschäftslebens verfügen zu dürfen – als da sind Eckzimmer, Sekretärin, großes Spesenkonto, Geschäftsreisen –, ist gewöhnlich im Irrtum. Nur seine Macht, Entscheidungen zu treffen, erregt Widerspruch, oder, um es genauer zu sagen, *seine Macht, den Machtzuwachs anderer beschränken zu können*. Aus diesem Grunde läßt sich die Pensionierung am leichtesten abwehren, wenn man auf jeden Einfluß hinsichtlich Gehälter, Beförderungen und Karrieren anderer verzichtet und an jedem nur denkbaren Titel und jedem Ehrenamt festhält.

Ich brauche wohl kaum hinzuzufügen, daß sich umgekehrt die Pensionierung eines Managers dadurch beschleunigen läßt, daß man ihn mit Machtfragen befaßt, die ihn nichts mehr angehen und die ihm nur Ärger und Mühe einbringen. Ehrgeizige Manager, die einen alternden Machtspieler loswerden wollen, greifen seine Hoheitsrechte meist nur widerstrebend an. Es wirkt brutal, die Spesen eines Mannes in den Sechzigern zu überprüfen, seine Kreditkarten einzuziehen oder seinen Flug zu einer Konferenz in Hawaii zu unterbinden. Die Vorsitzenden der Unternehmen sind meist selbst nahe der Pensionierungsgrenze oder schon darüber hinaus und haben eine natürliche Sympathie für Männer gleichen Alters, auch wenn sie persönlich gegen sie sind und sie lieber gehen sähen. Der Anblick eines Mannes in den Sechzigern, den man seiner Privilegien beraubt hat, würde sie nur nervös machen; sie haben zwar nichts dagegen, wenn er seine Macht verliert, aber gewöhnlich freut es sie nicht, ihn gedemütigt und aller Annehmlichkeiten und Selbstachtung beraubt zu sehen. Jedem noch so Mächtigen, der die Fünfzig überschritten hat, drängt sich das Gefühl auf: »Wenn der Himmel nicht gnädig ist, wird es mir auch einmal so ergehen[48].«

Geschickter ist es daher, einen Mann, den man gern im Ruhestand sähe, mit Zuvorkommenheiten zu überhäufen, ihn in jede Entscheidung und in jede Meinungsverschiedenheit hineinzuziehen und ihm alle Verantwortung zuzuschieben. Gleichzeitig isoliert man ihn, indem man Ausschüsse ins Leben ruft, in denen die eigentlichen Entscheidungen getroffen werden und denen er nicht angehört.

Der erste Schritt in diesem Spiel ergibt sich aus der Überlegung, daß es sehr viele Routinesachen gibt, mit denen das Opfer nicht behelligt zu werden braucht. So mancher hat zu spät entdeckt, daß schon seit längerer Zeit eine ganze Reihe neuer Konferenzen auf regelmäßiger Basis stattfinden, ohne daß er je zu ihnen eingeladen worden ist. »Oh«, heißt es dann, »wir dachten, wir sollten Sie mit diesem komischen Kram in Ruhe lassen . . .« Manchmal werden solche Konferenzen informell bei einem Drink nach halb sechs abgehalten, so daß die Machtgruppe auf diejenigen beschränkt ist, die bereit sind, bis spätabends im Büro zu bleiben. Diese Taktik ist sehr wirkungsvoll, denn wer bis spätabends im Büro bleibt, erwirbt sich nicht nur den Ruf, hart zu arbeiten, sondern gehört auch zu einer Art inneren Machtzirkel. Wer nicht pensioniert werden will, sollte auf Leute achten, die gerade in dem Augenblick zu einem »kleinen Schwatz« zusammenkommen, wo er das Haus verläßt, um zu seinem Vorortzug zu eilen. Es handelt sich gewöhnlich um seine Henker.

Aber auch subtilere Zeichen können darauf hindeuten, daß seine Zeit gekommen ist. Wenn seine Sekretärin ohne sein Wissen eine bessere Position erhält, zeigt das, wie sehr seine Macht schon angefressen ist. Man kann ihn auch dadurch verunsichern, daß man plötzlich alle Formulare und Verfahren ändert, so daß ihm nichts mehr vertraut ist, nicht einmal die Etiketten und der Briefkopf. Völlig neue Berichte, Spesenabrechnungen, Vertragsformulare und Informationsblätter können das Selbstvertrauen eines Mannes nahe der Pensionierungsgrenze schon unterminieren, und wenn alles versagen sollte, kann man immer noch sämtliche Telefonnummern in der Firma ändern, so daß er regelmäßig eine falsche wählt.

Oft lohnt es sich, einen Mann, der kurz vor der Pensionierung steht, für solche Sachen wie Pensionspläne, Gewinnbeteiligungspläne und Sozialleistungen verantwortlich zu machen. Erstens werden derart irritierende und zeitraubende Arbeiten wahrscheinlich den Wunsch in ihm auslösen, freiwillig den Abschied zu nehmen, und zwar je eher, desto lieber. Gleichzeitig wird er über Sozialleistungen und Pensionierungspolitik des Unternehmens großzügiger denken als ein jüngerer Mann und wird daher möglichst viel für die Angestellten herausholen, besonders wenn er sieht, daß diese Verbesserungen auch ihm selbst zugute kommen. Denn bei diesen Arbeiten wird er natürlich immer wieder an seine eigene Pensionierung denken müssen.

Um es mit den Worten eines Veteranen zu sagen: »Wenn ein Mann die Sechzig erreicht und die Leute um ihn her und unter ihm in den Dreißigern und Vierzigern sind, dann entsteht meist ein starker Druck, ihn möglichst früh loszuwerden. Er hat Macht, sie wollen Macht. So einfach ist das. Wenn einem der Laden gehört, kann man zurückschlagen. Anderenfalls kann man Macht nur noch gegen Bequemlichkeit eintauschen. Wer zur Galeonsfigur werden will, kann natürlich für immer dableiben, aber die wenigsten geben sich damit zufrieden. Es frißt an ihnen, daß andere die Entscheidungen treffen, die Pläne formulieren, kurz: handeln. Es ist verrückt, aber viele sonst ganz gewiefte Leute fliegen lieber raus als die Treppe rauf.«

Oft können auch übertriebene Ehrerbietung und schockierende Unhöflichkeit einem Manager den Gedanken an die Pensionierung nahelegen. Man gibt ihm ein Gefühl des Unbehagens, indem man ständig von Popstars redet, deren Namen er nie gehört hat, von Tänzen, die er nie gelernt hat, und von Restaurants, in denen er nie gewesen ist. Wenn Leute unter vierzig von Dingen reden, von denen sie absolut keine Ahnung haben, können sie einen Mann über fünfundfünfzig bald überzeugen, daß er hoffnungslos den Anschluß verloren hat. Man kann mit leiser Stimme reden, so daß er glaubt, bald taub zu werden, während andere laut auf ihn einschreien, als sei seine Taubheit schon Tatsache.

Wichtig ist auch, den Pensionierungskandidaten ständig in der Defensive zu halten. Wenn man ihn dazu bringen kann, über die Vergangenheit zu reden, läßt man ihn erst lange schwafeln, dann wendet man ein, daß sich heute alles geändert hat. Sobald er anfängt, die Vergangenheit zu *verteidigen*, hat man gewonnen. Wir leben in einer Zeit, für die nur Gegenwart und Zukunft interessant sind. Jede Anspielung auf die Vergangenheit qualifiziert einen Mann über fünfzig für »die Schlachtbank«, zumal die Irrtümer der Vergangenheit leicht erkennbar, die von Gegenwart und Zukunft aber noch nicht sichtbar sind.

Gewitzte Aspiranten der Macht sollten sich jedoch davor hüten, die Position eines kurz vor der Pensionierung stehenden Mannes offen anzugreifen. Es ist wichtig, den Mann loszuwerden, ohne die Macht seiner Position in Frage zu stellen. Wenn seine Position total zerstört ist, kann man sie auch nicht mehr erben, und es war sinnlos, ihn zu vertreiben. Eher sollte man seine Bedeutung übertreiben und so tun, als wären seine Aufgaben um vieles wichtiger, als sie in Wirklichkeit sind. Das macht es dann auch einfacher zu behaupten, er sei zu alt für sie. Manch einer stellt mit sechzig plötzlich fest, daß man ihn ernst nimmt, nachdem er sein ganzes Leben in relativer Obskurität hinbrachte. Jeder, der sich dem Pensionsalter nähert, sollte sich in acht nehmen, wenn seine Bedeutung um fünf vor zwölf plötzlich Riesenausmaße annimmt. Es ist der Anfang vom Ende.

7. Kapitel

Macht-
symbole

Schließlich war das Ziel erreicht und der Kampf gewonnen, es war eine große Arbeit gewesen, mit dieser Elite fertig zu werden, sie müde zu exerzieren, die Strebsamen zu zähmen, die Unentschiedenen für sich zu gewinnen, den Hochmütigen zu imponieren.

Hermann Hesse
Das Glasperlenspiel

Eine gewisse Gleichheit zeichnete diese Männer aus ... Sie aßen in den gleichen Restaurants, trugen die gleichen Anzüge, hatten die gleichen Maßschuhe an.

Zan Thompson

Die Macht der Füße

Man sollte nicht denken, daß Füße Machtsymbole sind, obwohl wir alle natürlich die Tyrannen auf historischen Gemälden kennen, die einen ihrer Füße auf die Brust des besiegten Gegners setzen oder ihren gepanzerten und gespornten Fuß lässig auf dem Schwanz eines sterbenden Drachens ruhen lassen. Manchmal verraten Füße wirklich alles über einen Menschen. Die meisten zeigen ihre Schuhsohlen nur dann, wenn sie sich ihrer Macht und Überlegenheit sicher sind. Nicht daß sie fürchten, durchlöcherte Sohlen zu haben. Aber die Fußsohlen sind ein besonders empfindlicher Teil der menschlichen Anatomie. Selbst ein abgehärteter Mensch zögert, bevor er über Kies oder heißen Sand läuft, und die meisten von uns sind an diesem Körperteil äußerst kitzlig – und deshalb verletzlich. Wenn Männer ihre Beine übereinanderschlagen, neigen sie dazu, die Zehen zu senken, als ob sie ihre Fußsohlen verstecken wollten, eine Angewohnheit, die die Muskeln und Zehen sehr anstrengt. Es handelt sich um eine Reflexbewegung, einen Hinweis, daß wir uns am wohlsten mit beiden Beinen auf dem Erdboden fühlen, die Füße fest auf den Boden gesetzt und jederzeit bereit aufzuspringen.

Beobachten Sie einmal einen Manager in Aktion, wenn er sich über ein bestimmtes Problem verbreitet. Er sitzt zurückgelehnt, ein Bein über das andere geschlagen, ein Bild der Selbstsicherheit und Entspannung. Doch sobald die Diskussion ernst und schwierig wird, stellt er das übergeschlagene Bein auf den Boden, beugt sich etwas vor und legt die Hände auf die Knie. Das ist die Position maximaler Macht. Jetzt hat der andere zwei Möglichkeiten: er kann es genauso machen, so daß sie sich beide in Kampfhaltung vorbeugen, oder er kann seinerseits jetzt ein Bein über das andere schlagen und sich zurücklehnen, womit er dem anderen Gleichgültigkeit und Furchtlosigkeit angesichts seiner Machtpose signalisiert. Kein Zweifel, Füße können verräterisch sein: sie schwingen vor und zurück und zeigen damit Ungeduld oder Zweifel; wir verstecken sie bei Anwandlungen von Schüchternheit oder Angst unter dem Stuhl; wir setzen sie fest vor uns auf den Boden, um zu zeigen, daß wir nicht nachgeben oder unsere Meinung ändern werden; wir drehen die Zehen zueinander in einer Haltung mädchenhafter Scheu, wenn wir mit einem sehr Mächtigen sprechen, und setzen sie weit auseinander, wobei die Zehen einen Winkel von fünfundvierzig Grad bilden, um Verachtung und Überlegenheit zu zeigen.

Die Mächtigen sind sehr empfindlich, was Füße angeht. Vielleicht, weil die Frage, was mit ihnen zu tun ist, wieder aktuell geworden ist. Früher war die Fußhaltung durch die Etikette genau geregelt, doch der Siegeszug kastenförmiger Schreibtische im neunzehnten Jahrhundert, die den Mann von seinen Besuchern und Angestellten wie eine hölzerne Maginot-Linie abschirmten, machte Fußverhalten und Fußsignale zu einer vergessenen Kunst. Jetzt, da die Schreibtische nur noch Tische sind, oft bloß Platten aus Glas oder Holz auf dünnen Chrombeinen, sind Füße peinlicherweise wieder ins Blickfeld gerückt*. Nur wenige wissen, was man mit ihnen anfangen kann, obwohl die Mächtigen es meist vorziehen, sie auf dem Boden zu belassen, wo sie ja auch hingehören, und sie so ruhig wie möglich zu halten.

Ein weiteres Problem ist, wie man sie bekleidet. Als sie noch hinter einem schweren Pult versteckt waren, konnte jeder schwere Stiefel tragen, derbes, praktisches Schuhwerk, das die Füße seines Trägers garantiert warm und trocken hielt und Macht und Rang nur durch die Qualität des Leders und des Glanzes verrieten. Die Schuhe des großen Bankiers J. P. Morgan

---

* Am Schreibtisch kann man oft schon den Verhandlungsstil ihrer Besitzer erkennen. Viele fühlen sich hinter einem riesengroßen und schweren Schreibtisch aus Holz sicher und behaglich. Mit ihnen kommt man am besten ins Geschäft, wenn man sie bewegen kann, diesen Platz zu verlassen und sich auf einem Sofa oder einem freistehenden Sessel niederzulassen. Wenn das nicht geht, kann man sie oft dadurch nervös machen, daß man seinen Hut oder seine Aktenmappe auf ihren Schreibtisch legt. Menschen mit altmodischen Schreibtischen, die als Barrieren dienen, verlassen diese meist, wenn sie »ja« sagen wollen, und bleiben hinter ihnen sitzen, um »nein« zu sagen. Wenn Sie erst einmal hinter zwei bis drei Zentnern Mahagoni Platz genommen haben, kann man mit ihnen kaum noch reden.

waren von denen seiner Angestellten nicht sehr verschieden, außer daß er einen Diener hatte, der sie auf Hochglanz brachte und darauf achtete, daß die Absätze niemals abgelaufen waren. In diesem und keinem anderen Sinn herrschte damals Gleichheit. Heute, wo die Füße wieder mehr im Rampenlicht stehen, kann man sie dazu benutzen, um die sozialen Unterschiede zu markieren und einer Vielzahl von Machtbedürfnissen Nachdruck zu verleihen.

Eins ist grundlegend: Machtmenschen lassen ihre Schuhe putzen – oder tun es selbst. In allen schuhtragenden Kulturen war ein schmutziger Schuh immer ein Zeichen von Schwäche. Lateinamerikaner alter Schule saßen oft stundenlang auf den Straßen, um sich die Schuhe putzen zu lassen, und wer in Amerika wichtige Männer beim Schlangestehen beobachten möchte, der sollte um neun Uhr morgens an den Schuhputzstand in einem der großen Büropaläste gehen. Viele Mächtige lassen die Schuhe nach dem Essen ein zweites Mal putzen, wenn der Schuhputzer in die Büros hochkommt, um den Morgenglanz wiederherzustellen. Erst wenn sie dann abends nach Hause gehen, können sie es sich leisten, die Schuhe staubig und schmutzig werden zu lassen, denn jetzt verlassen sie die Welt der Macht. So erklärt sich auch, weshalb an den amerikanischen Vorortbahnhöfen keine Schuhputzer stehen und auch sonst nur sehr wenige Stände nach fünf Uhr noch offen sind. Keiner braucht Hochglanz auf den Schuhen, wenn er nach Hause fährt.

Machtmenschen tragen im allgemeinen einfache Schuhe und schnüren sie nicht über Kreuz, sondern waagerecht. Sie benutzen Rundsenkel, natürlich nur gewachste. Schuhe, die vorn eckig sind, hohe Absätze, Messingschnallen oder Steppereien an ausgefallenen Stellen haben oder gar wie Reitstiefel geschnitten sind, stellen ganz sicher keine Machtsymbole dar und sind daher zu meiden. Fast so schlimm, wie im Sommer Schuhe aus durchbrochenem oder geflochtenem Leder zu tragen, ist es, Kurzsocken anzuhaben und bei jedem Übereinanderschlagen der Beine unansehnliche Hautpartien zu entblößen.

Für jeden, der an Macht Interesse hat, ist es ratsam, wenigstens sechzig bis siebzig Dollar in ein gutes Paar Schuhe zu investieren. Da man sich alle Mühe gibt, anderen Menschen nicht ins Gesicht zu sehen und auch nicht schätzt, wenn das eigene Gesicht allzu genau gemustert wird, neigt man dazu, sich die Schuhe eines anderen besonders genau anzusehen. Wenn man an einen anderen Menschen denkt, sieht man vor allem seine Schuhe vor sich. Natürlich machen die Schuhe Sie noch nicht mächtig, aber wenn Sie Unterricht in Machtsymbolik nehmen, sind Schuhe die erste Lektion.

»Erbitte Anruf im Auto«

In einfacheren Gesellschaften als der unseren sind die Symbole der Macht auf Anhieb erkennbar, ob sie nun aus einer Glasperlenkette oder aus Krone und Zepter bestehen. Sogar in unserer größeren und komplexeren Gesellschaft existieren heute noch diese relativ einfachen Hierarchien. In der Armee, zum Beispiel, ist jedermanns relative Macht deutlich zu erkennen, und ein Soldat oder Offizier weiß sofort, welche Stellung auch ein absolut Fremder inne hat. Seine Karriere ist auf Schultern, Ärmeln und Brust für jeden sichtbar abgebildet. Ähnliches gilt für Richter in ihren Roben, uniformierte Briefträger, Feuerwehrleute und Teenager-Banden. Diese einfache Methode, Machtunterschiede hervorzuheben, ist uralt, wie die Adlerfedern des Indianerhäuptlings, die goldenen Sporen des mittelalterlichen Ritters und tausend andere Besonderheiten in Kleidung und Tradition es beweisen.

Heutzutage sind die Zeichen der Macht vieldeutiger. Ein Gutteil der Verunsicherung des modernen Menschen dürfte von der Schwierigkeit herrühren, die relative Machtstellung der anderen zu erraten. Da wir auf unseren Ärmeln keine Streifen und auf unseren Schultern keine Sterne tragen können, müssen wir subtilere Unterscheidungsmerkmale erfinden. Dabei können wir natürlich nur hoffen, daß die anderen auch verstehen, was wir damit sagen wollen.

Denn leider sind die eigenen Machtsymbole einem anderen oft unverständlich; er kann nur raten und wird manchmal Kleinigkeiten für sehr wichtig halten. Ein mir bekannter Manager hat ein festes, wenn auch unsinniges Vorurteil gegen Umschlagmanschetten, ein anderer verachtet Menschen mit Button-down-Kragen, wieder ein anderer – ein bekannter Verleger – glaubt, daß man niemandem über den Weg trauen kann, der statt Hosenträgern einen Gürtel trägt. Die meisten dieser Vorurteile sind völlig irrational. Wenn man jemanden befördert, weil er in Bezug auf Oberhemden den gleichen Geschmack hat (oder zumindest imitiert) wie man selbst, so ist dieser Grund letztlich genauso stichhaltig wie jeder andere. Doch leider bilden diese Vorurteile kein System, das sich leicht entziffern ließe: wer die Macht sucht, kann die Bedeutung der Zeichen nur erraten und muß aufpassen, daß er sich nicht täuscht. Die meisten sind fixiert durch undeutliche Erinnerungen an das, was ihre Väter zu tragen pflegten, was an Schulen oder Universitäten als gute Kleidung galt oder durch die Auffassung, daß alles, was nicht aus einem teuren Geschäft kommt, ordinär ist und kein Vertrauen verdient. Daher sind Kleidersignale außerhalb der Armee oft frustrierend und in einer Zeit, in der sogar Frauen beginnen, Machtpositionen einzunehmen, manchmal sogar rätselhaft.

Daß sie rätselhaft sind, heißt aber nicht, daß sie nicht existieren. David Mahoneys riesiges Büro, von dessen Fenster aus einem New York zu Füßen liegt, ist ein Machtsymbol, das man nicht übersehen kann. Das gleiche trifft auf seinen blauen Anzug zu, der bei einem der ersten Schneider gearbeitet ist, auf seine teuren Schuhe, seine Sonnenbräune mitten im Winter und seine Luxuslimousine. Das »Straßenkreuzer«-Syndrom ist ein bekanntes Machtbarometer. Einerseits kann man sich in einem Straßenkreuzer natürlich bequem durch die Stadt kutschieren lassen, ein klares Vorrecht des Erfolgreichen, aber vor allem verrät er augenblicklich, welchen Rang man einnimmt. Ein Spitzenmanager sagte mir: »Wenn ich an einem Regenabend im Dezember in meinen großen Wagen steige und aus dem Fenster sehe, denke ich nicht an meine Geschwindigkeit. Selbstverständlich ist die U-Bahn viel schneller. Nein, ich sage mir: ›Die da draußen werden alle naß und frieren, und ich sitze hier warm und trocken.‹ Ich mußte mich durch viel Scheiße wühlen, um dahin zu kommen, wo ich jetzt bin, aber wenn ich mir die Leute betrachte, die im Regen auf einen Bus warten, weiß ich, daß es sich gelohnt hat. Sie wissen, daß ich es geschafft habe; ich weiß es auch. Es geht nichts über einen dicken Wagen.«

Unter denen, die sich einen dicken Wagen leisten können, gibt es natürlich auch wieder Machtabstufungen. Gemietete Limousinen verleihen weniger Prestige als solche, die man selbst besitzt. Ein Rolls-Royce gibt mehr her als ein Cadillac, und nichts kommt an den Mercedes 600 heran, besonders mit schwarz lackiertem Chrom und dunkelgetönten Rückfenstern, so daß man die Insassen nicht sehen kann. Telefone sind in diesen Wagen so üblich geworden, daß sie kaum noch zu den Machtsymbolen zählen. Es ist allerdings interessant, daß einige amerikanische Hersteller von Radio-Ersatzteilen Nachbildungen von Autotelefon-Antennen zum Preise von $ 19,95 anbieten – anschließen kann man sie natürlich nicht. Das »Straßenkreuzer«-Spiel unterscheidet sich eben nicht sehr von anderen Spielen. Ein mir bekannter Geschäftsmann mietet bei Bedarf eine Limousine, läßt sich den Vornamen des Fahrers sagen und drückt ihm zehn Dollar in die Hand. Und dann heißt es: »Hör zu, Harry, heute fahren wir durch den Tunnel«, so daß es sich anhört, als wäre es seine eigener Wagen mit Chauffeur, nicht ein gemieteter. Er setzt sich auch nach vorn, damit er wie der Eigentümer aussieht und so tun kann, als ob er den Fahrer sehr gut kenne. Bei Machtsymbolen zählen die Details. Ich habe selbst einen respektablen Geschäftsmann gesehen, der dem Barmann eines großen Hotels beim Lunch fünf Dollar gab. Dafür sollte er bei seiner Rückkehr am Abend zu ihm sagen: »Guten Abend, Herr X, nehmen Sie wieder das gleiche?«

Da wir nicht in der Armee sind, müssen wir uns ein eigenes System von Machtsignalen schaffen und dabei alle verfügbaren Mittel und Gelegenheiten nutzen. Wir müssen uns beweisen, daß wir – mit den Worten eines Hollywood-Produzenten – »VIP's« sind.

Die Symbole der Macht umgeben uns überall, schreien nach Anerkennung, ändern mit jeder neuen Mode ihre Aufmachung. Je mehr Leute nach Macht streben, desto verbreiteter, aber auch komplizierter werden sie. Als ich anfing, in einem Verlag zu arbeiten, galt ein Telefon als vollkommen ausreichend für eine Person. Handelte es sich um sehr beschäftigte und wichtige Leute, hatte der Apparat vielleicht eine Reihe von Knöpfen, mit denen sein Benutzer die Sekretärin über einen Summton erreichen und außerdem noch zwei oder drei Extraverbindungen herstellen konnte. Im Lauf der Jahre ist das Telefon zu einem Machtsymbol geworden, und im gleichen Zimmer, wo sonst unaufdringlich nur ein Apparat auf dem Schreibtisch stand, stehen jetzt vier – einer auf dem Schreibtisch, je einer an beiden Enden der Couch und auf einem kleinen Beistelltisch ein knallrotes Telefon, das nicht über die Zentrale läuft. Die Zahl der verfügbaren Verbindungen ist die gleiche geblieben, wenn man vom Privattelefon einmal absieht, auch ist das jetzige System nicht leistungsfähiger. Der Anblick all dieser Telefone soll zeigen, daß man sich hier in einem »Machtzentrum« befindet, wo augenblickliche Verbindungen notwendig und jederzeit verfügbar sind.

Telefone dienen nicht unbedingt der Bequemlichkeit. Ich kenne viele Leute, die sich von ihren Sekretärinnen beim Lunch anrufen lassen. Also muß ihnen im Restaurant ein Apparat an den Tisch gebracht und eingestöpselt werden. Ihnen würde nicht einfallen, in einem Restaurant zu essen, wo sie nicht am Tisch telefonieren können.

Ein New Yorker Spitzenmanager hat sogar zu Hause ein Telefon an der Wand seines Badezimmers, und zwar direkt neben der Toilette, was für einen vielbeschäftigten Mann sicher sehr angenehm ist, wenn auch kaum ein Machtsymbol, von dem andere viel merken. Ein anderer Manager eines großen Unternehmens hat auf seinem Landsitz lauter kleine grüne Kästen an den Bäumen befestigt, in denen Telefone verborgen sind. So kann er selbst dann Anrufe machen oder empfangen, wenn er zum Swimming-pool oder zum Bootshaus geht. Das durchdringende Läuten der Telefone übertönt das Zwitschern der Waldvögel und das Säuseln des Windes. Seit das Telefon mit Prestigevorstellungen verbunden wird, erfindet man immer neue Verwendungsmöglichkeiten. Es gibt Radiotelefone, die in elegante lederne Aktenkoffer eingebaut sind und nur wenig mehr als zweitausend Dollar kosten – eine gute Investition, falls einen jemand auf dem Weg vom Büro zum Wagen anrufen sollte. Etwas simplere Telefonfans holen sich Groschenrollen von der Bank und lassen sich in Telefonzellen nieder, in dem verzweifelten Bemühen, »den Draht nicht abreißen zu lassen«.

Das Telefon ist ein gutes Beispiel dafür, wie sich ganz einfache Apparaturen in Machtsymbole verwandeln lassen. Eine alltägliche und wenig ansprechende Einrichtung haben wir instinktiv zu einem komplexen Status- und Machtsymbol umfunktioniert. Wenn wir einen Besucher in unserem Zimmer haben, können wir ihm mühelos unsere Mißachtung zeigen dadurch, daß wir während der Unterhaltung Telefonate annehmen. Oder wir beeindrucken ihn mit Sätzen wie »Entschuldigen Sie bitte, der Vorstandsvorsitzende ist am Apparat«, oder »der Präsident der Vereinigten Staaten« oder »Hollywood« oder »gerade kommt ein Überseegespräch«. Wenn wir dem Besucher dagegen schmeicheln wollen, können wir sagen: »Ich bin für keinen mehr zu sprechen, ganz gleich, wer dran ist.« – Nichts ist demütigender, als zu einem Mann zu sprechen, der den Telefonhörer mal eben kurz vom Ohr nimmt und sagt: »Reden Sie ruhig weiter, ich höre zu, muß nur noch schnell diesen Anruf erledigen.«

Das Telefon kann Ihre Macht über Leute Ihrer Umgebung deshalb so wirksam demonstrieren, weil Sie es ja in der Hand haben. Sie können bestenfalls etwas zu Ihnen sagen oder untereinander halblaute Bemerkungen austauschen, während Sie sich mit einem x-beliebigen Ort in der Welt verbinden lassen oder Leute anrufen, die viel wichtiger als die Anwesenden sind. Sie brauchen die Anrufe nicht einmal selbst zu machen. Sie sagen einfach zu Ihrer Sekretärin: »Jetzt bitte keine Anrufe mehr. Nur wenn Henry Kissinger zurückrufen sollte, stellen Sie ihn durch.«

Vor Jahren hatte mich ein weltberühmter Filmdirektor zum Lunch gebeten, weil er sich für eine meiner Ideen »interessierte«. Er hatte vage vorgeschlagen, ich sollte nach Los Angeles fliegen und die Idee »entwickeln«, und bat mich für 12.45 Uhr zum Lunch in das New Yorker Restaurant »The Four Seasons«. Sein Rechtsanwalt, mein Rechtsanwalt und zwei Studioleute sollten auch dabei sein. Zur verabredeten Zeit saßen wir alle fünf da, aber unser Gastgeber glänzte durch Abwesenheit. Doch ein Hoteldiener erschien von Zeit zu Zeit, um uns die neuesten Nachrichten zu überbringen: »Er ist auf dem Wege«, »Er muß jeden Augenblick hier sein«, »Sie sollten schon mal einen Drink nehmen«. Jedesmal brachte er uns eine neue Runde Drinks. Um 14.15 Uhr saßen wir mit dicken Köpfen und todmüde da, der Appetit war uns vergangen. Wir hatten körbeweise Brötchen und Hörnchen sowie ein Pfund Butter verspeist. Keiner hatte jedoch den Mut gehabt zu bestellen.

Schließlich tauchte der große Mann um 14.30 Uhr auf, in strahlender Laune und ohne sich zu entschuldigen. Bevor er auch nur ein einziges Wort mit uns redete, ließ er sich ein Telefon an den Tisch bringen. Kaum war es eingestöpselt, ließ er sich mit seinem Chauffeur verbinden, der irgendwo durch die Straßen New Yorks kreuzte und gab ihm gutgelaunt eine Reihe von Anweisungen, von denen die meisten mit Anzügen zu tun hatten, die beim Schneider abgeholt oder zur Reinigung gebracht werden mußten. Nachdem er also Verbindung mit seiner Limousine aufgenommen hatte, meldete er ein Gespräch nach Hollywood an, und dann, mit dem Hörer am Ohr, schien er uns zum erstenmal zu bemerken. »Oh«, sagte er, »haben Sie eigentlich schon bestellt? Ich muß noch eben meine Frau anrufen, aber nehmen Sie doch alle noch einen Drink*.«

Wenige Machtsymbole sind so wandlungsfähig wie das Telefon. Nehmen wir einmal an, Sie wollen einem Geschäftsfreund zeigen, daß Sie noch am Leben und nicht rausgeflogen sind, aber aus verschiedenen Gründen legen Sie keinen Wert darauf, mit ihm zu reden, weil er sich dann vielleicht mit Ihnen zum Lunch verabreden will. Oder vielleicht handelt es sich um ein Geschäft, zu dem Sie nicht nein sagen wollen, einstweilen aber auch noch nicht ja sagen mögen, das Sie sich aber auch nicht entgehen lassen möchten, bloß weil Sie kein Interesse gezeigt haben. Mit dem Telefon kann man die Sache eine Zeitlang in der Schwebe halten – man ruft den anderen einfach an, wenn er garantiert nicht da ist, über Mittag zum Beispiel, und hinterläßt die Nachricht, man habe angerufen. Sie haben jetzt versucht, einen telefonischen Kontakt herzustellen; was auch immer passiert, Sie können sagen: »Ich habe versucht, Sie zu erreichen.« Wenn der andere zurückruft, nehmen Sie das Gespräch nicht an; Sie bitten vielmehr Ihre Sekretärin zu sagen, man telefoniere gerade und würde zurückrufen. Sie rufen dann am nächsten Tag zurück und wählen wieder eine Zeit, zu der der andere mit Sicherheit nicht da ist, zum Beispiel fünf Minuten, bevor er morgens im Büro eintrifft. Wenn der Rückruf erfolgt, ist man natürlich in einer Konferenz. Ohne viel Mühe kann das mindestens eine Woche so weitergehen, ohne daß die beiden Parteien jemals in mündlichen Kontakt miteinander treten. Doch keiner kann von demjenigen, der als erster telefonierte, behaupten, er hätte sich nicht bemüht.

Ganz im Gegenteil, derjenige, der als erster angerufen hat, kann sich den Versuch, Verbindung aufzunehmen, als Verdienst

---

* Wer in das New Yorker Restaurant »La Borsa di Roma« geht, kann dieses Spiel noch etwas verfeinern. Das Restaurant stellt auf Wunsch und ohne zusätzliche Kosten eine Sekretärin zur Verfügung, Frau Diana Danar. Kunden können am Tisch ihre Briefe diktieren, nach Übersee telefonieren, Flugtickets buchen und Geburtstagsgeschenke für ihre Frauen bestellen, ohne daß, wie der Besitzer sagt, »die Tortellini kalt werden«. Und das ist noch nicht alles. Gestern sah ich zwei Herren beim Lunch, und jeder hatte sein eigenes Telefon am Tisch. Man fragt sich allerdings, weshalb sie überhaupt zum Lunch zusammenkamen.

anrechnen, auch wenn niemals ein Kontakt zustande kommt. Die Person, die einen Anruf erhält, ist gegenüber dem Anrufer immer unterlegen. Dies erklärt, warum Leute mit Sinn für Macht Telefondienste und Anrufbeantworter nicht ausstehen können. Sie werden angerufen, eine Nachricht wird bei Ihnen hinterlassen, und Sie sind selbst verpflichtet zurückzurufen. Der Machtspieler beantwortet einen Anruf, den er nicht entgegennehmen will, am besten, indem er dem Anrufer durch die Sekretärin mitteilen läßt, er möge ihn nach 18.30 Uhr zu Hause anrufen. Natürlich ist dafür gesorgt, daß dann niemand im Hause ist, um die Nachricht entgegenzunehmen. Wenn nämlich eine Nachricht entgegengenommen wurde, ist »der Ball im eigenen Feld«, und die Verantwortung für die Fortsetzung des Gesprächs liegt bei einem selbst.

In der Regel verbindet das Machtspiel per Telefon die maximale Chance, selber anzurufen, mit der minimalen Chance, angerufen zu werden – mit anderen Worten, der Gesprächsfluß sollte immer nach außen gehen. Wenn der Input dem Output gleichkommt oder ihn übertrifft, erfährt man einen Machtverlust. Dieser Trick ist nicht so schwer, wie er klingt. Je mehr Anrufe man selbst macht, desto weniger Zeit bleibt verfügbar für Menschen, die einen erreichen wollen. Wird dieses Verfahren bis zum Extrem getrieben, ist es möglich, fast jede Sache zu verzögern, bis sie schließlich beiden Seiten nicht mehr wichtig ist, ohne daß man je der Nachlässigkeit oder Gleichgültigkeit bezichtigt werden könnte.

Bei diesem Spiel ist weiter zu beachten, daß schon die Berührung der Wählscheibe oder der Knöpfe den Spieler erniedrigt. Unter machtbewußten Menschen ist es völlig in Ordnung, den Telefonhörer aufzunehmen, aber keineswegs, selbst anzurufen. Sosehr sich auch die Telefongesellschaften mühen, das Wählen immer mehr zu vereinfachen (Ortsnetzkennzahlen, Durchwahl usw., leichter geht es wohl kaum), es herrscht immer noch die Auffassung, daß man an Macht verliert, wenn man niemanden hat, der die »Fingerarbeit« für einen erledigt. Teilweise geht das auf das traditionelle Widerstreben des Machtspielers zurück, den Hörer aufzunehmen, bevor er mit demjenigen, den er anruft, verbunden ist und dieser auf ihn wartet. Dies Machtspiel ist uns allen so vertraut, daß wir es kaum noch wahrnehmen. Aber unterschwellig hat man als Machtspieler auch das Gefühl, daß das Wählen einer Telefonnummer irgendwie »manuelle Arbeit« ist. Mit seltenen Ausnahmen wählen Machtmenschen keine Telefonnummern, bedienen keine Fotokopierer, addieren keine Zahlen, schreiben nicht Maschine und spitzen keine Bleistifte. Das erste Anzeichen für den Aufstieg zur Macht ist oft die plötzliche Hilflosigkeit eines Menschen – Leute, die ihre Nummern jahrelang selbst gewählt haben oder zum Kopierer gelaufen sind, um sich einen Brief zu vervielfältigen, hören nicht nur plötzlich damit auf, sondern behaupten auch, sie könnten es gar nicht. Wie eine Sekretärin mir erzählte: »Wir hatten hier einen Assistenten, der in der Poststelle anfing, wo eine seiner Arbeiten darin bestand, nach den Kopierern zu sehen. Wenn sie nicht funktionierten, rief man ihn an, und er kam und brachte sie wieder in Ordnung. Vor ein paar Tagen bekam er eine bessere Position, und plötzlich steht er mit einem Stück Papier in der Hand an meinem Tisch und sagt: ›Könnten Sie mir ein paar Kopien machen? Ich komme mit der Maschine nicht zurecht.‹ Er hat auch vergessen, wie man ein Telefon benutzt. Bis seine neue Sekretärin da ist, geht er nun zu allen möglichen Leuten und bittet sie, Verbindungen herzustellen. Er ist gar nicht so dumm. Je weniger man selbst tun muß, desto mehr Macht hat man.«

Statussymbole – »Eine goldplattierte Thermosflasche ist des Menschen bester Freund«

Die komplizierten und teuren Stücke der Büroausstattung sind selten Machtsymbole. Wer weiß, wie man sie benutzt oder gar, wo sie stehen, hat gewöhnlich einen niedrigen Rang auf der Machtskala. Als die ersten Taschenrechner aufkamen, hatten sie ein gewisses Flair. Auch heute kann man sie durchaus noch benutzen, wenn man bei Verhandlungen über finanzielle Fragen komplizierte Rechnungen in höherer Mathematik durchzuführen hat. Wenn man zum Beispiel die Bitte eines Angestellten um eine Gehaltserhöhung von 1250 Dollar abschlägt, ist es immer nützlich, schnell den Taschenrechner zu zücken und zu fragen, ob er wisse, wieviel Prozent des gegenwärtigen Gehalts die Erhöhung ausmachen würde. Die Frage ist zwar irrelevant, aber niemand kann sie beantworten, der nicht seinen eigenen Rechner zur Hand hat. Rechenschieber dienen dem gleichen Zweck und haben noch den Vorteil, daß sie umständlicher zu benutzen sind.

Wenn Rechner trotzdem niemals zu richtigen Machtsymbolen geworden sind, liegt das zum Teil daran, daß sie wie Addiermaschinen wirken und irgendwie an Buchhalterinnen oder Kassiererinnen im Supermarkt erinnern. Zum anderen sind Leute in Machtpositionen nur wenig an Mathematik interessiert – ihnen geht es um das große Geschäft, nicht darum, Gewinn und Verlust zu bilanzieren. Wenn es ihnen gelungen ist, einen anderen zu ihrer Ansicht über eine Situation oder ein Geschäft zu bekehren, können sie sich gewöhnlich darauf verlassen, daß irgendeiner die Details ausarbeitet und daß dabei irgendwie ein Gewinn für sie herausspringt. Es erscheint ihnen engstirnig und beschränkt, sich so offensichtlich mit Mathematik abzugeben. »Wenn so ein Typ seinen Rechner rauszieht«, sagte mir ein bekannter Geschäftsmann, »dann weiß ich, daß ich ihn da habe, wo ich ihn haben will. Er interessiert sich für die mathematische Seite des Geschäfts. Das bedeutet, daß ich ihm meine Idee und alles Wesentliche schon verkauft habe. Solche Typen denken sowieso nie darüber nach, ob sich der Handel wirklich lohnt. Sie sind viel zu sehr damit beschäftigt auszurechnen, wieviel Geld sie damit machen können oder was es sie kosten wird.«

Ein Taschenrechner auf dem Schreibtisch ist daher ein Zeichen von Schwäche und Kleinkariertheit. Andererseits wurden durch das Beispiel des US-Präsidenten gelbe Schreibblöcke, wie sie in

Amerika bei Gericht benutzt werden, in Machtsymbole verwandelt, obwohl diese Blöcke billig sind. Wer sich im Sessel zurücklehnt und alles, was der andere sagt, auf gelbem Papier notiert, führt Protokoll und hat nachher die »Fakten«. Nichts ist irritierender als der Anblick eines Menschen, der sorgfältig alles, was man sagt, aufschreibt. Selbst sehr fähige Leute geraten aus dem Gleichgewicht, wenn ihr Verhandlungspartner immer nur mit dem Kopf nickt und sich unermüdlich Notizen macht. Auch haben solche Schreibblöcke den Vorteil, daß sie einen großartigen Vorwand liefern, den Gesprächspartner nicht ansehen zu müssen. So kann man seine eigenen Reaktionen gut verstecken. Mehr noch, man kann die Diskussion dadurch zum Stoppen bringen, daß man plötzlich ein Blatt abreißt. Dies Geräusch ist ein Warnsignal, daß das Gespräch schon viel zu lange gedauert hat und einen nicht mehr interessiert.

Wer sich bei seinen Machtspielen gelber Schreibblöcke bedient, legt so gut wie immer ein Bein übers andere und lehnt sich zurück, als wolle er die Schreibfläche verbergen. Zum richtigen Gebrauch des Blocks gehört auch eine gewisse Geheimnistuerei, besonders dann, wenn man bei Vertragsverhandlungen Männchen darauf malt oder seine Einkommensteuer ausrechnet. Wenn jemand, der eifrig mitgeschrieben hat, plötzlich aufhört, weiß ein begabter Machtspieler, daß sein Kontrahent zu einem Entschluß gekommen ist. Ab sofort wird er tunlichst den Mund halten. Noah Levine, bekannter Gewerkschaftsanwalt und talentierter Unterhändler, hat den Gebrauch des gelben Schreibblocks zu einer hohen Kunst entwickelt. »Sehen Sie«, sagte er mir, »einerseits gehört er zum Handwerkszeug eines Anwalts. Aber andererseits ist er auch eine Waffe. Alle anderen reden, und man selbst sitzt da, nickt weise und macht Notizen. Wenn die anderen nicht auch Notizen machen, hat man bald die Situation in der Hand. Macht ein anderer auch Notizen, beobachte ich seinen Bleistift. Wenn er schnell schreibt, ist er interessiert, aber nicht sehr; wird er langsamer, nimmt sein Interesse zu; wenn er anfängt, bestimmte Dinge dick zu unterstreichen, wird er entweder wütend oder bereitet sich auf ein Nein vor; wenn er mit dem Stift Kreise oder Zickzackmuster malt, hat er das Interesse verloren. Sie dürfen Ihren Sermon noch herunterbeten, und dann werden Sie abgeschüttelt. Diesen Augenblick muß man genau abpassen. Vielleicht ist er jetzt bereit zu unterzeichnen. Reden Sie aber noch weiter, wenn sein Stift schon stillsteht, können Sie unter Umständen das ganze Geschäft verderben. Eine alte Kaufmannsregel lautet: Wenn der Handel perfekt ist, halt's Maul. Wenn allerdings beide Verhandlungspartner gelbe Blöcke haben, gibt es ein Patt. Es kommt nichts dabei heraus, weil beide sich hinter ihren Notizblöcken verschanzen. Wenn jemand etwas verkaufen oder einem etwas aufschwatzen will, braucht er keinen Block. Er kommt mit leeren Händen. Notizblöcke sind eine klassische Verteidigungswaffe.«

Diktiergeräte gehören in eine etwas andere Kategorie. Sie hatten früher einen gewissen Prestigewert. Wenn solch ein Gerät auf dem Schreibtisch stand, hatte der Betreffende zumindest eine Sekretärin und mußte eine Menge Korrespondenz beantworten. Heute verleihen Diktiergeräte aber nur noch wenig Prestige. Vor kurzem erschien eine IBM-Anzeige; sie zeigt drei »Manager« (interessanterweise einen Weißen mittleren Alters, eine junge Frau und einen Schwarzen), die alle in einer Reihe sitzen, alle die gleichen Schreibtische haben und alle in ein kleines Mikrophon diktieren. Über ein zentrales Aufnahmesystem gelangt ihr Diktat zu zwei jungen Frauen an kleineren, weniger eindrucksvollen Schreibtischen und wird hier sofort geschrieben. Das Zimmer hat überhaupt keine Statussymbole. Nur bei der Managerin steht eine Vase mit roten Nelken auf dem Schreibtisch. Das »Diktiersystem« ist kein Machtsymbol, sondern stellt »Manager« und Sekretärinnen mehr oder weniger auf eine Ebene. Das Bild zeigt auch nur ein einziges lächelndes Gesicht. Es gehört der einen Sekretärin. Im wirklichen Leben hätte natürlich jeder Manager versucht, seinen Schreibtisch auf diese oder jene Art von denen der anderen abzuheben. Einer von ihnen würde sich an den bescheidenen Schreibtisch der lächelnden Sekretärin lehnen und sie überreden, seinen Schrieb vorzuziehen. Keiner auf dem Bild scheint einen Stift, gelben Notizblock oder Besuchersessel zu haben. Die Managerarbeit wird rein egalitär gesehen – weitab von jeder erkennbaren Realität.

Das einzige IBM-Produkt, das sich als Machtsymbol eignet, ist die IBM-Schreibmaschine vom Typ Selectric II, vorausgesetzt natürlich, sie wird von einer Sekretärin bedient und hat eine besonders anspruchsvolle Type. Briefe, die auf solch einer Maschine getippt werden, haben mehr Autorität als andere, und die meisten Manager würden sich eher dafür einsetzen, daß ihre Sekretärin die richtige IBM-Schreibmaschine bekommt als eine Gehaltserhöhung. In einigen Unternehmen gesteht man nur Spitzenmanagern diese Schreibmaschine zu, und bestimmte Typen sind nur den Mächtigsten vorbehalten – dem Vorstandsvorsitzenden und seinem Stellvertreter zum Beispiel. Kleine Symbole wie diese sind oft verläßliche Indikatoren der Macht.

Einer Bekannten von mir, die 10000 Dollar mehr im Jahr gefordert hatte, wurden 5000 Dollar geboten, eine IBM-Schreibmaschine für die Sekretärin und das Recht, ihren Namen im Firmenbriefkopf zu führen. »Ich habe das akzeptiert«, erzählte sie mir, »auch wenn das vielleicht dämlich klingt. Hat man erst einmal ein bestimmtes Niveau erreicht, kann man kaum noch mehr erwarten und muß sich mit symbolischen Verbesserungen zufriedengeben.

All diese Kleinigkeiten, wie der Name im Briefkopf oder das Recht, erster Klasse zu fliegen, oder ein Privattelefon, haben etwas zu bedeuten. Man muß nur herausfinden, was denen da oben als Machtsymbol gilt. Wenn der innere Machtkreis Pica-Elite-Typen für seine Briefe verwendet, können Sie sicher sein, daß man sich dabei etwas gedacht hat, wenn Ihre Schreibmaschine plötzlich abgeholt und durch eine andere mit Pica-Elite-Typen ersetzt wird. Es ist nicht nur ein Zeichen, daß man von jetzt ab dazugehört, es ist ein Vorbote kommender Entwicklungen, ein Versprechen, daß man nicht vergessen wird und daß das Geld ir-

gendwann nachkommt, wenn auch noch nicht sofort. Man muß
die Zeichen nur richtig interpretieren können.

In meiner ersten Stelle war das Machtsymbol eine goldplat-
tierte Thermosflasche. Einige hatten so eine Flasche, andere
nicht, aber man hätte nicht einfach hingehen können, um eine zu
kaufen. Das hätte das System unterminiert und wäre eine Beleidigung, geradezu ein revolutionärer Akt, gewesen. Irgendwann
stellte die Bürochefin einfach eine goldbeschichtete Thermosflasche auf den Schreibtisch, mit einem kleinen Tablett und zwei
Gläsern, und nun hatte man sie. Ich habe nie herausgefunden,
wer das eigentlich anordnete – vielleicht hatte sie einen Instinkt
dafür. Wer auf eine große Gehaltserhöhung hoffte, zum Beispiel
5000 Dollar im Jahr, und sie auch verdient hätte, aber mit nur
2500 Dollar abgespeist wurde, bekam diese Thermosflasche. Es
war, als hätte das Management gesagt: ›Sei nicht enttäuscht. Wir
denken an dich, sobald es geht. Hier ist unser Versprechen.‹ Anderswo hatte oft der Schlüssel zur Vorgesetztentoilette diese
Funktion. In den fünfziger Jahren war das in vielen Firmen etwas
ganz Tolles. Ich erinnere mich, daß mein Ex-Ehemann richtig aus
dem Häuschen war, als er eines Morgens einen Umschlag auf seinem Schreibtisch fand, der den begehrten Schlüssel enthielt. Das
war noch nicht alles. Wenn man den Schlüssel hatte, bekam man
auch jeden Tag ein sauberes Handtuch – keine Papiertücher mehr
aus dem Handtuchspender! Heute ist die Sache mit der Vorgesetztentoilette etwas aus der Mode gekommen, vielleicht, weil
Frauen automatisch davon ausgeschlossen sind, vielleicht auch,
weil in den neuen Bürogebäuden das wirkliche Machtzeichen die
eigene Toilette mit Dusche ist.

Mit solchen Sachen kriegt man jeden. Ein Bekannter von mir
hatte ein eigenes Unternehmen und wurde von einem großen
Konzern umworben. Sie boten ihm alles Mögliche, Aktien, einen
Sitz im Aufsichtsrat auf Lebenszeit, Benutzung des Firmenflug-
zeugs, eine schwere Limousine – er lehnte alles ab. Da boten sie
ihm noch eine besondere Raffinesse: ein paar Etagen in einem
neuen Gebäude, einen Privataufzug und ein privates Badezim-

mer – ein richtiges Bad mit Wanne, Dusche und elektrischem Handtuchwärmer. Damit hatten sie ihn. Er nahm an. Später unterhielten wir uns, und er war ein bißchen traurig. ›Ich fühle mich, als hätte ich mein eigenes Kind verkauft‹, sagte er mir, ›aber was sollte ich tun. Es war nicht so sehr das Geld – ich bin ein reicher Mann und werde dort wahrscheinlich weniger Macht haben, weil die alle Fäden in der Hand halten. Aber so ein großer Aufzug nur für mich, das war 'ne feine Sache! Ein Aufzug, der nur einen Knopf hat, und wenn man ihn drückt, geht's in mein Büro. Dem konnte ich nicht widerstehen. Es war, als hätte man mir angeboten, den lieben Gott zu spielen.‹«

In Spitzenpositionen gibt es sicher kein größeres Privileg als die Erlaubnis, Gottvater spielen zu dürfen. Niemand glaubt im Ernst, daß die Unternehmensgewinne groß ansteigen, wenn der Vorstandsvorsitzende im Hubschrauber von seinem Haus in Connecticut zum Hubschrauber-Landeplatz in der Stadtmitte von New York und zurück transportiert wird. Man kann auch kaum behaupten, daß die Bequemlichkeit in irgendeinem Verhältnis zu den gewaltigen Kosten steht. Als ein Machtsymbol ist es jedoch kaum zu überbieten. »Erst als ich in unseren neuen Hubschrauber stieg und von meinem eigenen Rasen aus startete«, meinte der Vorsitzende eines großen Unternehmens, »wurde mir bewußt, wieviel Geld und Erfolg ich hatte.«

Daneben gibt es auch weniger grandiose Machtsymbole. Ein anderer Vorstandsvorsitzender wußte, daß er endlich »an der Spitze war«, als er seine Aktentasche niedersetzte, um sie nie wieder hochzuheben. »Wenn man im Management ist«, sagt er, »kommt man mit einer Aktentasche zu den Konferenzen, und komischerweise ist die Tasche wichtiger als man selbst. Man hat da seine Berichte, Verträge, Dokumente, Akten und Informationen drin und spielt die Rolle des Interpreten. Jeder andere könnte die Aktentasche genauso gut herbeitragen, man ist wirklich nicht viel mehr als ein Bote mit Köpfchen, der 100000 Dollar im Jahr macht. Aber wenn Sie wirkliche Macht haben, kommt es nur noch auf *Sie* an. Sie tragen nichts mehr in den Händen, weil

Sie nicht mehr Expertisen oder Informationen mitbringen, sondern das Recht, ja oder nein zu sagen. Wer die Macht hat, kommt mit leeren Händen ins Zimmer. Die mit den Diplomatenkoffern sind die Speerträger – sie können die Fakten durchdiskutieren, den Fall darstellen, die Bedingungen abwägen, aber der Mann ohne Koffer hat die Macht.«

Natürlich gibt es auch bei Aktentaschen wieder Rangunterschiede. Je dicker die Tasche, desto weniger Macht hat gewöhnlich ihr Träger. Den niedrigsten Machtstatus hat der Musterkoffer des Vertreters, ein großes, kastenähnliches Stück Gepäck aus dickem Kunststoffmaterial. Mit Diplomatenkoffern, die beim Aufklappen ein richtiges Schreibpult zeigen, mit Aktenordnern und einem Löscher, kann man nur ältere Damen im Flugzeug beeindrucken. Elegante, dünne Aktentaschen, so teuer und imponierend sie an sich auch sein mögen, wirken immer etwas wie ein Geburtstagsgeschenk für den vielversprechenden Jungmanager. Kurz, ein Mann, der weniger als 50000 Dollar verdient, sollte eine gewöhnliche Ledertasche haben, die sich oben öffnet und zwei Griffe hat. Sie sollte alt, zerbeult und weitgereist aussehen. Wer mehr als 50000, aber weniger als 100000 verdient, sollte ein dünnes Lederportfolio bei sich führen, je einfacher, desto besser; wer aber mehr als 100000 Dollar verdient, sollte niemals etwas in der Hand halten. Richard L. Simon, der Verleger und Mitbegründer des Verlags Simon und Schuster in New York, sagte einmal zu einem Lektor, der mit einer schweren Mappe voller Manuskripte und Verträge nach Hause strebte, während er selbst mit leeren Händen auf dem Korridor stand und auf den Aufzug wartete: »Du Lektor, ich Verleger.« In Zweifelsfällen ist es am besten, alles, was man braucht, in einem einfachen braunen Briefumschlag bei sich zu führen. Dann sieht es so aus, als trüge man normalerweise überhaupt nichts bei sich, hätte aber in letzter Minute noch ein paar Dokumente mitnehmen müssen. Denn ein Aktenkoffer, selbst wenn er leer ist, wirkt immer so, als wären Sie eine Art Esel, der schwere Lasten schleppen muß.

Man sollte nicht vergessen, daß weibliche Manager fast immer Mappen bei sich führen. Sie sind aber auch in einer ganz anderen Situation. Da sie erst vor kurzem als Machtgruppe in Erscheinung getreten sind, haben sie das Bedürfnis, ein unmißverständlich männliches Autoritätssymbol bei sich zu haben. Von einer Frau mit Aktenmappe glaubt man automatisch, daß sie den Machtstatus eines Managers hat, vorausgesetzt, sie trägt nicht auch noch eine Handtasche.

In der Wirtschaft werden Symbole oft als Ansporn zu besserer Leistung benutzt. Ein gutes Beispiel hierfür ist Ewing Kauffman. Er hat ein System entwickelt, um seine Vertreter zu vermehrtem Absatz von Produkten der Marion Laboratories zu motivieren. Kauffman, der die Maxime »Leistung oder Rausschmiß« hat, ist selbst ein hochkarätiges Verkaufstalent. Mit 5500 Dollar, die er in eine Antimüdigkeitspille investierte, hat er ein riesiges Unternehmen aufgebaut und ein persönliches Vermögen von mehr als 150000000 Dollar geschaffen. Er machte sein Vermögen zum Teil mit der Idee, Austernschalen, Abfälle der Nahrungsmittelindustrie, zu zermahlen und in eine kalkhaltige Aufbaupille zu verwandeln. Vor allem aber wußte er instinktiv, wie man andere zu Leistung motiviert. Er ist bekannt dafür, daß er manchmal Manager zu sich bestellt und zu ihnen sagt, sie müßten sich vor Verlassen seines Zimmers für eins von drei Dingen entscheiden: Rausschmiß, freiwilliger Abschied oder Besserung. Sein wirkliches Genie zeigt sich aber an seinem symbolischen Gratifikationssystem, das so fein strukturiert ist wie das einer europäischen Monarchie.

Fortune berichtete: »Viele der Leistungsgratifikationen bei Marion haben ebenso symbolischen wie finanziellen Wert. Wer seinen Absatz so erhöht, daß er einen großen Bonus gewinnt, erhält auch den Marion-Siegelring. Wer in zwei aufeinanderfolgenden Jahren den Ring gewinnt und dazu noch eine weitere Verkaufsgratifikation, wird Mitglied im Club der ›Marion Eagles‹. Zu den ›Eagles‹ gehören etwa ein Dutzend Vertreter. Sie haben besondere Blazer, besondere Visitenkarten, besonderes

Briefpapier. Sie haben ebenfalls Anspruch auf Extra-Urlaub und einen vom Unternehmen gestellten Buick Centurion (gewöhnliche Vertreter fahren Ford, Chevrolet oder Plymouth). Ein ›Eagle‹, der drei Ringe gewinnt, kann sogar in die erlesenen Reihen des Marion M. Clubs aufgenommen werden, der ebenfalls ungefähr ein Dutzend Mitglieder hat. Clubmitglieder fahren Oldsmobiles 98 und haben noch andere Privilegien, unter anderem das Vorrecht, bei Banketten und anderen Anlässen den Sitz eines leitenden Managers, Kauffmann eingeschlossen, einnehmen zu dürfen.«[49]

Mobiliar

Büroausstattungen haben einen stark symbolischen Wert. Nehmen wir als erstes Aktenschränke, die an sich natürlich bedeutungslos sind. Die meisten Manager stellen sie denn auch außer Sichtweite, ins Sekretariat oder in ein Kämmerchen. Aber sobald der Aktenschrank ein Schloß hat, wird er zum Machtsymbol, so unansehnlich und sperrig er auch wirkt. Wenn man einen Aktenordner herausnehmen will, muß man den Schrank eigens aufschließen, so daß der Eindruck entsteht, er enthalte Material von großer Wichtigkeit und Vertraulichkeit. Mit einem Schloß kann der Aktenschrank also ein zentrales Machtsymbol werden, dessen Besitz sich lohnt, auch wenn er viel Raum wegnimmt.

Das Mobiliar verrät eine Menge über einen Menschen. Ein Reporter der New York Times schrieb über einen der großen Bosse: »Alle Besucher, Bittsteller und Vertreter, die sich in das Büro (des Vorstandsvorsitzenden) im zweiundvierzigsten Stock begeben, versinken ins Bodenlose und spähen aus tiefen, weichen Sesseln über ihre Knie hinweg zu ihm auf[50].« Dies Machtspiel ist ziemlich häufig und kann in vielen Büros beobachtet werden. Einer jungen Dame fiel bei der Jobsuche auf, daß beinahe jeder leitende Angestellte im Verlagswesen ein niedriges Sofa hatte. »Sie kommen herein«, erzählte sie, »und werden gebeten, doch auf dem Sofa Platz zu nehmen, das über einen Meter niedriger ist als der Schreibtischsessel. Also blickt er zu Ihnen herab, und Sie sehen irgendwo aus dem Nichts zu ihm hinauf, mit dem Hintern beinah auf dem Fußboden und den Knien hoch in der Luft. Es gibt kein besseres Arrangement, wenn man einem anderen seine Bedeutungslosigkeit klarmachen will.«

Das stimmt nicht ganz. Es gibt noch viel ausgeklügeltere Methoden, um einen anderen seine Unwichtigkeit fühlen zu lassen. Das Büro Harry Cohns, des tyrannischen Präsidenten der Columbia Filmgesellschaft, war eine Imitation von Mussolinis Büro. Er hatte ein riesiges, längliches Zimmer mit einem Schreibtisch am äußersten Ende auf einem Podest. »Das Portal zu dieser Machtfestung war eine massive, geräuschschluckende Tür, die außen keinen Griff und kein Schlüsselloch hatte. Sie konnte nur durch Knopfdruck vom Schreibtisch Cohns oder dem seiner Sekretärin geöffnet werden . . . In späteren Jahren bemerkte Glenn Ford, daß der Türrahmen auf mittlerer Höhe ganz abgegriffen war; der Schweiß unzähliger Hände von Leuten, die durch das Portal hindurch zu einer Audienz bei Harry Cohn gegangen waren, hatte die Farbe zerstört[51].«

Dieses Beispiel ist zwar extrem. Aber auch geringere Machtspieler richten ihre Zimmer so ein, daß ihre Besucher unbequem sitzen. Besonders nützlich ist es, alle Aschenbecher ein klein wenig außer Reichweite zu stellen, so daß Besucher, die in niedrigen Sesseln sitzen und nicht aufstehen können, sich mühsam recken müssen, um ihre Zigarettenasche loszuwerden.

Die Anordnung der Möbel sagt mehr über die Macht des Zimmerinhabers aus als die Möbel selbst. Einige Büros haben eine luxuriöse Ausstattung, andere nicht, aber der Grad des Luxus hängt mehr von der Laune des Managements ab als vom Status dessen, der sich in diesem Zimmer aufhält. In der Playboy-Zentrale in Chicago zum Beispiel haben selbst die kleinsten Redakteure »korkgetäfelte Plüschséparées, oft mit weichen Sesseln ausgestattet, Stereoanlagen und hinreißenden Sekretärinnen[52].« Diese schwelgerisch-luxuriöse Atmosphäre entspringt der Vi-

sion, die Playboy-Herausgeber Hugh Hefner von sich selbst hat;
mit der Macht der kleinen Redakteure hat sie nichts zu tun.

Macht zeigt sich am Gebrauch, den man von seinem Mobiliar
macht, nicht am Mobiliar selbst. Ein gut durchdachter Machtplan
läßt sich weder durch Leder noch durch Chrom ersetzen. So ist
ein großes Zimmer sinnlos, wenn es nicht so eingerichtet wird,
daß der Besucher es ganz durchschreiten muß, bevor er am
Schreibtisch anlangt. Es ist eine gute Idee, ihm so viele Gegenstände wie möglich in den Weg zu stellen – Couchtische, Sessel
und Sofas zum Beispiel –, die seinen Vormarsch behindern.
Ganz gleich, wie klein Ihr Zimmer ist, der Besuchersessel muß
Ihnen gegenüberstehen, so daß Sie durch die ganze Breite des
Schreibtisches von Ihrem Gesprächspartner getrennt sind. Damit
haben Sie eine viel bessere Machtposition, als wenn der Besucher
neben dem Schreibtisch sitzt, auch wenn Sie bei einer solchen
Anordnung Ihren Platz nur noch unter Schwierigkeiten erreichen können. Wenn ein kleines Zimmer sehr schmal ist (meistens
ist das der Fall), ist es oft zweckmäßig, den Schreibtisch in Türnähe zu rücken. Dadurch wird der Platz für den Besucher auf das
äußerste eingeschränkt und Ihr Rückzugsgebiet zumindest psy-
chologisch vergrößert. Für das übliche Bürozimmer gibt es folgende Anordnungen für Schreibtisch und Sessel:

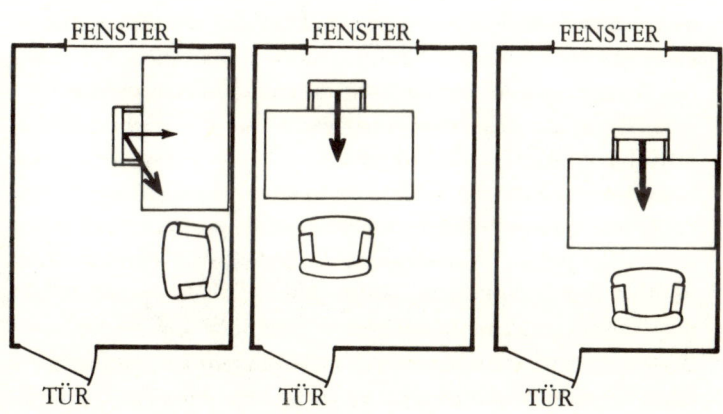

Bild drei bietet dem Inhaber des Zimmers die bei weitem stärkste Machtposition. Hinter seinem Schreibtisch hat er noch viel freien Raum, so daß er wahrscheinlich nie das Gefühl haben wird, bei Gesprächen mit Besuchern und Kollegen mit dem Rücken zur Wand zu kämpfen, während sein Besucher sehr beengt dasitzt. In Bild zwei hat der Besucher eine aggressive Position inne. Er hat mehr Raum als der Zimmerinhaber, da sein Sessel weit in das Zimmer vorgerückt ist. In Bild eins hat der Zimmerinhaber überhaupt keine Machtstellung und muß sich unbequem nach rechts wenden, wenn er mit dem Besucher sprechen will. (Versuche, ganz ohne Schreibtische auszukommen, haben nur in privaten Rundfunkstationen und Schallplattenfirmen eine gewisse Popularität. Der Schreibtisch hat für den Machtspieler eine nützliche gesellschaftliche Funktion, die man nicht einfach abschaffen kann.)

In größeren Zimmern gibt es mehr Variationsmöglichkeiten. Die meisten teilen ihre Zimmer in zwei verschiedene Bereiche auf. In dem einen steht eine Couch, die sich für informelle Diskussionen und Kontaktgespräche nutzen läßt. Hier werden normalerweise keine Entscheidungen gefällt. Im anderen Bereich stehen Schreibtisch und Besuchersessel für wichtige geschäftliche Besprechungen zur Verfügung. Hier kommt es zu Konfrontationen, die zu Entscheidungen führen. Beim Betreten eines solchen Zimmers muß man also darauf achtgeben, in welchem Bereich der Zimmerinhaber seinen Besucher zum Platznehmen auffordert. Wenn Sie über einen Abschluß verhandeln wollen, und er bittet Sie zum Sofa, können Sie ziemlich sicher sein, daß er entschlossen ist, Sie hinzuhalten; wenn er Sie bittet, beim Schreibtisch Platz zu nehmen, können Sie ebenso sicher sein, daß er sich auf eine ernsthafte Verhandlung eingestellt hat. Aber auch Sie können ihn beeinflussen. Wenn Sie entschlossen auf seinen Schreibtisch zusteuern, machen Sie ihm klar, daß Sie auf einer Antwort bestehen; wenn Sie sich aufs Sofa setzen, zeigen Sie, daß Sie es mit dem Abschluß nicht so eilig haben. Manchmal entsteht ein gewisses Tauziehen, wenn die beiden Parteien verschiedene Ziele im Sinn haben. Der »Gastgeber« versucht den Besucher zum Sofa zu drängen mit der Behauptung, das sei für den anderen »bequemer«, doch dieser begibt sich unbeirrt zum Schreibtisch, oder umgekehrt.

Manche sind wahre Meister in diesem Spiel. Ein angesehener Rechtsanwalt aus meinem Bekanntenkreis sieht immer zu, daß er auf dem Sofa zwischen mir und dem Telefon sitzt. In dieser Position versucht er, mich zu etwas zu überreden, was ich eigentlich gar nicht will. Erstens hat er mich in der Falle, weil wir beide informell auf dem Sofa sitzen; zweitens hat er mich wirkungsvoll vom Telefon abgeschnitten, so daß ich zwischendurch nicht telefonieren kann. In dieser Stellung bin ich ihm auf Gnade oder Ungnade ausgeliefert – wir sitzen nebeneinander, auf gleicher Höhe, sehen beide in Richtung Fenster und sind von Schreibtisch und Telefon abgeschnitten. Wenn er mir eine seiner Ideen »verkaufen« will, sitzt er im Sessel vor meinem Schreibtisch und rückt mir immer näher, bis er schließlich neben mir – auf der gleichen Seite der Barriere – sitzt. Er hat verschiedene Methoden, um sich in diese Position vorzuarbeiten. Entweder er legt Mappe, Hut und Mantel auf mein Sofa, so daß wir hier nicht sitzen können, oder er täuscht leichte Schwerhörigkeit vor, so daß er eine Entschuldigung hat, auf meine Seite des Schreibtisches zu kommen und in mein Territorium einzudringen. Mein Versuch, seine Annäherung dadurch zu verhindern, daß ich einen massiven und schweren Armsessel kaufte, der praktisch nicht zu bewegen war, schlug fehl; er täuscht jetzt Rückenschmerzen vor und bittet die Sekretärin, ihm einen einfachen Sessel mit gerader Lehne zu verschaffen, den er dann genau da hinstellt, wo er ihn hinhaben möchte.

Diese gut durchdachte Raumnutzung versteht man am besten, wenn man sieht, wie die beiden verschiedenen Zonen, die Kontakt- und die Entscheidungszone, sich räumlich zueinander verhalten:

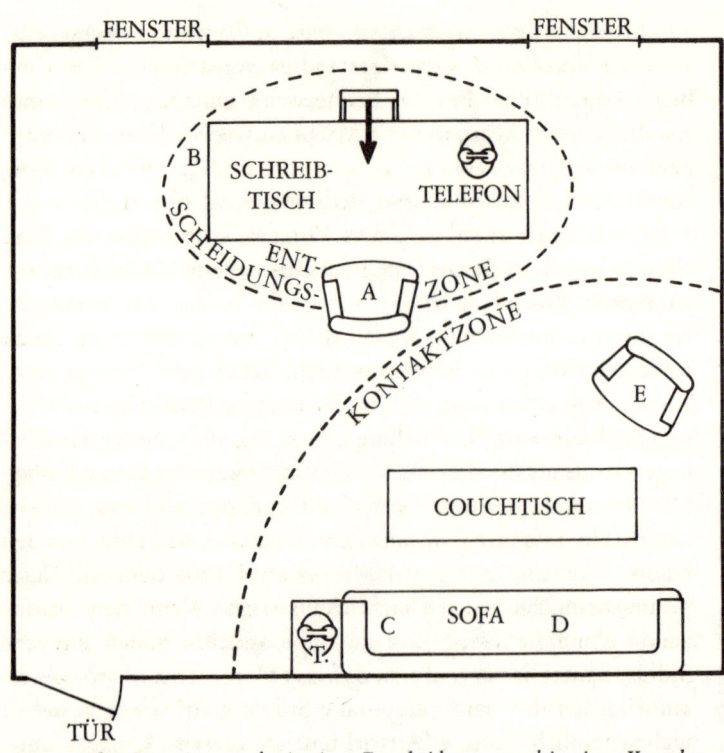

Ein typisches Bürozimmer, das in eine »Entscheidungs-« und in eine »Kontakt-zone« aufgeteilt ist. Wenn der Zimmerinhaber an einem Geschäft interessiert ist, sollte er versuchen, seinen Besucher in Position A zu bringen, direkt dem Schreib-tisch gegenüber. Will er eine Entscheidung hinauszögern oder einen Besucher be-sänftigen, sollte er versuchen, ihn in Position D auf das Sofa zu komplimentieren. Ein aggressiver Besucher wird seinen Sessel entweder in Position B bringen oder Position C auf dem Sofa einnehmen. Der Zimmerinhaber muß sich also in D nie-derlassen; der Eindringling hat ihn damit von seinem eigenen Telefon abge-schnitten. Die schwächste Machtposition ist Sessel E. Er ist reserviert für unwich-tige Dritte. Beachten Sie, daß der Couchtisch die beiden Bereiche voneinander trennt und daß das Sofa so niedrig wie möglich sein sollte.

Noch größere Zimmer sind manchmal in drei Bereiche eingeteilt. An einem Ende des Raumes steht dann ein großer Konferenz-tisch mit Stühlen. So etwas sieht man häufig in den Zimmern von Vorstandsvorsitzenden. Mit der Veranstaltung von Konferenzen

auf ihrem eigenen Territorium – statt in getrennten Vorstands-
zimmern – wollen sie dem Vorstand demonstrieren, daß sie ihn
beherrschen. In der Regel haben jedoch Vorstände, die in einer
Konferenzecke tagen, weniger Macht als solche, die in einem se-
paraten Vorstandszimmer zusammenkommen. Solchen Vor-
ständen anzugehören ist also auch weniger lohnend.

Ich will noch erwähnen, daß Vorstandstische fast nie rund
sind, da es bei der Sitzordnung auf eine genaue Machtabstufung
ankommt. Vor allem ist es unumgänglich, daß der wichtigste
Konferenzteilnehmer, gewöhnlich der Vorsitzende, an einem
Ende des Konferenztisches mit dem Rücken zum Fenster sitzt.
Zu seiner Rechten sollte die zweitwichtigste Person, gewöhnlich
sein Stellvertreter, Platz nehmen. Sitzt er jedoch am gegenüberliegenden Ende des Tisches, wird er nicht nur von der Sonne ge-
blendet, sondern nimmt auch eine Gegenposition zum Vorsitzenden ein. Das ist nämlich das Zeichen dafür, daß zwischen den
beiden Spitzenmännern ein Machtkampf tobt oder sich aller
Wahrscheinlichkeit nach entwickeln wird. Wenn der Vorsitzende einen Lehnstuhl hat und alle anderen haben einfache
Stühle, deutet das darauf hin, daß das Unternehmen streng und
autoritär geführt wird. Wenn alle Stühle gleich sind, bestehen
wahrscheinlich bessere Aussichten, in diesem Unternehmen
Macht zu erwerben.

Selbst die Toiletten sind wichtig. Am besten ist natürlich die
private Toilette, am zweitbesten die Toilette in der Nähe, am
schlechtesten ein meilenweiter Weg zur Toilette. Ein Literatur-
agent erzählte mir, warum er einen seiner Bestseller-Autoren bei
einem anderen Verleger unterbringen wollte: »Er soll, wenn er
einen Besuch macht, in ein hübsches Zimmer kommen, wo er sich
ungezwungen niederlassen kann, wenn er will. Er soll nicht das
Gefühl haben, sich in einem *Büro* zu befinden. Und die Toilette
sollte gleich nebenan sein. Wenn er erst über den Flur gehen
muß, finde ich das nicht so gut. Bei seinem jetzigen Verleger muß
er den ganzen Flur runterlaufen, wenn er sich bei einem Besuch
die Hände waschen will. Das ist nicht schön.«

Schreibtische verraten eine Menge über den Machtquotienten eines Menschen. Was die einzelnen auf ihre Tische gestellt haben, steht nicht zufällig da. Ein erfolgreicher Konzernchef hat seinen »Schreibtisch mit dem Fenster im Rücken arrangiert, so daß das Außenlicht den Besucher beinahe blendet, wenn es sich in den beiden daraufliegenden Briefbeschwerern aus geschliffenem Glas bricht. Man hat den Eindruck, von zwei scharfen Augen durchschaut zu werden, die Gedanken lesen und Fähigkeiten blitzschnell abschätzen[53].«

Schreibtischgarnituren – gewöhnlich ein Füllhalter-und-Bleistift-Set, das in einem Marmor- oder Onyxsockel steckt – waren früher potente Machtsymbole, vielleicht wegen ihres phallischen Aussehens. Aber ihre große Zeit ist vorbei, teils wegen der Popularität der allgegenwärtigen Filzstifte, hauptsächlich aber, weil heute zu viele Leute eine Garnitur haben. Gerahmte Diplome sind auch nicht mehr »in« als Machtsymbole. Gleichfalls »out« sind: ausgestopfte Fische, Familienfotos, Kinderzeichnungen, alte Kupferstiche, Poster, Audubon-Drucke (es sei denn, es handelt sich um Originale), 37-mm-Artilleriegeschosse, die zu Briefbeschwerern umgearbeitet worden sind, sämtliche Gegenstände aus Plastik und gestohlene Aschenbecher aus bekannten Hotels oder Restaurants. Eine gewisse Unordnung auf dem Schreibtisch ist auch sehr nützlich, damit deutlich wird, daß man viel zu tun hat. Zuviel Unordnung würde allerdings schlampig wirken. Sehr gut macht es sich, wenn man zwei oder drei rote Akten mit der Aufschrift »Vertraulich« vor sich hat, sie aber sofort beiseite schiebt, wenn man merkt, daß der Besucher sie gesehen hat. Haufen von Zeitschriften wirken auch immer gut, besonders wenn kleine Lesezeichen in ihnen stecken, als brauche man sie später noch. Man sollte aber darauf achten, daß nicht etwa der Playboy oder Penthouse daliegt. Hohes Prestige hat dagegen Foreign Affairs.

Fernsehgeräte sind als Machtsymbole ebenfalls populär geworden, vielleicht, weil der verstorbene Lyndon B. Johnson drei davon in seinem Zimmer hatte (so daß er sich auf allen drei Kanälen zur gleichen Zeit sehen konnte). Ein Fernsehgerät im Büro läßt auf ein brennendes Interesse an den Ereignissen des Tages und an der Weltpolitik schließen (keiner wird vermuten, daß sein Besitzer sich während der Bürostunden Ernie und Bert aus der Sesamstraße ansieht). Es wirkt auch so, als arbeite der Inhaber des Zimmers abends noch spät nach Büroschluß, was immer ein Zeichen von Macht ist. Haushaltsgeräte im Büro sind ebenfalls ausgezeichnete Machtsymbole, weil sie zeigen, daß das Büro ein zweites Zuhause ist und nicht einfach ein Ort, an dem man wochentags von neun bis fünf arbeitet. Selbst Menschen, die fromm und brav um halb sechs nach Hause gehen, erwecken gern den Eindruck, daß sie oft bis acht oder neun bleiben. Das erklärt auch die Beliebtheit von Radios, Uhrenradios, Bars, kleinen Kühlschränken, Heizöfchen, Turngeräten und Waagen, die ich alle schon in Büroräumen gesehen habe. Kaffeemaschinen sind jedoch »out«, denn sie wirken, als hätte man nicht genügend Autorität, seine Sekretärin zum Kaffeeholen zu schicken.

Ein ganz besonderes Büromöbel hatte mein Freund Tim Hennessey, ein erfolgreicher Vertriebsmann. Er hatte in seinem Büro eine Klappliege installieren lassen. Dies war ein doppelt potentes Machtsymbol, denn es zeigte erstens, daß er abends lange arbeiten mußte und zum Schlafen gleich im Büro blieb, und zweitens, daß seine sexuellen Erfolge beim Büropersonal das Aufstellen eines Betts rechtfertigten. So viel ich weiß, wurde das Bett nie benutzt, aber Hennessey erwarb einen Ruf als harter Arbeiter und großer Don Juan und wurde beinah über Nacht zu einer legendären Figur. Hennessey hatte auch ein Schloß an seinem Privattelefon anbringen lassen, ein hübscher Einfall, der sicher vielen Leuten Eindruck machte, und unter seinem Schreibtisch einen Widerstandschalter, mit dem er Dämmerlicht einschalten konnte. Teils glaubte er, bei Verführungen so leichteres Spiel zu haben, teils gefiel er sich in dem Gedanken, er könne den älteren Semestern unter den Managern das Gefühl zu erblinden suggerieren, wenn er während einer Besprechung abwechselnd auf helles und dämmeriges Licht schaltete. Er war der erste Mensch im Verlagswesen, der drei Wanduhren hatte. Eine zeigte die Ortszeit von New York, die andere die von Los Angeles und die dritte die von London, als hätte er eine Unmenge internationaler Kontakte – eine reine Phantasievorstellung.

Zeit ist Macht

Uhren sind die höchsten Machtsymbole; denn Zeit ist in einem sehr realen Sinne Macht.

Für Menschen, die nach Stunden bezahlt werden, ist Zeit ganz einfach Geld. Therapeuten teilen ihren Tag in Sitzungen von jeweils einer Stunde (eigentlich nur fünfundfünfzig Minuten) ein und fordern einen festen Stundensatz. In den Sprechzimmern von Psychoanalytikern kann der Patient die Uhr nicht sehen, was dem Analytiker eine gewisse Macht über ihn gibt – der Patient weiß erst, daß eine Stunde um ist, wenn der Analytiker es ihm sagt. Dadurch hat der Analytiker den Patienten fest in der Hand, denn während der Sitzung kann er kaum auf seine Uhr sehen. Er ist in dauernder Spannung und unsicher, ob er einen langweiligen Traum in die Länge ziehen oder die Erfahrungen eines wechselvollen Lebens in ein paar Minuten zusammendrängen soll.

Ein vielbeschäftigter Manager kann seinem Besucher kein größers Kompliment machen, als ostentativ seine Uhr abzunehmen – und sie – mit dem Zifferblatt nach unten – auf den Tisch zu legen. Das bedeutet: »Meine Zeit gehört Ihnen. Ich stehe Ihnen zur Verfügung, so lange Sie mich brauchen.« Nimmt er aber die Uhr ab und legt sie mit dem Zifferblatt nach *oben* auf den Tisch, so sagt er damit, daß er ein vielbeschäftigter Mann ist und kaum Zeit für den Besucher erübrigen kann, daß dieser seine Sache also so schnell wie möglich vorbringen und dann verschwinden soll. Ich selbst nehme meine Armbanduhr auch ständig ab, so daß ich regelmäßig zu Cartier gehen muß, um mein Armband nachstellen zu lassen. Oft vergesse ich sie auch auf meinem Tisch oder auf dem Tisch eines anderen (sie in einem fremden Bett zu vergessen ist im allgemeinen riskant und führt zu häßlichen Szenen und Scheidungen).

Ein mir bekannter Manager hat eine riesige Straßenuhr mit fünf Zentimeter hohen Ziffern und einem zweiten Zeiger, der mit ständigem Klicken mahnt, daß die Zeit vergeht. Der Besucher sitzt der Uhr genau gegenüber und erfährt so, daß die Zeit des Managers kostbarer ist als seine eigene. Das wirkt auf die meisten wie die Schrift an der Wand bei Belsazars unseligem Festmahl (»Gezählt, gewogen und zu leicht befunden«). Das Bedrückende dieser Atmosphäre kann man noch dadurch steigern, daß man seine Sekretärin in regelmäßigen Abständen hereinkommen und sagen läßt, daß ein anderer Termin drängt oder daß Eduard Bennett Williams schon lange draußen wartet. Doch der perfekte Zeitspieler sollte nicht zu so offensichtlichen Mitteln greifen, um seinen Besucher nervös zu machen und ihm das Gefühl zu geben, die kostbare Zeit eines vielbeschäftigten Mannes zu vergeuden.

Anwälte, die ihr Honorar gewöhnlich nach Stunden berechnen, haben andere Methoden, um ihre Bedeutung hervorzuheben. Einfache Anwälte haben die Uhr direkt vor sich, und ihr Status bemißt sich nach der Art der Uhr. In Amerika ist in diesem Jahr eine runde, nach oben keilförmig zulaufende Batterieuhr »in«. Sie liegt flach auf dem Schreibtisch und ist nur für den Anwalt sichtbar. Meine größte Bewunderung gilt einem Anwalt, der eine komplizierte Schweizer Atmos-Uhr unter einem Glassturz auf seinem Tisch stehen hat. Er sieht das Zifferblatt, während sein Besucher fasziniert ist durch das unermüdliche Schwingen des Messingpendels und das endlose Surren des Räderwerks – ohne je feststellen zu können, wie spät es ist. Auf dieser Machtstufe will der Anwalt genau festhalten, wie lange sich der Klient bei ihm aufhält, legt aber eigentlich keinen Wert darauf, daß auch der Klient im Bilde ist. Anwälte von höherem Rang lassen den Klienten der Uhr gegenüber Platz nehmen und weisen ihn so gleich darauf hin, wie kostbar ihre Zeit ist. Dabei ziehen Firmenanwälte Digitaluhren vor, konservativere Anwälte bevorzugen dagegen laute Stand- oder Bahnhofsuhren. Die allerbedeutendsten Anwälte haben überhaupt keine Uhren. Sie setzen voraus, daß jeder Besucher ihnen ohnehin nur die Prozeßvollmacht übertragen will. Andernfalls sitzt draußen eine Sekretärin, die alles notiert. Scheidungsanwälte, die sich wie Psychoanalytiker endlose Tiraden ihrer Klienten anhören müssen, haben offenbar auch keine Uhren, obgleich ein Anwalt aus meinem Bekanntenkreis eine kleine Mickey-Mouse-Uhr trägt, die er nie aufzieht. Das gibt ihm das Image eines einfachen und keineswegs bedrohlichen Mannes; er wirkt nicht wie ein Autoritätssymbol oder ein Ehemann.

Natürlich sind Uhren Modeströmungen unterworfen und verraten eine Menge über die Leute, die sie tragen. Das Machtsymbol in Hollywood sind Armbanduhren, die statt Zahlen die Buchstaben des Namens auf dem Zifferblatt haben. Das funktioniert allerdings nur, wenn der Name zwölf Buchstaben hat, wie bei dem Filmproduzenten Ernest Lehman. Andere kürzen ihren Vornamen geschickt ab. Irvin Mansfield, der vielseitige Ehemann der verstorbenen Jacqueline Susann, hat die Buchstaben »Irv Mansfield« als Zifferblatt. Bis New York ist diese Mode noch nicht vorgedrungen. Hier ist die Prestigeuhr immer noch von Cartier. Im ganzen gesehen lassen sich die Träger von Armbanduhren in zwei Kategorien einteilen: Die einen mögen Uhren, die man nicht lesen kann und die entweder keine Ziffern oder nur vier fast unsichtbare Pünktchen haben; die anderen lieben Uhren, wie sie von Astronauten, Piloten und Tauchern getragen werden, mit riesigen Leuchtziffern und besonderen Anzeigern, mit deren Hilfe man berechnen kann, wieviel Sauerstoff man noch hat oder wie spät es nach Greenwich Mean Time ist, falls man das wissen muß. Ein mir bekannter Manager trägt eine Uhr, die bei einem Druck auf den Knopf gleichzeitig die Zeit für London und New York angibt. Aber nach meiner Erfahrung kann man sagen: Je machtloser der Manager, desto komplizierter die Uhr. Am wenigsten Macht haben diejenigen, die kleine Miniaturkalender an ihren Uhrenarmbändern tragen, denn sie verraten damit, daß sie sich keine Uhr mit automatischer Datumsanzeige leisten, sich aber auch nicht das Datum merken können. Eine komplizierte Uhr wie die Rolex »Submariner« zeigt meist, daß ihr Träger Opfer extremer Zeitangst und deshalb ziemlich weit unten auf der Machtskala ist. Mächtigere Manager tragen Uhren, die die Zeit kaum angeben, so dünn sind die Zeiger und so undeutlich die Zeichen auf dem Zifferblatt. Wer sich in seiner Machtposition absolut sicher fühlt, deutet es manchmal dadurch an, daß er überhaupt keine Uhr trägt und sich auf die Tatsache verläßt, daß ohne ihn sowieso nichts Wichtiges passieren kann.

Es ist schwierig, einen besonderen Stil beim Tragen von Armbanduhren zu kultivieren – schließlich haben wir nur zwei Handgelenke –, aber ich habe beobachtet, daß heutzutage viele Männer ihre Armbanduhr auf der Innenseite des Handgelenks tragen. Diese etwas affektierte Sitte machte mir eine Zeitlang viel Kopfzerbrechen. Ich beobachtete sie in meiner Jugend beim britischen Militär (eine andere mysteriöse Sitte war ein aufgerolltes Taschentuch im rechten Jackenärmel), wo sie auf Zugehörigkeit zur Kaste der Berufsoffiziere schließen ließ. Ich glaube, die Offiziere trugen ihre Uhren auf der Innenseite des Handgelenks, weil der Feind die Leuchtziffern bei Nacht nicht sehen sollte, vielleicht aber auch, damit man auf die Uhr schauen konnte, wenn man die Zügel seines Pferdes in der Linken hielt (affektierte Militärsitten rühren meist von der Kavallerie her). Keiner dieser Gründe schien mir auf moderne Geschäftsleute zuzutreffen, denn wer hätte ihnen die schneidigen Traditionen von Sandhurst und Cranwell einschärfen sollen? Genaue Beobachtung hat mir dann jedoch gezeigt, daß diese Gewohnheit ihren guten Sinn hat. Ein Mann mit der Uhr innen am linken Handgelenk kann seinen Arm um eine Frau legen und sie küssen und gleichzeitig auf die Uhr sehen. Dabei hält er die Uhr ungefähr auf der Höhe ihres linken Ohrs, ohne daß sie etwas davon merkt. Die Gewohnheit kann man zur Mittagszeit in vielen Restaurants und Bars der Stadt beobachten, wenn Männer vor der schwierigen Entscheidung stehen, ob sie bleiben und einen Nachmittag im Bett vorschlagen sollen oder ob sie besser zurück ins Büro gehen und ihre Telefonate erledigen. Nur Unerfahrene sehen dabei offen auf die Uhr. Doch an einem bestimmten Punkt, sagen wir um 13.45 Uhr oder bevor man den Kaffee bestellt, muß man wissen, wie spät es ist, und entsprechend taktieren. Ein Arm um die Schulter und ein Kuß verschaffen schnell Gewißheit, ob ein weitergehender Vorschlag Gehör finden wird und auch – vorausgesetzt natürlich, die Uhr sitzt an der richtigen Stelle –, ob man Zeit hat, die Sache durchzuführen.

Die Zeit hat ihre eigenen Regeln, ihre eigenen Siege und Niederlagen, ihre eigenen Symbole. In Städten wie New York, Chicago oder Los Angeles kann man, wenn man will, die Verlierer in diesem Machtspiel jeden Tag zur Mittagszeit beobachten. Sie sitzen an den Restauranttischen (gewöhnlich zu nahe am Eingang – Sieger sitzen so weit von der Tür entfernt wie nur möglich), sehen auf ihre Uhren und versuchen so auszusehen, als hätten sie endlos viel Zeit oder die Absicht, allein zu essen. Das sind die Leute, die pünktlich zum Lunch gekommen sind und jetzt mindestens eine halbe Stunde warten müssen, weil ihr Gast oder Gastgeber noch in seinem Büro telefoniert, während sie schon an ihrem vierten Stück Knäckebrot knabbern und froh wären, wenn sie sich eine Zeitschrift mitgebracht hätten.

Das Lunch und überhaupt alle Mahlzeiten sind natürlich sehr eng mit der Frage der Zeiteinteilung verbunden. Der verstorbene M. Lincoln Schuster pflegte zum Beispiel vier Verabredungen zum Essen in ein einziges Lunch zu packen. Er traf sich mit mehreren Leuten im gleichen Restaurant, nahm an einem Tisch die Suppe, den Hauptgang am nächsten, Dessert am dritten und Kaffee am letzten. Wäre er ein Aperitif-Liebhaber gewesen, hätte er noch gut zu Beginn der Mahlzeit einen Cocktail mit einer fünften Person trinken können. Solch ein gastronomischer Staffellauf verlangt ein eisernes Verdauungssystem oder eine absolute Gleichgültigkeit gegenüber dem Essen. Doch man kann es schaffen und zehn bis zwanzig Verabredungen zum Lunch in einer Fünftagewoche unterbringen.

Für den Machtspieler besteht bei diesen Verabredungen der ganze Trick darin, dafür zu sorgen, daß er niemals auf den anderen warten muß (selbst wenn er notfalls einmal in einer Telefonzelle lauernd den Eingang des Restaurants beobachtet). Vor allem aber gilt es, das Einleitungsscharmützel zu gewinnen und den Zeitpunkt der Verabredung nach eigener Wahl festzulegen. In vielen Firmen, besonders in großen Städten, wird ein Gutteil des Morgens damit verbracht, festzulegen, ob man sich um 12.30, 12.45 oder 13.00 Uhr treffen soll. Wer gewinnen will, muß nicht nur den Zeitpunkt selbst bestimmen, sondern auch dafür sorgen, daß er als letzter eintrifft.

Was für das Restaurant gilt, gilt auch für andere Treffpunkte: Der wichtigste Zug im Zeitspiel ist, andere warten zu lassen. Am bekanntesten ist wohl der alte Trick, beim Telefonieren erst dann zu sprechen, wenn man schon mit dem anderen verbunden worden ist. Dieser Machtkampf kann so manche sonst unproduktive Minute im Tagewerk eines vielbeschäftigten Managers ausfüllen. »Geben Sie mir Bescheid, wenn X am Apparat ist«, sagt der Machtspieler, während X seine Sekretärin natürlich anweist, ihm Bescheid zu geben, wenn Y am Apparat ist. Einige spielen dieses Spiel in anderer Form, indem sie alle Telefonanrufe selbst beantworten, den Anrufer dann bitten, sich »einen kleinen Augenblick« zu gedulden, auf der anderen Leitung weitersprechen, bis sie schließlich drei oder vier Leute in Wartestellung an der Strippe haben. Ein überzeugter Machtspieler kann sich niemals von der Tyrannei der Zeit befreien und will es auch gar nicht, da ein vollgepackter Terminkalender ihm nicht nur ein Gefühl der Bedeutung gibt, sondern auch einen willkommenen Vorwand liefert, die Dinge, die er nicht tun will, zu unterlassen. Ein voller Terminkalender ist ein Beweis von Macht. Aus diesem Grunde ziehen die Mächtigsten kleine Kalender vor, die leicht ganz vollzukritzeln sind und die den Eindruck frenetischer Aktivität erwecken, besonders wenn man eine ziemlich große Handschrift hat. Eines der besten Machtsymbole ist ein Tischkalender, wo man die ganze Woche mit einem Blick übersieht und wo jeder Quadratzentimeter beschrieben oder durchgestrichen ist. Er ist ein sichtbarer Beweis, daß man beschäftigt ist – viel zu beschäftigt, um jemanden zu empfangen, der eine Beschwerde vorbringen will oder eine lästige Frage hat. Gleichzeitig ist es ein Gunstbeweis, wenn man eine schon getroffene Verabredung durchstreicht und den Namen eines anderen »einschreibt«. Sieht man sich diese Kalender einmal genau an, so stellt man fest, daß viele Eintragungen einfach lauten: »Grauer Anzug zur Reinigung« oder »Betsys Geburtstag – Geschenk?« Aber aus der Distanz wirken sie ehrfurchtgebietend.

Viele Manager lassen sich reichlich Zeit auf dem Weg ins Büro. Sie betrachten Schaufenster und sehen hübschen Mädchen nach. Doch sobald sie durch die Drehtüren ihrer Firma gegangen sind, nehmen sie eine Sprinterposition ein. Sie bewegen sich, als wollten sie jeden Augenblick losrennen und als könnten sie ihr Tempo nur mit Mühe zu einem schnellen atemlosen Gang zügeln. Wenn sie ihre Zimmer erreichen, sind sie in höchster Fahrt und fangen, noch halb im Mantel, an zu diktieren. Männer, die sich bequem eine Stunde Zeit für den Weg zum Flughafen lassen könnten, verplempern die Zeit mit dem größten Vergnügen, um dann einen dramatischen Aufbruch zu inszenieren. Wenn sie schon durch den Korridor zum Aufzug rennen, stoßen sie noch letzte Anweisungen hervor, und hinter ihnen her jagen Leute, um ihnen noch schnell etwas auszurichten oder eine Unterschrift zu ergattern.

Bereitstehen

Es ist eine ausgezeichnete Taktik, für Konferenzen, die mit Sicherheit mindestens eine Stunde dauern, auf dem eigenen Terminplan nur eine halbe Stunde anzusetzen. So müssen alle, mit denen man nach der Konferenz verabredet ist, warten, ohne genau zu wissen, wann sie vorgelassen werden. Das ist das bekannte »Bereitsteh-Spiel«, bei dem man anderen etwa mitteilt, sie müßten für eine Konferenz »bereitstehen«, die um zehn Uhr stattfinden soll, aber wahrscheinlich vor Mittag gar nicht beginnt und vielleicht sogar auf nächste Woche verschoben wird. Sie sind jetzt natürlich mehr oder minder verpflichtet, gleichsam neben dem Telefon zu sitzen und vielleicht sogar ihre Lunchverabredungen abzusagen. Je beschäftigter Sie wirken, desto eher können Sie anderen Ihren Terminkalender aufzwingen; je rücksichtsloser Sie anderen Ihre Termine aufoktroyieren, desto mehr Macht haben Sie. Macht könnte man so definieren: Die Zahl derjenigen, die um Ihretwillen Unbequemlichkeiten auf sich nehmen müssen, ist größer als die derjenigen, um derentwillen Sie sich selbst einer Unbequemlichkeit unterziehen würden. Auf dem Gipfel der Macht – beim Präsidenten der Vereinigten Staaten zum Beispiel – wird beinah jeder warten, aufs Lunch verzichten, »bereitstehen« oder ein Dinner mit einer schönen Frau absagen. Man darf füglich bezweifeln, ob es jedem im Weißen Haus wirklich Spaß macht, ein Lunch hinunterzuschlingen, um auf Anordnung in letzter Minute im Präsidenten-Hubschrauber nach Camp David zu fliegen und auf Wochenendpläne und Golfverabredungen zu verzichten. Aber wenn die Macht ruft, folgen die meisten und stellen ihre Bequemlichkeit und ihr Privatleben zurück. Es kommt darauf an, einen großen Wirbel zu machen und so viele Leute wie möglich mit sich zu ziehen.

Ein straffer Terminplan bedeutet Macht. Das zeigt am besten eine Beschreibung von David Rockefellers Abfahrt vom Büro: »Der Garagenwärter der Chase Manhattan Bank hat Wache gestanden. Sobald er David Rockefeller die Federal Reserve Bank von New York verlassen sieht . . ., schreit er: ›Okay, Chester!‹ Kaum hat Chester den maronfarbenen Cadillac aus der Garage gefahren, sitzt Rockefeller auch schon drin (seine Assistenten sind bereits im Wagen, anscheinend haben sie stundenlang in der Tiefgarage gewartet, um für den großen Augenblick bereitzustehen). Rockefeller öffnet seinen scharlachroten Akter mit der Aufschrift ›Eilt‹, und während der Fahrt zu seinem wartenden Hubschrauber, dessen Rotorblätter sich bereits drehen und der ihn zu einer Cocktailparty in Albany bringen wird, gibt er seine Anweisungen für den Nachmittag[54].«

Man kann sich natürlich fragen, ob eine Cocktailparty in Albany eine solche »Mobilmachung« lohnt, aber wie dem auch sei, alle Elemente der »Zeit-Macht« lassen sich an Rockefellers atemloser Fahrt zum Hubschrauber illustrieren. Er verfügt über die Zeit des Piloten, die Zeit des Chauffeurs, der Assistenten, die im Wagen gewartet haben, des Garagenwärters, der dem Chauffeur Meldung gemacht hat, und vieler anderer, die zwischen Abfahrt und Ankunft alle stundenlang auf Abruf bereitstehen, um einen Mann zu einer Party zu bringen. Es wäre kaum eine Machtdemonstration gewesen, wenn David Rockefeller gemütlich aus seinem Büro spaziert wäre, hinter einem Mädchen hergepfiffen, sich ein Stück Schokolade und die Zeitschrift Penthouse gekauft hätte und gemächlich zum Hubschrauber-Landeplatz in der Wall Street geschlendert wäre. Je höher ein Mensch steigt, desto wertvoller muß auch seine Zeit erscheinen.

Eng verbunden mit dem »Zeit-Spiel« ist die Möglichkeit, den erniedrigenden Alltagskram, mit dem wir uns befassen müssen, auf andere abzuwälzen. Männer lassen sich von ihren Sekretärinnen nicht notwendigerweise deshalb eine Tasse Kaffee holen, weil sie faul oder männliche Chauvinisten sind oder etwa nicht wissen, wo der Kaffeeautomat steht. Wer sich selbst Kaffee holt, zeigt, daß seine Zeit nicht so kostbar ist und daß sie für unwichtige hausfrauliche Arbeit verplempert werden kann. Wer machtbewußt ist, wird eher mit geschlossenen Augen am Schreibtisch sitzen und »nachdenken«, als aufstehen und sich selbst Kaffee besorgen, seine Sachen aus der Reinigung oder die Post holen. In Extremfällen isolieren sich die Mächtigen von allen trivialen Beschäftigungen. John Z. DeLorean, ein brillanter Manager bei General Motors, formulierte es einmal so: »Ich glaube nicht, daß sich die Staatsoberhäupter vieler Länder näherkommen können.

Sie reisen wie die Ölscheichs.« Die Spitzenleute von General Motors reisen ebenfalls in einer privaten Düsenmaschine, Limousinen fahren sie zum Flughafen und holen sie wieder ab, ganze PR-Teams werden ein bis zwei Tage vor ihrer Ankunft eingeflogen, um dafür zu sorgen, daß alles in Ordnung ist. Sie prüfen die Hotelsuiten und »ob unter anderem auch an Blumen gedacht worden ist«[55]. Ein PR-Mann, berichtete Fortune, fand auf einem Sofa der Suite, die für den Präsidenten von General Motors reserviert war, etwas, das verdächtig nach Samenflecken aussah, und verbrachte den Nachmittag vor der Ankunft des großen Mannes damit, das Möbel mit seinem Taschentuch zu säubern.

Nicht jeder kann hoffen, diesen Grad der Isolierung vom Alltag zu erreichen. Wenn man keine Zeit hat für gemeine irdische Belange und die eigene Bequemlichkeit und das eigene Wohlergehen die Sorge anderer sind, verfügt man über das absolute Symbol der Macht.

Ein Manager hat einmal gesagt: »Irgendwie habe ich Macht immer mit Sauberkeit assoziiert, vielleicht weil wir im Grunde unseres Herzens alle fürchten, wieder manuelle Arbeit tun zu müssen, unsere Hände dreckig zu machen wie unsere Väter oder Großväter.« Mir ist aufgefallen, daß die Mächtigen offenbar *nie* *schmutzig* werden. Denken Sie an einen regnerischen Tag in der Stadt, wenn jeder mit zerknitterten, nassen Hosen und nassen Schuhen ankommt. Wie durch Magie erscheinen die Mächtigen mit messerscharfen Bügelfalten und glänzenden, trockenen Schuhen. Wie sie das machen? Ich weiß es nicht. Ich kann es mir nicht einmal denken. Das ist wahrscheinlich auch der Grund, weshalb ich hier unten sitze und sie da oben. Wechseln sie die Kleidung, wenn sie im Büro ankommen? Laufen sie etwa im Kleiderschutzbeuteln herum? Liegt es nur daran, daß sie nicht mit der U-Bahn fahren oder im Regen auf den Bus warten müssen? Wer weiß? Aber es stimmt – sie haben diese magische Politur, sie schwitzen nicht, sie werden nie von einem Taxi mit Schmutzwasser bespritzt. Als Rationalist weiß ich natürlich, daß das nicht ganz stimmt und daß es mit den großen Wagen und den Firmenflugzeugen zusammenhängt, aber ich erkenne die Mächtigen daran, daß sie zur Arbeit gehen können, ohne in eine Pfütze zu patschen. Alles in allem gilt auch hier das Bonmot über den Sex Appeal: »Einige haben's, einige haben's nicht. Ich hab's.«

8. Kapitel

Frauen und Macht

Es ist in der Provinz Sitte, daß die Bürger-
töchter nicht allzu früh heiraten.

Hermann Hesse
Das Glasperlenspiel

Die Natur hat den Frauen soviel Macht
verliehen, daß ihnen das Gesetz kluger-
weise nur sehr wenig einräumt.

Samuel Johnson

Damit kommen wir zu der größten Gruppe, »die's nicht hat«, den Frauen. Man kann zwar nicht sagen, daß Frauen machtlos sind – sie haben Macht in vieler Hinsicht, und manche Frauen übernehmen heutzutage Machtrollen, die bisher traditionell maskulin waren – aber Symbole und Mythologie der Macht sind vorwiegend männlich ausgerichtet. Die höchste Verkörperung von Macht ist der amerikanische Präsident, ein Mann, der von Männern in einer männlich-orientierten Welt umgeben ist. Ihn stützen die Errungenschaften und der Pomp einer maskulinen Gesellschaft und Technologie – Soldaten, großartige Düsenflugzeuge, Geheimdienstleute, Hubschrauber . . .

Frauen finden es hauptsächlich deshalb so schwer, in die Welt der Macht einzudringen, weil man Macht für etwas essentiell Männliches hält. Es ist nicht so sehr die Schuld der Männer, die den Frauen angeblich Steine in den Weg legen. Die Machtrituale sind die eines Männerbundes, und eine Frau kann noch so erfolgreich sein, es bleibt für sie schwierig, einen entsprechenden Grad an Macht zu erobern. »Mächtige Leute«, so formulierte es eine Managerin, »sind meistens Vaterfiguren. Ihre ganze Einstellung zum Leben ist patriarchalisch. Sie gleichen einem gebieterisch fordernden, schwierigen und strengen Vater, der nach Gutdünken belohnen oder bestrafen kann. In unserer Firma haben wir einen neuen Manager, einen sehr mächtigen Mann, der höchstens fünfunddreißig Jahre alt ist. Als er uns zum erstenmal zusammenrief, nahm er die Brille ab und sagte: ›Nun, Kinder, wollen wir uns mal die augenblickliche Lage vergegenwärtigen.‹ Einige von den Leuten, die da saßen, waren 40 oder 50, aber niemand schien zu merken, wie seltsam das war. Er hatte die Macht, und wir waren seine Kinder, die er zu beurteilen, belohnen, lieben oder zu bestrafen hatte. Er entsprach genau der Vorstellung von einer Machtfigur, einem autoritären Vater, den man nur schwer zufriedenstellen kann. Eine Frau hätte eine außerordentliche physische Ausstrahlung haben müssen, um ihre Macht und Autorität so schnell und einfach zu etablieren, wie er das schaffte, und sie hätte ihren eigenen Stil entwickeln müssen, um auf Dauer Erfolg zu haben. Die meisten erfolgreichen Frauen, die ich kenne, versuchen es entweder mit Charme, oder sie nörgeln, weil sie nicht die authentische Stimme der Macht heraus haben.«

Teilweise liegt das daran, daß wir gewöhnt sind, die »authentische Stimme der Macht« von einem Mann zu vernehmen. Von Kindheit an, in allen Lebenslagen, ist das höchste Autoritätssymbol zumeist ein Mann. Der Präsident der USA ist ein Mann, die meisten Richter sind Männer, denken wir an die Polizei, so stellen wir uns Männer vor, selbst in Schulen, an denen Frauen unterrichten, ist der Direktor höchstwahrscheinlich ein Mann. Sogar ein Mafiaboß ist nicht nur Gottvater, sondern auch ein Vater. Wohin wir auch sehen, haben, nach den Worten einer Frau, »die Männer die Schlüssel, und zwar im wörtlichen wie im übertragenen Sinne. In einer Bank mag z. B. eine Frau unseren Antrag für ein Safe bearbeiten, aber durch das Gitter läßt uns ein Mann im dunklen Geschäftsanzug mit einem Schlüsselbund in der Hand. Er hat symbolische Autorität wie Pförtner, Leibwächter, Zugschaffner und die meisten anderen Leute in Uniform. Während der Anhörungen des Ervin-Komitees über Watergate, die im Fernsehen übertragen wurden, hätte jemand, der Amerika nicht kennt, annehmen können, daß amerikanische Frauen noch ganz im Kreis von Kinder, Kirche und Küche gefangen sind, so auffällig war ihre Abwesenheit auf beiden Seiten. Die strengen Autoritätsfiguren waren alles Männer. Die Richter waren zumeist Männer und die vorgeladenen Zeugen, von kubanischen Einbrechern bis zu Präsidentenberatern und früheren Kabinettsmitgliedern, waren Männer. Die Gesichter von Macht und Autorität, die man täglich auf dem Bildschirm sah, ob es sich nun um Anwälte oder Delinquenten handelte, gehörten durchweg Männern. Dies trifft für fast jeden Aspekt des amerikanischen Staates zu. Die Richter des obersten amerikanischen Gerichtshofes sind Männer, die Gouverneure sind Männer, die großen Konzerne werden von Männern dirigiert, und während in den großen Städten sogar Farbige zu Bürgermeistern gewählt worden sind, haben es bisher wenige Frauen geschafft. Zwar hat die »Washington Post« eine Präsidentin, Mrs. Katherine Graham (ihr Vater kaufte die Zeitung, und ihr Mann war bis zu seinem Tode Verleger der Post), und Mrs. Dorothy Chandler ist im Aufsichtsrat der Los Angeles Times Mirror Co. (die ihrer Familie gehört), aber ansonsten werden die amerikanischen Zeitungen von Männern dirigiert, und die meisten bedeutenden politischen Kommentatoren sind Männer. In fast 1300 Firmen, die an der Börse gehandelt werden, sind unter 6500 leitenden Angestellten und Direktoren 11 – nicht mehr als 11 – Frauen![56]

Unter den gegenwärtigen Umständen sind die Chancen, daß man sich im Lauf seiner Karriere mit einer mächtigen Frau auseinandersetzen muß, nicht sehr groß, obwohl sich das auf einem niedrigeren Machtniveau und in einigen Industriezweigen und Berufen ändert. An der Spitze haben jedoch noch immer Männer die Macht. Ihre Auffassung von Macht und die Art, wie sie sie symbolisieren, bestimmen weiterhin das Bild, das sich die meisten ihrer Untergebenen von der Macht machen. Eine erfolgreiche Vizepräsidentin erzählte mir: »Am meisten muß ich gegen die vorherrschende Meinung ankämpfen, daß die *wahre* Macht und Autorität ganz woanders sitzt. Ich habe diesen Posten, ich mache meine Arbeit gut, ich treffe die Entscheidungen, aber weil ich eine Frau bin, meinen die Männer oft: ›Na schön, sie ist Vizepräsidentin, aber wahrscheinlich ist sie irgend jemandem unterstellt, der die Entscheidungen trifft.‹ Die Leute über mir denken natürlich ganz genauso. Sie glauben tatsächlich, daß sie für alles, was ich tue, verantwortlich sind. Ich treffe viele wichtige Entscheidungen, man erkennt das auch an. Aber die Männer glauben noch immer, daß sie die Macht gepachtet haben. Ich treffe eine Entscheidung – und sie nicken und akzeptieren sie – es bleibt ihnen nicht anderes übrig. Aber sie wollen sie von einem Mann bestätigt haben, in einer Machtsituation, mit der sie vertraut sind – einer Mann-gegen-Mann-Konfrontation. Was sie auf diese Weise erfahren, *glauben* sie. Bei allem, was sie von mir hören, ob ›Ja‹ oder ›Nein‹, bleibt immer ein Fünkchen Unsicherheit.«

An Frauen stellt man ständig die Forderung, ihre Entscheidungen zu »revidieren«, zu »diskutieren« und zu »konkretisieren«. Männer unternehmen außerordentliche Anstrengungen, um Machtstrukturen zu erfinden, deren Hauptzweck es ist, erfolgreiche Frauen ihrer Autonomie zu berauben. In allen Firmen, die erfolgreiche Frauen in einer Spitzenposition haben, schießen Komitees, Konferenzen und »Machtrevisionsstrukturen« mächtig ins Kraut. Es ist, als errichte die männliche Machthierarchie spontan Bollwerke, um sich zu schützen. Man tut z.B. alles in seiner Macht Stehende, um Managerinnen das Recht zu nehmen, die Gehälter der Angestellten in ihren Abteilungen anzuheben, denn es ist eine wichtige Autoritätsfrage, ob man ermächtigt ist, Gehaltserhöhungen vorzunehmen. Ein Mann, dem eine Abteilungsleiterin unterstellt ist, wird ihr wahrscheinlich gegen Ende des Jahres ziemliche Schwierigkeiten machen, wenn es Zeit ist, Gehaltserhöhungen ins Auge zu fassen. Schlimmer noch, er wird möglicherweise darauf bestehen, Angestellte aus ihrer Abteilung zu sich zu rufen, um die Gehaltsfrage hinter ihrem Rücken zu besprechen. Es kommt alles darauf an, ihre Autorität zu unterminieren, indem man ihren Untergebenen zu verstehen gibt, daß über Beförderungen und Gehaltserhöhungen woanders entschieden wird – und zwar von einem Mann. Im Mikrokosmos eines Unternehmens gehört dies Verhalten zu dem männlich-chauvinistischen Spiel gegen Frauen als Kolleginnen. Man will klarstellen, daß alles »Wichtige« von einem Mann entschieden werden muß, ganz besonders aber Geldfragen. *»Wichtige« Fragen sind in der Regel Angelegenheiten, die auf einer Ebene direkt über der erfolgreichsten Frau in der Firma entschieden werden.* Alles, was Frauen nicht selbst entscheiden können, oder was man sie nicht entscheiden läßt, wird als »wichtig« definiert. Wenn eine Frau eine Abteilung leitet, die jährlich über mehrere Millionen Dollar verfügt, und wenn sie das Recht hat, über sechsstellige Beträge zu entscheiden, werden diese Angelegenheiten automatisch »unwichtige« Routinefragen. Die Dinge aber, mit denen sie nicht befaßt ist, wie z.B. Gehälter, Versand oder Rechnungswesen, werden zu schwerwiegenden Problemen von höchster Bedeutung. Jede Aufgabe, die eine Frau übernimmt, wird sofort herabgewürdigt, sobald sie bewiesen hat, daß sie damit fertig wird. Wird z.B. eine Frau zur Vorsitzenden gewählt und sie beruft einen männlichen Vizepräsidenten, so werden wir mit Sicherheit erleben, daß die Position des Vizepräsidenten an Macht und Verantwortung gewinnt, während die Stellung der Vorsitzenden soweit degradiert wird, bis die Vorsitzende und der Vize als ein gleichberechtigtes »Team« behandelt werden können.

Männer haben viele Möglichkeiten, Kontrolle auszuüben, und vor allem ein konstantes und fast instinktives Bedürfnis danach. Nehmen wir z.B. Ausschüsse: Sowie eine Frau in einen Ausschuß berufen wird, bemerkt man ein ganz natürliches Bestreben, seine Bedeutung herabzumindern und sämtliche Führungsaufgaben auf einen neuen, kleineren Unterausschuß zu übertragen, dem durch einen seltsamen Zufall keine Frauen angehören. Das erklärt auch, warum der Berufung einer Frau in einen Ausschuß – mag sie auch noch so als Triumph gefeiert wer-

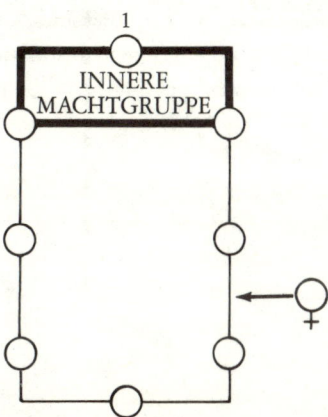

Ein Planungsausschuß aus acht Personen mit einer Kerngruppe aus drei Ausschußmitgliedern. In den Ausschuß soll ein weibliches Mitglied berufen werden.

den – oft die Ernennung einer ganzen Schar von Frauen folgt. Hierbei handelt es sich keinesweg um einen Akt von Gleichbe- rechtigung – weit gefehlt: die Männer, die den Ausschuß dirigie- ren, überlassen ihn einfach den Frauen und ersetzen ihn durch einen neuen, exklusiveren Ausschuß. Dieser Vorgang vollzieht sich mit endlosen Variationen alle Tage. Nehmen wir einmal an, wir haben einen Ausschuß, der aus acht Mitgliedern besteht und die Aufgabe hat, ein »Langzeitprogramm« zu entwickeln. Der Ausschuß hat einen Vorsitzenden, einen Sekretär und einen stellvertretenden Vorsitzenden. Diese Leute bilden natürlich eine innere Machtgruppe, die den Ausschuß tatsächlich dirigiert, indem sie die Tagesordnung festlegt und das Protokoll führt.

Nehmen wir nun an, es wird notwendig, eine Frau in den Aus- schuß zu berufen, vielleicht um zu beweisen, daß die Firmenlei- tung nicht männlich-chauvinistisch eingestellt ist, oder ganz ein-

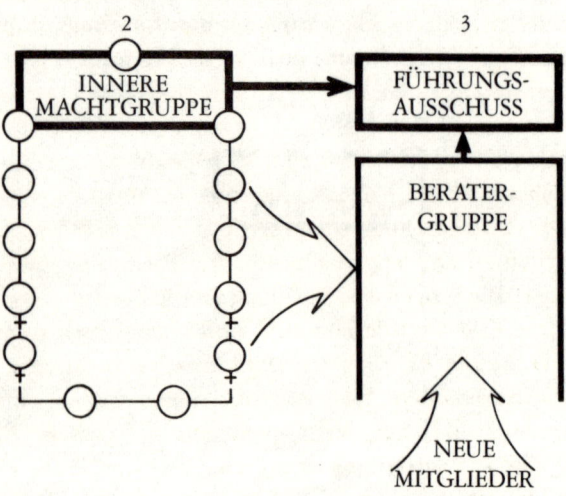

Abbildung 2 und 3 zeigen, wie der Neunerausschuß auf 13 erweitert wird, worauf sich die innere Machtgruppe als neuer separater Ausschuß konsolidiert, während sie den alten Ausschuß jetzt soviel Leuten öffnet, daß er machtlos wird.

fach, um einer erfolgreichen Frau gefällig zu sein, die dem Ausschuß gerne angehören möchte. Der Ausschuß besteht jetzt aus neun Personen und wird von der gleichen Dreiergruppe dirigiert. Sie hat zwar noch die Führung inne, aber in ihren Augen hat die Machtgruppe ihre Bedeutung verloren, da nunmehr eine Frau dazugehört. So treffen sie eine einfache und natürliche Entscheidung – da noch mehrere andere Frauen gerne dem Ausschuß angehören wollen, entschließt sich die Machtgruppe, vier weitere Ausschußmitglieder zu berufen, drei Frauen und einen Mann.

Der Ausschuß ist »demokratisiert«, aber man kann jetzt argumentieren, daß er zu groß geworden ist, um effektiv Entscheidungen treffen und Empfehlungen ausarbeiten zu können. Die innere Machtgruppe wird sich nun neu konsolidieren, vielleicht zunächst ganz inoffiziell, mit der Absicht, einen »Führungsausschuß« zu bilden. Sie wird völlig zu Recht argumentieren, daß eine kleine Gruppe stets leistungsfähiger ist. Dabei wird aber verschwiegen, daß sie den ursprünglichen Ausschuß absichtlich erweitert hatte. Es steht ihr jetzt frei, den erweiterten ersten Ausschuß in eine »Beratergruppe« umzuwandeln, und sie läßt soviel Leute hinein (übrigens eine bequeme Art, Verpflichtungen von früher abzugelten), daß eine »Schwatzbude« daraus wird. Aufgebläht und auf eine ohnmächtige Beraterrolle reduziert, sinkt der Ausschuß zur Bedeutungslosigkeit herab. Er tritt nur noch selten zusammen, sehr beschäftigte Leute nehmen nicht mehr an den Sitzungen teil, und allmählich gerät er in Vergessenheit. Diese Taktik wiederholt sich. Sollte es notwendig werden, eine Frau in den Führungsausschuß aufzunehmen, dann wird auch er sich vergrößern, bis er zu groß ist, um nützliche oder entscheidende Funktionen wahrzunehmen. Die innere Machtgruppe wird ihn wiederum seinem Schicksal überlassen, und die gleiche Dreiergruppe wird unter einem neuen Aushängeschild die Arbeit wieder aufnehmen.

»Ich habe das immer wieder erlebt«, sagte Jane Shields, eine Spitzenmanagerin bei einem Magazin. Sie hat sich zur Vizepräsidentin emporgearbeitet bei einem Unternehmen, das Frauen noch nie Titel nachgeworfen hat.

»Das ist hier so eine Art ›Totentanz‹. Ungemein wichtig ist z.B. die Frage, ob Rechercheure das Telefon bedienen sollten. Das ist ja alles ganz gut und schön, aber geht doch eigentlich nur junge Frauen an, die nicht für Sekretärinnen gehalten werden wollen. Jeder ist bereit, ›Frauenfragen‹ im Jargon von Zweiundzwanzigjährigen zu diskutieren, aber wehe, man soll was von seiner Macht abgeben – na, Schwamm drüber! Wir hatten einen sehr wichtigen Führungsausschuß, und als ich Vizepräsidentin wurde, wollte ich Mitglied werden. Noch nie hatte eine Frau im Ausschuß gesessen, aber mein Vorgänger war Ausschußmitglied gewesen, das war also ein Präzedenzfall. Zuerst sagte man mir, ich könnte nicht in den Ausschuß, weil einige der Mitglieder sich scheuen würden, wichtige finanzielle Angelegenheiten vor einer Frau zu besprechen! Darauf antwortete ich: ›Blödsinn!‹ Dann erklärte man mir, daß die Sitzungen in einem Privatraum eines Klubs stattfänden, zu dem Frauen während der Mittagszeit keinen Zutritt haben. Ich wurde auch damit fertig. Die Ausschußsitzungen wurden nach oben ins Restaurant verlegt. Das war zwar nicht so luxuriös, aber was soll's.

Ganz plötzlich wurde der Ausschuß größer und größer. Sie ließen ihn so groß werden, daß es keine Auszeichnung mehr war, ihm anzugehören. Weil wir so viele geworden waren, zogen wir in ein Konferenzzimmer um. Man konnte während der Sitzungen Essen bestellen. Das gab ein Durcheinander und gab den Männern Gelegenheit, den Frauen allerlei Hausfrauenpflichten zu übertragen und sie mit Problemen, wer welches belegte Brötchen kriegen sollte, zu beschäftigen. Als diese Zustände chaotisch wurden, kamen die ursprünglichen Ausschußmitglieder wieder in ihrem alten Privatklub zusammen, und wir Frauen, die wir so gerne hatten Ausschußmitglieder werden wollen, saßen zusammen im Konferenzzimmer. Als ich in den Ausschuß kam, öffneten ihn die Männer für jedermann und entwerteten ihn so. Und hinterher erzählten sie doch tatsächlich herum, daß man nichts anderes erwarten könne, wenn man da eine Frau hereinließe!«

Jane, eine gutaussehende Frau Ende Vierzig, schüttelt den Kopf, zündet sich eine Zigarette an – und klopft das Ende ungeduldig auf den Handrücken, eine typische Männergeste aus den vierziger Jahren, die sie irgendwo aufgelesen hat, genau wie ihr Feuerzeug in Form einer Spielzeugpistole. Jane ist erfahren und hart im Nehmen. Sie hat viel Zeit geopfert, um sich von der kleinen Sekretärin bis zu dieser Position in einem Büro hoch über Manhattan emporzuarbeiten. Ihr Zimmer hat hellgelbe Wände, einen dicken roten Teppich und drei gelbe Telefone. In ihrer Abteilung wird sparsam gewirtschaftet, sie sieht auf den Pfennig, obwohl sie weiß, daß sie den Männern über ihr damit ein Argument gegen sie liefert. Nach deren Beschreibung ist sie eine »Hausfrau, die auf einen Reibach aus ist, eine richtige Pfennigfuchserin, die eher einen Pfennig spart als einen Dollar macht«. Jane kann nicht anders. Seit ihrem achtzehnten Jahr hat sie sich ihren Lebensunterhalt selbst verdient, und die meiste Zeit hat sie ein sehr niedriges Gehalt gehabt – eben das Gehalt einer Frau. In Geldfragen kann sie daher nicht richtig unbefangen sein und wird es auch nie schaffen. Wie viele erfolgreiche Frauen hat sie gelernt, ihre Arbeit ganz großartig zu machen, aber von Macht versteht sie immer noch sehr wenig, und sie kann nie ganz begreifen, warum ihr immer wieder Männer vor die Nase gesetzt werden, die halb soviel arbeiten und doppelt soviel verdienen. Ausschüsse, Konferenzen, das genaue Redigieren von Protokollen, kitzlige Sachen wie »Streichel-Lunches«, bei denen neue Machtbündnisse geschlossen werden, das alles langweilt sie. Sie möchte ihre Arbeit tun, in Ruhe gelassen und für gute Arbeit bezahlt und respektiert werden. »Die da oben machen so ihre Spielchen«, sagt Jane und zeigt zur Decke. »Ich mache keine Spielchen. Ich arbeite.«

Zu Janes Pech sind Spiele genauso wichtig wie Arbeit. Männern bringt man dieses Wissen bei. Sie lernen es im Mannschaftssport, in der Armee, in der Schule. Es gehört zu ihrem Rüstzeug.

Ein Sinn für Macht kommt ihnen ganz natürlich, wenn sie nur ein bißchen Intelligenz und Ehrgeiz haben. Einige von ihnen machen den Fehler, anzunehmen, daß Macht genug ist und daß man überhaupt nicht zu arbeiten braucht. Aber die meisten lernen im Laufe der Zeit, mit der Macht zu leben. Und da sie Macht als ein männliches Vorrecht ansehen, tragen sie die heftigsten Kämpfe mit Frauen aus.

Manchmal haben es solche Spiele in sich, z. B. kann es um das geschickte Ausspielen von Sex in der richtigen Situation gehen. Gewitzte Spieler sind durchaus in der Lage, eine Frau zu demütigen und ihr im gleichen Augenblick zu schmeicheln. Die Benutzung sexueller Signale ist eine der wichtigsten Taktiken bei vielen komplizierten Machtspielen, die nichts mit Sex zu tun haben. Flirts, Schmeicheleien, Anzüglichkeiten lassen sich ohne weiteres in Machttechniken verwandeln.

Im Büro haben solche Signale eine spezifische Funktion: Sie schaffen eine intime Atmosphäre, die ihrer ganzen Natur nach etwas Verschwörerisches hat. Aus diesem Grunde werden sexuelle Signale bei Machtspielen im Büro oft von unten (in der Machtstruktur) ausgesandt. Frauen können sie sogar gegen Männer benutzen. Stellen wir uns einmal vor, ein leitender Angestellter hat seine »Leute« zusammengerufen, um ihnen tüchtig die Leviten zu lesen, weil sie bei irgendwelchen Vertragsangelegenheiten versagt haben. Zehn Angestellte sind mehr oder weniger unbequem um seinen Schreibtisch versammelt. Es sind nämlich nicht genug Stehplätze für alle da, und die meisten Stühle sind automatisch von den höhergestellten männlichen Anwesenden eingenommen worden (männlicher Chauvinismus, natürlich). Diese Herren denken, wenn sie nur bequem auf einem Stuhl sitzen, möglichst nah beim Schreibtisch, die Füße fest auf den Boden gesetzt, wird man sie für Angehörige des Managements halten, für eine Art Untergruppe. Der leitende Angestellte erscheint dann nur als ihr Sprecher. Sie haben sich jedenfalls abgesetzt von der größeren Gruppe, die kritisiert und auf Trab gebracht werden soll. Aus diesem Grund haben sie alle ihr Jackett an, ziehen nachdenklich an ihrer Pfeife und sind bemüht, den Eindruck zu erwecken, daß sie schon wissen, was gesagt werden soll, und einverstanden sind. Die vier Frauen unter den Anwesenden stehen oder lehnen sich an die Heizkörper beim Fenster. Der leitende Angestellte erledigt schnell ein Telefongespräch, um zu zeigen, daß er wichtigere Dinge zu tun hat, als mit seinen Leuten zu sprechen, und daß er sie warten lassen kann, wenn es ihm paßt. Aber während er telefoniert, winkt er ihnen zu und gibt ihnen dadurch zu verstehen, daß er zu ihnen gehört und daß sie sehen müssen, wie sehr er in Anspruch genommen ist und daher ihr Mitgefühl verdient, auch wenn er vorhat, ihnen den Kopf zu waschen.

Er legt auf und kommt zur Sache. »Hören Sie mal«, sagt er, »die Formulare müssen unbedingt rechtzeitig fertig werden. Da gibt es keine Ausreden. Ich gehe jetzt die Angelegenheit mit Ihnen Schritt für Schritt durch, und ab heute wird die Sache erledigt, und zwar richtig! Verstanden?« Er funkelt die Männer an, die bei seinem Schreibtisch sitzen, um ihnen zu zeigen, daß auch sie gemeint sind (sehr zu ihrem Mißbehagen). Dann schaut er die Frauen an, die beim Fenster stehen und die Augen niedergeschlagen haben – bis auf eine. Sie erwidert seinen Blick ganz hingerissen und begeistert. Sie spielt an einer goldenen Kette, die sie um den Hals trägt, hängt förmlich an seinen Lippen und bewundert seine Redegewandtheit. Da er ein Mann ist, muß ihm das einfach auffallen. Während er sich über sein Thema verbreitet, sieht er sie noch ein paarmal an und signalisiert dann fast instinktiv *sein* sexuelles Interesse, indem er die Brille abnimmt und am Ende eines Bügels kaut (eindeutig ein orales Signal). So kommt es zu einem stillschweigenden Bündnis, einer Art heimlicher Kommunikation. Es dauert nicht lange, und sein Angriff richtet sich gegen die Männer, die vor ihm sitzen. Er gibt ihnen alle Schuld, droht und wütet, sehr zu ihrer Überraschung, denn sie können ja nicht verstehen, daß ihr Peiniger jetzt eine Schau vor jemand anders abzieht. Von seinem Angriff auf die ganze Gruppe und von einem gründlichen Versuch, die anstehenden

Probleme zu lösen, ist er wirkungsvoll abgelenkt worden und veranstaltet nur noch eine leere Machtdemonstration.

In den Händen eines erfahrenen Spielers wird das sexuelle Signal zu einer höchst wirksamen Waffe bei Machtspielen. Darüber hinaus hat es den Vorteil, daß nichts daraus zu entstehen braucht. Es versteht sich von selbst, daß keine Seite verpflichtet ist, auf das Signal eine Liebesaffäre folgen zu lassen. Es schafft lediglich ein vorübergehendes Gefühl von Intimität und Verständnis. Man lenkt damit einen Angriff auf jemand anders ab oder schustert ihm eine unliebsame Arbeit zu.

Wenn Frauen sexuelle Signale benutzen, sind das zumeist Verteidigungswaffen, bei Männern hingegen sind es Angriffswaffen. Die meisten Männer *erwarten* sogar, daß Frauen ihre Weiblichkeit als Waffe einsetzen. Das gehört zu ihrem eingefleischten Mißtrauen gegenüber Frauen im allgemeinen. Bei einem Mann rechnet man nicht damit, daß er ein »feminines« Spiel spielt, tut er es doch, so hat er den Vorteil, die anderen zu überraschen. Es ist auch nicht schwierig: ein Mann kann leicht zu einer Vaterfigur werden (dabei macht er die Frau, zu der er spricht, zu einer Ersatztochter). Er kann auch als Ehemann auftreten (das gibt ihm ein angemaßtes Recht auf intime Autorität). Oder er spielt den Liebhaber (in dieser Rolle ersetzt er greifbare Vorteile durch Charme, Zärtlichkeit und Verständnis). Die Hauptsache ist, man schafft ein Verhältnis, das zwischen Mann und Frau in unserer Gesellschaft üblich ist, und auf das man eine geschäftliche oder berufliche Beziehung aufbauen kann.

Männer flirten, was das Zeug hält, mit ihren Sekretärinnen. So wird es schwierig für sie, eine Gehaltserhöhung zu erbitten oder eine unliebsame Arbeit abzulehnen. Der Leistung einer Frau in leitender Stellung bringen sie ein »väterliches« Interesse entgegen. Bei jeder Auseinandersetzung haben sie dadurch den Vorteil väterlicher Autorität. Es reicht, wenn man der Frau das Gefühl gibt, daß ihre Rolle in der Firma ihrer Rolle in der Welt draußen entspricht. Eine Frau, die sich mit einem autoritären Ehemann abfindet, wird bald feststellen, daß ihr Chef für sie genau das gleiche verkörpert. Eine Frau, die sich nach Protektion, Liebe und Schmeicheleien sehnt, wird all dies bald von den Männern, mit denen sie arbeitet, erhalten unter Verzicht auf Gehaltserhöhungen, Titel und Macht. Männer sind Meister darin, Frauen zu Stereotypen zu machen.

Sehen wir uns ein Beispiel an: Ein angesehener Finanzberater wird von einem Manager, einem hitzköpfigen Alleskönner, zu einer Besprechung gerufen. Er will den Berater gerne loswerden, um in der Firma freie Hand zu haben. Um den Tisch sind mehrere Personen versammelt, unter ihnen auch eine attraktive junge Frau. Der Berater äußert seine Meinung über den ersten Punkt der Tagesordnung, der Manager schweigt. Auch die anderen Herren halten natürlich den Mund, einmal, weil sie nicht ihren Mangel an originellen Ideen zeigen wollen, zum anderen, weil niemand sich festlegen will, ehe man weiß, wer aus diesem Machtkampf als Sieger hervorgeht. Der Berater gibt seine Stellungnahme zu Punkt zwei der Tagesordnung, und der Manager wendet sich an die junge Frau und bittet sie zu sagen, was *sie* denkt. Gleichzeitig nimmt er nonchalant eine Zigarette aus ihrer Packung und zündet sie sich mit ihrem Feuerzeug an, gibt es ihr leichtin zurück und mustert sie sehr direkt, während er exhaliert. Ein Signal! Aber es geht hier nicht um das sexuelle Signal (obwohl ich erwähnen muß, daß das Ausleihen von Gegenständen, besonders wenn sie orale Bedeutung haben, oft als Demonstration einer intimeren Beziehung gedacht ist).

In diesem Fall wird der angesehene Berater gedemütigt. Der Manager zeigt ihm, daß für ihn die Ansichten einer Frau genauso wichtig sind wie seine. Dadurch verliert er bei den anderen Männern am Tisch an Ansehen. Er hat auch das deutliche Gefühl, daß er sich nicht mit der jungen Frau anlegen sollte, falls zwischen dem Manager und ihr tatsächlich eine sexuelle oder emotionale Beziehung besteht. Das reicht, um ihn zu verunsichern, worauf es vor allem ankommt, und den Gedankenaustausch zwischen den beiden Hauptgegnern zu einer konfusen, höflichen Diskussion zu machen. Hinterher kann der Manager dann argumentieren, daß der Berater nachgelassen, keine zündenden Ideen mehr hat und sie auch nicht mehr überzeugend vorträgt. Beachten Sie, daß die junge Frau gar nicht gemerkt haben muß, um was es hier geht. Eine große Anzahl sexueller Machtspiele werden zwischen Männern ausgetragen, wobei die Frauen gar nicht merken, daß sie in das Spiel verwickelt sind und in der Tat *benutzt* werden.

Beispiele hierfür gibt es in Hülle und Fülle. Für einen Mann ist es sehr wirkungsvoll, eine Präsentation von einer Frau machen zu lassen und durch kleine Aufmerksamkeiten und vertrauliches Getue zu verstehen zu geben, daß zwischen ihnen eine engere Beziehung besteht. Wenn die Präsentation Erfolg hat, wird man annehmen, daß er ihr diese Gelegenheit geboten hat, weil die beiden ein Verhältnis miteinander haben. Da jeder Mann dafür Verständnis hat, kann er auf jeden Fall den Erfolg für sich verbuchen. Und je mehr er darauf besteht, daß *ihr* die Ehre gebührt, desto höher wird man es ihm anrechnen, daß er einer Frau gegenüber, mit der er etwas hat, so großzügig ist. Einer meiner Bekannten ging kürzlich zu einer Konferenz, um einer Gruppe männlicher Führungskräfte ein graphisches Projekt für einen Werbefeldzug vorzulegen. Bei sich hatte er eine junge Frau, die praktisch die ganze Arbeit gemacht und auch zuerst die Idee gehabt hatte. Als sie ins Zimmer traten, legte er wie zufällig den Arm um ihre Schultern und sagte: »Meine Herren, dies ist Jane. *Sie* wird Ihnen dieses Projekt vorführen, und bitte nehmen Sie zur Kenntnis, daß es ihr Projekt ist und daß ich es für großartig halte.« Daraus schloß jedermann automatisch, daß die intime Geste (der Arm um die Schultern) eine enge Beziehung zwischen den beiden andeuten sollte, und man unterstellte, daß es sich in Wirklichkeit um sein Projekt handelte.

Sollte das Projekt auf Ablehnung stoßen, so beachten Sie, daß er sich schon ein Alibi verschafft hat. Es war *ihr* Projekt, nicht seins, und er kann es auch mit durchfallen lassen und vielleicht einem der anderen Herren zuflüstern: »Ich sehe ein, Sie haben recht, ich hatte auch so meine Zweifel, aber ich wollte ihr eine

Chance geben. Sie wissen ja, wie das mit den Frauen ist. Zum Teufel, versuchen wir eben etwas anderes . . .«

Dieses Spiel, sich einen Sündenbock zu besorgen, ist in den sogenannten »kreativen« Unternehmen sehr bliebt. Es zeigt eindeutig, wie Männer weibliche Konkurrenz dadurch aus dem Wege räumen, daß sie die Frauen scheinbar zu Komplicen machen. Radikale Feministinnen haben somit recht, wenn sie die traditionellen Höflichkeiten zwischen Männern und Frauen im Berufsleben in Frage stellen. Eine Frau sollte auf der Hut sein, wenn ihr ein Kollege ganz gegen seine Gewohnheit ein Kompliment zu einem Kleid macht, ihr Aussehen bewundert, die Tür für sie offenhält oder ihr mit großer Geste Feuer gibt. Viele Männer benutzen diese kleinen Höflichkeiten, um vor ihren männlichen Kollegen und sich selbst zu betonen, daß die Frau, mit der sie es zu tun haben, ein Fall für sich ist, so daß Höflichkeit gegenüber einer Frau dazu dient, sie von der Gruppe auszuschließen. Dies trifft ganz besonders bei großen Konferenzen zu. Die Herren sitzen da, haben die Jacketts abgelegt und sind ganz in ihre Arbeit vertieft. Eine Dame kommt herein, sie stehen auf, holen ihr einen Stuhl, jemand gibt ihr Feuer: alles sieht wie Höflichkeit aus. Niemand könnte den Herren vorwerfen, sie nicht beachtet zu haben – im Gegenteil, sie haben sich vollkommen höflich verhalten, die korrekten gesellschaftlichen Gesten im Umgang mit dem anderen Geschlecht vollzogen, aber sie haben sie dennoch effektiv isoliert.

Trotz Frauenemanzipation sieht man auch heute noch extremere Formen dieser Art Demütigung. Ich habe erlebt, wie sich Männer vorbeugten und einer Frau sanft übers Haar strichen, um Einverständnis oder Zustimmung auszudrücken. Oder sie legten den Arm um sie, wenn sie ein Konferenzzimmer oder ein Restaurant betraten, als wollten sie sagen: »Nur keine Bange!« Oder sie tätschelten ihr sogar die Wange. Hätten diese sexuellen Signale den Zweck, zu Intimitäten zu führen, so könnte man vernünftigerweise nichts dagegen sagen. Aber im Berufsleben bedeuten sie viel eher, daß man die Bedeutung einer Frau vor den

Männern herunterspielen und andeuten will, daß man eine Be-
schützerrolle gegenüber der Frau hat und daß die alten biologi-
schen Unterschiede wichtiger sind als der Beruf. Es wäre eine
vernünftige Daumenregel, einen Mann einmal zu fragen, ob er
einem anderen Mann in der gleichen Situation ähnlich intime
Gesten bezeigen würde – würde er einem Kollegen auf den Rük-
ken klopfen, um Zustimmung zu äußern, würde er seine Hand
schütteln, um Einverständnis zu unterstreichen? Gewöhnlich
würde man das verneinen. Zwischen Männern in Berufsleben
sind intime körperliche Gesten sehr selten, womit ich nicht sagen
will, daß es sie nicht *gibt*. Aber sie gehören eher auf den Sport-
platz, die Party oder an die Bar, wo körperlicher Kontakt zwischen Männern ein gewisses Solidaritätsgefühl und natürlich
Gleichheit schafft. Im Beruf benutzt man diese Art körperlicher
Vertraulichkeit nur, um zu betonen, daß der Mensch, den man
da berührt, ein Untergebener ist.

Ein Vizepräsident unterstreicht vielleicht seine Worte, indem
er einem Mann spielerisch an die Brust pocht, aber in Wirklichkeit gibt er damit zu verstehen, daß er der Vorgesetzte ist und
daß er den anderen anrühren kann, ohne selbst berührt zu werden. Ein ranghöherer Manager kann seinen Arm um die Schulter
eines männlichen Kollegen legen, um Zustimmung zu zeigen,
aber der Untergebene kann kaum das gleiche tun. Solche Gesten
sind entweder gönnerhaft oder bedrohlich. Der verstorbene
Lyndon B. Johnson war darin ein großer Meister. Er drückte die
Knie seiner Untergebenen, boxte sie, stieß ihnen den Finger in
die Magengrube und benutzte eigentlich alle physischen Methoden, um zu zeigen, wer die Macht hatte.

Natürlich setzen sich viele Frauen mit ihren eigenen sexuellen
Signalspielen zur Wehr. In einigen Branchen haben sie große
Macht und machen auch rücksichtslos davon Gebrauch. Ich erinnere mich sehr gut an die Herausgeberin eines größeren Magazins, die mit den Jahren die Autorität und Befehlsgewalt eines
Borgia-Papstes entwickelt hatte. Die Ausstattung ihres Bürozimmers sollte die Männer verunsichern – sie sollten das Gefühl

haben, als wären sie mit offenem Reißverschluß in die Damentoilette geraten. Der Teppich war ein imitiertes Leopardenfell, die Wände waren mit grellen Blumenmustern tapeziert, auf allen Tischen standen große Schalen mit Lilien, und die Tischplatten waren mit Schlangenhaut bezogen. Sie hatte keinen Schreibtisch, nur einen großen, runden, rohrgeflochtenen Gartentisch mit Glasplatte. Alle Stühle waren kleine zarte Dingerchen aus Bambus mit lindgrünen Samtbezügen, Möbelstücke, auf denen die meisten Männer recht unbehaglich sitzen, weil sie fürchten, sie mit ihrem Gewicht zu zerbrechen. Da sie klein war, hatte sie alle Möbelstücke ihrer Größe anpassen lassen, eine Tatsache, die einem zuerst gar nicht auffiel, wenn man das Zimmer betrat. Jeder Mann über 1,55 m bekam aber allmählich das halluzinierende Gefühl, zu groß geraten zu sein, als wäre er mit dem Schlag eines Zauberstabs in einen tölpelhaften, grotesken Riesen verwandelt worden. Sie selbst war Nichtraucherin, und so standen auch keine Aschenbecher in ihrem Zimmer. Zündete sich ein Besucher eine Zigarette an, so suchte er hilflos in dem Durcheinander nach einer Ablagemöglichkeit für sein Streichholz und die Zigarettenasche, während die Dame so tat, als bemerke sie seine Notlage nicht. Jeder Zentimeter auf der Tischplatte war mit Nippes bedeckt – Vogeleier, Muscheln, Kristallschüsseln voller Glasperlen, Porzellan, geschnitzte Elfenbeinfischchen, die in Jadebassins herumschwammen, Ikonen, Stoffmuster, kristallene Briefbeschwerer und kleine grünemaillierte Frösche (ihr Wahrzeichen – alle ihre Besitztümer, ihr Schreibpapier und ihre Geschenke waren mit einem kleinen grünen Frosch verziert). Auf dem Tisch konnte man nur auf dem einzigen Eckchen direkt vor ihrem Stuhl arbeiten.

Ihre beiden Sekretärinnen saßen mit *im* Zimmer, nicht etwa draußen, an lindgrünen Schreibtischen mit lindgrünen IBM-Schreibmaschinen (die Farbe war speziell aufgesprüht worden) und lindgrünen Telefonen. Während jeder Besprechung oder Konferenz waren sie anwesend. Das gab Männern das Gefühl, daß Mrs. Lynch (ihr damaliger Familienname) fürchtete, von ihnen vergewaltigt zu werden, und zwei weibliche Zeugen bei jedem Gespräch oder Interview dabeihaben wollte, wie die Matronen, die beim Polizeiverhör einer Frau anwesend sind. Wenn es hart auf hart ging, wandte sich Mrs. Lynch an ihre Sekretärinnen und sagte:»Ich glaube, das können wir nicht machen. Was meint ihr dazu?« Und sie antworteten:»Nein, Mrs. Lynch!« Das reichte, um bei jedem Mann das Blut zum Gerinnen zu bringen, und die meisten Männer sahen einem Interview mit Melissa Lynch mit den gleichen Gefühlen entgegen wie ein französischer Aristokrat einem Zusammentreffen mit den Trikoteusen[57].

Wie die meisten Herausgeberinnen eines Magazins hatte Mrs. Lynch nur begrenzte Macht. Sie hatte absolute, diktatorische und unbestrittene Verfügungsgewalt über das Magazin (und seine Angestellten). Andererseits hatte sie wenig oder gar keine Macht in dem Unternehmen, dem das Magazin gehörte, und in dem ausschließlich Männer mit den besten Verbindungen, Mitglieder des University Club, des Metropolitan Club und des Coffee House, das Sagen hatten. Mochte sie Layout und Inhalt ihres Magazins noch so tyrannisch bestimmen, so war sie doch nur eine Angestellte des Unternehmens wie ihre Sekretärinnen. Ihr übergeordnet war das Unternehmen, mit einem Exekutivausschuß, einem Finanzausschuß und einem Vorstand. In all diesen Gremien saßen Männer, deren Väter schon zusammen in Groton und Harvard gewesen waren. Im allgemeinen war es Mrs. Lynch zufrieden, sie ihren Geschäften zu überlassen und lieber ihre eigene Arbeit zu erledigen. Sie hatte keinerlei Ehrgeiz, in die Unternehmensspitze aufzurücken und sich den ganzen Tag über Aktienausgaben, Dividenden und die Papierpreise zu ärgern. In seltenen Fällen wagten sich allerdings die führenden Herren des Unternehmens in ihr Reich vor und brachten ein paar schüchterne Vorschläge an. Sie legten ihr z.B. einen Bericht vor, der zeigte, wieviel Millionen Dollar im Jahr gespart werden könnten, wenn die riesigen, eleganten Ränder des Magazins nur um wenige Zentimeter verkleinert würden. Oder sie deuteten vielleicht an, daß es wohl billiger wäre, nicht jede Geschichte, die schon im Satz war, wieder neu zu schreiben. Auch überbrachten sie ihr die Drohungen eines Anzeigenkunden, der einen Millionenauftrag nur vergeben wollte, wenn er im Hauptartikel des Magazins erwähnt würde. Mrs. Lynch war solchen Herausforderungen gewachsen – sie bestand nur darauf, daß jeder Abgesandte der Führungsspitze in *ihr* Büro kommen mußte – das verlangte schließlich schon die Höflichkeit, da sie eine Dame und dazu noch Witwe war (zwei ihrer Männer waren gestorben).

Den meisten Spitzenmanagern fiel es schwer, über die Schwelle ihres Bürozimmers zu treten. Sie standen in der Tür mit dem unbehaglichen und schuldbewußten Gefühl, fehl am Platz zu sein, wie Männer, die im Kaufhaus den falschen Aufzug genommen haben und zufällig in die Abteilung für Damenunterwäsche geraten sind. In der ruhigen Atmosphäre der Chefetage, die half, ihnen den Rücken zu stärken, war es ganz einfach zu versprechen, fest, ja unnachgiebig zu sein. Da waren die Wände mit Jagdszenen geschmückt, die Sessel waren groß, schwer und ledergepolstert, die Schreibtische solide, maskuline Festungen aus Mahagoni und Messing. In der »fauverie« von Mrs. Lynchs Allerheiligstem sah alles ganz anders aus. Die Entschlossenheit verflog, wenn sie auf Zehenspitzen über den Leopardenfellteppich tappten, nach einem Stuhl Ausschau hielten, der ihr Gewicht tragen würde, und versuchten, an keines der zerbrechlichen »objets d'art« mit dem Ärmel anzustoßen. Da nirgendwo Platz für ihre Aktentasche war, mußten sie sie wie Versicherungsvertreter auf dem Schoß halten. Wenn sie das Thema frisch von der Leber weg und aggressiv angingen, zogen Mrs. Lynchs Sekretärinnen die Stirn kraus und hüstelten. Gingen sie aber zart vor, so antwortete ihnen Mrs. Lynch mit der Wucht eines Schlepperführers, und sie gerieten aus dem Gleichgewicht.

Sie hatte jedenfalls eine Begabung für plastische, dramatische Formulierungen. Einmal sollte ich für sie herausfinden, ob eine Meisterin im Fallschirmspringen ein gutes Modell abgeben würde. Sie sollte in der Luft in allerlei modischer Sportkleidung fotografiert werden. Nachdem ich einen ganzen unangenehmen

Nachmittag lang im Flugzeug über New Jersey tüchtig durchge-
schüttelt worden war, hatte ich so meine Zweifel, ob man die
Fallschirmspringerin und den Fotografen gleichzeitig aus dem
Flugzeug stoßen könnte. Schlimmer noch, ich wies darauf hin,
daß die Dame nicht für Modellkleider gebaut war, weder in der
Luft noch auf dem Boden. Sie hatte Schultern und Muskeln wie
ein Judoinstrukteur bei den Ledernacken. Da ich wußte, daß
Mrs. Lynch »Pessimismus« nicht ausstehen konnte, belebte ich
meinen Bericht mit der Bemerkung, daß die Fallschirmspringerin
mir an einem Abend, als wir in New Jersey von Restaurant zu
Restaurant fuhren, erzählt hatte, sie bekomme immer einen Or-
gasmus während des Springens. »Was meinen Sie, wie es dazu
kommt?« fragte Mrs. Lynch. Ich sagte, wahrscheinlich hätte es
mit der Erregung des Springens zu tun, mit der Tatsache, daß sie
von einem stattlichen Instrukteur aus dem Flugzeug in die Tiefe
gestoßen würde, und mit der Geschwindigkeit des Fallens. Das
Ganze, so argumentierte ich, sei ein freudsches Erlebnis. Mrs.
Lynch dachte einen Augenblick nach und schüttelte den Kopf.
»Nein«, sagte sie bestimmt, »die Fallschirmleinen reiben sie zwischen den Oberschenkeln, wenn sie die Falleine zieht.«
 Vor soviel freizügiger Sprache und Logik waren die Manager
in der Firma hilflos. Sie waren mächtige Männer in ihrer Chefetage, aber bei Mrs. Lynch waren sie entwaffnet. Wenn sie ihr
Zimmer betreten hatten, konnten sie nur noch den einen Gedanken fassen, so schnell wie möglich wieder zu verschwinden und
in die Sicherheit ihrer eigenen Räume zurückzukehren, wo sie als
Manager, Männer, Ehemänner und Väter respektiert wurden.
»Leute ohne Rückgrat«, sagte Mrs. Lynch, wenn sie geschlagen
abzogen, und sie hatte recht. Hätte man sie zwingen können, in
ihre Etage zu kommen, wäre sie machtlos gewesen.
 Einige Frauen werden beim Kampf gegen die Männer hand-
greiflich. Sind die Männer zäh, sind sie noch zäher. Meine Freundin Carla leitet ihre Abteilung in einer größeren Fernsehanstalt
mit Vehemenz und Energie. Sie flucht wie ein Feldwebel,
schmeißt den Telefonhörer auf die Gabel, wenn sie eins ihrer

kurzen, scharfen Gespräche beendet hat, und zündet sich eine
Camel an der vorigen an, wenn sie ihre bissigen, hart formulier-
ten Memos diktiert, die sie in der Firma berühmt gemacht haben.
Carla weigert sich instinktiv, die kleinen Höflichkeiten anzunehmen, die man gewöhnlich Frauen erweist. Lange vor der
Frauenemanzipation schubste sie die Männer vor sich her in den
Aufzug, manchmal mit beträchtlichem Kraftaufwand, als wolle
sie zeigen, daß *sie* das schwächere Geschlecht seien. Sie ließ sich
von keinem Mann das Essen bezahlen und war die erste Frau in
der Firma, die eine Aktentasche trug und ein Diktiergerät benutzte. Ein Manager sagte dazu: »Ich habe Diktiergeräte immer
sehr traditionell aufgefaßt, so als wären sie verschiedenge-
schlechtliche Apparate. Sehen Sie, der männliche Apparat hat ein
Mikrofon, der weibliche ein kleines Empfangsgerät, das ins Ohr
paßt. Als ich sah, wie Carla diktierte und das Mikrofon hielt,
versetzte es mir einen Schock. Nie vorher hatte ich eine Frau damit gesehen, es kam mir einfach nicht *natürlich* vor. Es war eine
sehr freudsche Reaktion, glaube ich.« Seither ist Carla noch einen
Schritt weitergegangen. Sie hat jetzt einen Sekretär und diktiert
ihm. Wenn Herren in ihrem Büro sind, schickt sie ihn fort, um
Kaffee zu holen. Sie kennt keine Hemmungen. Als ein Manager
ein Gespräch unterbrach, um zur Toilette zu gehen, folgte ihm
Carla, stand da und redete, während er dem Gebot der Natur
folgte. »Es war mir nicht peinlich«, sagte sie, »und wenn es ihm
unangenehm war, so ist das sein Problem. Er konnte mir nichts
zeigen, was ich nicht schon vorher gesehen hatte.«

Zweifellos ist Carala eine mächtige Frau, aber die Methoden,
mit denen sie ihre Macht durchsetzt, richten sich gegen sie selbst.
Niemand kann ihr nehmen, was sie schon hat, aber sie hat auch
keine Möglichkeit, ihre Position zu verbessern. Wie die meisten
Frauen spielt sie defensive Machtspiele – aggressive Spiele interessieren sie nicht so sehr. Ihr unverblümt kritisches Auftreten
verhindert, daß sie in eine Position befördert wird, die eine takt-
volle Aufsicht über mehrere verschiedene Abteilungen erfordert.
Da sie eine Frau ist, gibt ihr Erfolg in ihrer jetzigen Stellung den

Männern einen großartigen Vorwand, sie dort zu lassen. Carla hat den Endpunkt ihrer Karriere erreicht. Sie ist festgefahren.

Viele Spiele, die Frauen zur Sicherung ihrer Macht spielen, sind defensiv und zu ihrem eigenen Schaden. Das erklärt, warum so wenige talentierte und hart arbeitende Frauen an die Spitze kommen. Der wahre Grund ist vielleicht, daß sie am Anfang ihrer Karriere zu hart kämpfen müssen, um überhaupt beachtet zu werden. Sie werden nicht leicht befördert, sie fangen tiefer unten an als Männer, sitzen länger in untergeordneten Positionen und müssen sich gegen härtere Widerstände durchsetzen. Da sie in den inneren Machtzirkeln nur selten willkommen sind, müssen sie sich den Zutritt erkämpfen, und dadurch setzen ihnen die Männer nur noch mehr Widerstand entgegen. Vor allem haben sie kein Vorbild, dem sie folgen können. Die meisten Männer lernen von früh an, ihre Vorgesetzten in Machtpositionen zu imitieren. Aber für Frauen ist es schwierig, Männer zu imitieren, und in mancher Hinsicht unmöglich. Eine Frau, die einen Rock trägt, kann kaum die Füße auf den Schreibtisch eines anderen legen und mit dem Vorsitzenden Anglerlatein und Fußballergebnisse im Aufzug austauschen. In einer Welt, in der die Männer die Spitzenpositionen innehaben, bleibt sie Außenseiterin.

Viele Frauen geben sich natürlich mit begrenzter Macht zufrieden und halten sie auf ihre eigene Art fest. Eine gute Bekannte von mir ist z. B. Managerin bei einer Filmgesellschaft. Das ist eine Welt, in der rücksichtslos und leidenschaftlich Machtspiele ausgetragen werden, eine Welt, in der Frauen meistens nur als Schauspielerinnen etwas zu melden haben. Zwischen Leuten, die fluchen, schreien und Tag und Nacht ihrem Größenwahn frönen, bleibt sie kühl, ruhig, gesammelt und bewußt damenhaft. Sie spricht mit sanfter Stimme und ist von unerschütterlicher Höflichkeit. Niemals hebt sie ihre Stimme, und nur ganz selten macht sie Einwände. Wenn sie anderer Meinung ist, wiederholt sie ruhig ihre Ansicht in ganz vernünftigem Ton und läßt keinen Zweifel daran, daß sie notfalls da sitzen und ihr Anliegen erläutern wird, bis sie sich durchgesetzt hat. Mit ihrem festen, entschlossenen Mund und ihren großen, klaren, schiefergrauen Augen ist sie so unerschütterlich wie ein Fels. Man kann sie nicht durch Schmeicheleien umstimmen, schockieren, bedrohen oder auf seine Seite ziehen. Man braucht ihr nur in die Augen zu sehen, um das zu erkennen – auch wenn man ein Mann ist, der in einer Branche aufgewachsen ist, in der Schmeicheleien, Schreien, Quengeleien und orientalische Kriecherei zur Tagesordnung gehören. Ihre Stärke liegt zum guten Teil darin begründet, daß sie stets perfekt angezogen ist, Frisur und Rockfalten sitzen immer tadellos. Sie gehört zu jenen Leuten, deren Kleidung auch nach einer Taxifahrt in der Augusthitze niemals ein Fältchen aufweist, die nie zu schwitzen scheinen, nie ein Stäubchen abbekommen, nicht einmal in einen Regenschauer geraten. »Es ist, als trüge sie immer ein paar kleine weiße Handschuhe«, beklagte sich ein Mann. »Wenn ich auch noch so wütend auf sie bin, ich sehe diese weißen Handschuhe, und mir ist, als spräche ich zu einem trotzigen, dickköpfigen Kind. Sie erinnert mich an meine Tochter, du lieber Himmel, ich komme nicht gegen die beiden an. Sie sehen mich nur geduldig an und versuchen, ihren Kopf durchzusetzen, alles in ganz freundlichem und vernünftigem Ton, als ob man mir gut zureden müßte. Wenn es mir zu dumm wird, kann ich sie ja aus meinem Zimmer werfen. Aber ich merke schon, wenn ich gegen eine Wand laufe. Und hartnäckig ist sie! Immer wenn ich ›nein‹ zu einer Sache sage, kommt sie ständig wieder damit an, stets sehr höflich, und hält mir vor, daß ich im Unrecht bin. Ich kann mir nicht helfen, ich bewundere sie schließlich wegen ihres Eigensinns, und dann bin ich geliefert. Zeigen Sie mir einen Mann, der mit einer Frau fertig wird, die gewohnt ist, ihren Willen durchzusetzen! Es liegt in unserer Natur. Wir geben nach. Darum sind die besten Agenten heutzutage Frauen. Die meisten Männer sind eben so programmiert, Frauen gegenüber nachgiebig zu sein.«

Vielleicht sind Frauen gute Agenten – viele der bedeutendsten Literaturagenten sind Frauen –, aber wenn das so ist, dann wohl kaum, weil Männer »zum Nachgeben programmiert sind«.

Wenn Männer »tatsächlich« nachgeben, dann gewähren sie gewöhnlich einige kleine Konzessionen, um wichtigere Interessen zu schützen. Ziemlich häufig machen Männer scheinbar einen Rückzug, wenn sie in Wirklichkeit nur neue Stellungen beziehen. Wenn man ihnen tüchtig zusetzt, geben sie in vielem nach – Geld, Titel, größere Büroräume, Spesenabrechnungen –, aber nicht in Machtfragen. Solange ein Mann das letzte Wort behalten kann, hat er nicht eigentlich etwas dagegen, alles andere herzugeben, natürlich nicht ganz kampflos. Viele Frauen, die nach Aufstieg und Erfolg streben, reiben sich auf beim Kampf um Kleinigkeiten, die sie haben wollen, und von denen sie wissen, daß sie ihnen zustehen. Eine Frau, die zur Vizepräsidentin ernannt worden ist, stellt möglicherweise hinterher fest, daß ihr neues Bürozimmer kleiner ist als das der anderen Vizepräsidenten, daß sie erst darum ersuchen muß, ihren Namen im Firmenbriefkopf führen zu dürfen, daß ihre Sekretärin weniger verdient als die Sekretärinnen ihrer Kollegen (ein sehr geschickter Zug, eine Frau an der Spitze zu demütigen), daß ihr Name immer noch rätselhafterweise auf Einladungen und Verlautbarungen vergessen wird, daß ihre Beförderung in der Wirtschaftspresse nur kurz und ohne Foto erwähnt wird . . . Das sind alles Kleinigkeiten. Aber da sie sich so häufen, hat sie das Gefühl, daß ihre Beförderung weniger wert ist als die eines Mannes.

Eine Frau, die sich gegen alle diese kleinen Ungerechtigkeiten zur Wehr setzt, wird schnell merken, daß sie ihre Energie mit sinnlosen, langwierigen Streitereien über Lappalien vergeudet und bald als Nörglerin und Spielverderberin verschrien ist. Gleichzeitig geht es noch um ein viel raffinierteres Spiel – alle diese kleinen Auszeichnungen werden zu wichtigen Dingen aufgebauscht. Den meisten Leuten ist es ziemlich gleichgültig, ob ihr Name oder Titel ihr Briefpapier schmückt, bis ihnen jemand sagt, daß sie kein Recht auf dieses Privileg haben, oder sie herausfinden, daß sie erst jemand anders um Erlaubnis fragen müssen. Dann *wird* es natürlich wichtig, und eine kleine Prestigefrage wird zu einer Staatsaktion. Männer sind Meister darin, Frauen solche Fallen zu stellen. Eine Frau wird befördert, ein Ereignis, das sie eigentlich glücklich machen sollte. Sie bestellt Briefpapier mit ihrem Namen und ihrem neuen Titel. Ihre Sekretärin kehrt zurück und meldet, daß der Büroleiter die Bestellung nicht weitergeben kann ohne Autorisierung durch einen ranghöheren Manager – einem Mann natürlich. Wütend muß sie sich demütigen und die Erlaubnis bei ihm einholen. Der Witz bei diesem Spiel ist, daß es um eine Lappalie geht. Die Männer machen zunächst einmal bei allen ihren Wünschen Schwierigkeiten und lenken dann ein, ohne etwas Wesentliches aufgegeben zu haben. Auch können sie hinterher sagen, daß es typisch Frau sei, sich über solche Kleinigkeiten aufzuregen – »Haben wir nicht größere Probleme, als Briefpapier mit ihrem Namen zu beschaffen, du meine Güte?«

Wenn Männer Kleinigkeiten hinsichtlich Prestige, Komfort und Tradition zu großen Angelegenheiten aufbauschen, lenken sie damit nicht nur die Aufmerksamkeit der Frauen von den wichtigeren Macht- und Autoritätsfragen ab, sie legen auch einen Vorrat an kleinen Privilegien an, die sie, wenn es nötig wird, als größere Zugeständnisse verteilen können. Sie wünschen einen elektrischen Bleistiftspitzer? Kämpfen Sie darum, Mädchen! Zehn Dollar wöchentlich für Ihre Sekretärin, damit sie ebensoviel verdient wie die anderen Vorstandssekretärinnen? Wir diskutieren alles ganz genau, die Produktivität, die letzten Halbjahreszahlen, die notwendigen Sparmaßnahmen, bis Ihnen die Wimperntusche zerläuft und Ihre Sekretärin gedroht hat, zu kündigen und sich ihr Geld lieber mit Weben zu verdienen!
Natürlich werden alle diese Dinge und noch viele andere schließlich bewilligt – aber es muß alles erst erkämpft werden –, und um wieviel Konzessionen kann man überhaupt bitten? Sie wollen eine Gehaltserhöhung? Haben wir Ihnen nicht einen neuen Teppich gegeben, ein höheres Gehalt für Ihre Sekretärin? Sie wollen ins Spitzenmanagement? Ließen wir Sie nicht zur Messe fahren, nachdem Sie uns lange genug damit in den Ohren

gelegen haben? . . . Und überhaupt, unter Männern gesagt, eine Frau, die uns wegen jedem Dreck das Leben zur Hölle macht, können wir an der Spitze nicht gebrauchen, wo Firmenpolitik, das Gesamtkonzept, vernünftig und *kollegial* diskutiert werden soll.

Immerhin haben es einige Frauen gelernt, aus diesem Spiel ihren Vorteil zu ziehen, obwohl man dazu Talent und Ausdauer haben muß. Auf alle diese kleinen Sticheleien erwidern sie nur, daß sie – wenn sie wirkliche Macht hätten – anderen Leuten nicht mit solchen Lappalien die Zeit stehlen würden.

Cynthia Ransom, Managerin in einer mittleren Werbefirma, hat diese Taktik ins Extrem getrieben. Sie hat Talent und arbeitet hart. Ohne diese Attribute wäre sie natürlich aufgeschmissen; aber wie viele Frauen, die hart arbeiten und Talent haben, kommen überhaupt zur Macht? Sehr wenige. Cynthia hat Macht. Sie führt einen endlosen Nervenkrieg gegen das Management und alle Männer in der Unternehmensspitze. Sie beginnt jede Woche, oft jeden Tag, mit einer neuen Forderung, die manchmal trivial, manchmal aber auch (doch nur sehr selten) wichtig ist. Sie weiß ganz genau, daß jede Forderung auf Ärger, Unglauben und Ablehnung trifft. Daher fordert sie nur, was ein anderer, gewöhnlich ein Mann, schon hat – sie wagt sich niemals auf Neuland vor. Läßt ein Mann eine von Wand zu Wand reichende Pinnwand aus Kork anbringen, verlangt sie auch eine für ihr Bürozimmer. Wenn andere Manager Telefonkreditkarten erhalten, besteht sie auch für sich darauf. Fliegt das Spitzenmanagement erster Klasse nach Washington, will auch sie nicht Touristenklasse fliegen? Jede kleine Forderung nach Gleichberechtigung wird von Tränen, Wutanfällen, Kündigungsdrohungen und Terror im Büro begleitet, und fast immer bekommt sie am Ende ihren Willen. Niemand will Cynthia *verlieren*, und nur wenige Männer haben genug Widerstandskraft, um sich ihr lange zu widersetzen. Denn ihnen ist es letztlich gleichgültig, ihr liegt aber daran, und außerdem, sie haben meistens schon alles, was sie da fordert. Da ist es schwer, es ihr abzuschlagen.

Ein ganz geschickter Schachzug von ihr ist, daß sie große und kleine Forderungen miteinander vermischt, als wären sie gleich wichtig. Das Management hat sich so an diese Guerillataktik gewöhnt, daß niemand mehr Cynthias wirklich wichtige Forderungen von dem üblichen dramatisch aufgebauschten Kleinkram unterscheiden kann. Nachdem sie monatelang Himmel und Hölle in Bewegung gesetzt hat wegen uneingeschränkter Benutzung eines Leihwagens auf Geschäftskosten oder wegen des Rechts auf *gestochene* statt bloß gedruckte Visitenkarten, fordert Cynthia wie zufällig 5000 Dollar Gehaltserhöhung. Oder sie will plötzlich in den Vorstand, in dem noch nie eine Frau gewesen ist. Solch eine Forderung, die normalerweise Schreck und Bestürzung hervorrufen würde, wird jetzt nur für eine neue lästige Laune gehalten, wieder ein Scharmützel in dem langwierigen Erpressungsfeldzug, den Cynthia gegen ihre Kollegen führt. Man hat sich so daran gewöhnt, ihr in kleinen Dingen nachzugeben, daß man ihr – gleichsam eine Reflexbewegung – auch bei wichtigen Angelegenheiten den Willen läßt und gar nicht bemerkt, daß man ihr eine wesentliche Konzession gemacht hat, die Cynthias Macht erheblich vergrößert. Alle Forderungen nach wirklicher Macht hat sie geschickt in einem Dickicht zermürbender Quengeleien verborgen. Die Tatsache, daß sie jetzt in jedem wichtigen Ausschuß sitzt, daß sie einen Titel hat und daß ihre Autonomie wahrscheinlich größer ist als die aller anderen Manager in der Firma, ist gar nicht richtig bemerkt worden. »Wenn sie es *bemerken*, ist es zu spät«, sagte Cynthia – ihre Macht reicht jetzt aus, um ihre Stellung in der Firma zu halten, und ihr Gehalt ist so hoch, daß sie jederzeit »abspringen«, d. h. woanders einen lukrativen Job bekommen kann, wenn sie will.

»Ich bin vorsichtig«, sagt sie. »Ich veranstalte keine Parties zur Feier meiner Beförderungen, stelle meine Macht nie offen zur Schau, tue nichts, was die Männer erschrecken könnte oder sie auf die Idee kommen läßt, daß ich ihre *Rivalin* bin. Ich lasse sie bei dem Glauben, daß sie »der kleinen Frau einen Gefallen tun«.

Und ich bitte auch nicht oft um Geld. Geld versetzt sie immer in Panik. Man muß Titel fordern, Respekt, Macht – und Geld überhaupt nicht *erwähnen*. Dann halten sie einen für eine harmlose Naive. Wenn man sich mit einem Titel oder einem größeren Bürozimmer abspeisen läßt, hat man in ihren Augen nicht begriffen, auf was es wirklich ankommt. Aber wenn man erst den Titel und das Bürozimmer hat, können sie einem ein höheres Gehalt wohl kaum abschlagen. Verlangen Sie, zur Vizepräsidentin ernannt zu werden, wenn Sie sich für gut genug halten, aber bitten Sie nicht um Geld. Schließlich gibt man Ihnen den Titel, ohne Ihr Gehalt anzuheben, und man glaubt, man sei billig davongekommen. Aber wenn Sie erst Vizepräsidentin sind, können Sie das gleiche Gehalt verlangen wie die anderen Vizepräsidenten, man kann es Ihnen nicht gut abschlagen. Das Geld kommt von selbst, wie es eigentlich auch sein sollte. Männer sind anders. Sie sprechen immer gleichzeitig über Geld und Macht, aber das halte ich für einen Fehler. Erst muß man Macht haben, dann kommt das Geld von selbst.«

Im allgemeinen glauben Männer – zu Unrecht –, daß Frauen hauptsächlich Trivialitäten im Kopf haben. Daher neigen sie dazu, nach einem kurzen Scheingefecht in kleinen Dingen nachzugeben. Wenn aber eine Frau ihre größten Forderungen so vorbringen kann, daß sie wie Lappalien wirken, dann wird sie wahrscheinlich bekommen, was sie will.

Jedenfalls haben Frauen manche Vorteile gegenüber Männern. Zunächst einmal neigen Männer nur selten dazu, in ihnen Rivalinnen zu sehen, ihr chauvinistischer männlicher Stolz läßt es einfach nicht zu. In Machtkämpfen unterschätzen sie die Frauen durchweg. Schlimmer noch, Männer reden zuviel. Selbst diejenigen, die gelernt haben, vor anderen Männern ihren Mund zu halten (das sind wenige), reden vor einer Frau ganz offen. Sie nehmen nämlich an, daß sie automatisch »auf ihrer Seite ist« und wollen sie natürlich mit ihrer Macht und ihren Plänen beeindrukken. Männer haben die natürliche Tendenz, Frauen zu *ver-*

trauen, als hätte die Natur sie zu prinzipiell wohlwollenden Zuhörerinnen bestimmt. Jede intelligente Frau kann dies verhältnismäßig leicht ausnutzen, sie braucht nur ein wenig Teilnahme zu zeigen und ein paar aufmunternde Worte zu sagen. Es ist erstaunlich, daß Männer, die ihren Kollegen nichts verraten würden, einer Frau alles erzählen. »Die Einfaltspinsel«, sagt Cynthia, »sie denken doch tatsächlich, daß eine Frau nicht zählt. Sie sind so verflucht glücklich, einer Frau all die Wunderdinge zu erzählen, die sie tun, als wäre man ein Schulmädchen bei einem Rendezvous oder eine Hausfrau, die das Geschirr abwäscht, während ihr der Mann erzählt, was sich den Tag über ereignet hat ... In ihrem Innersten glauben sie einfach nicht, daß eine Frau zählt. Als wir uns ganz im geheimen um einen neuen Kunden bemühten – es war wirklich streng geheim, und nur an der Spitze wußte man davon –, erzählte mir ein Manager davon. Ich glaube, er wollte nur demonstrieren, daß er wichtig genug war, um ins Vertrauen gezogen zu werden, ich aber nicht. Ich fand heraus, daß ich nicht zu der Accountgruppe gehören sollte, so ging ich hin und beschwerte mich. Man wollte wissen, wie ich das erfahren hatte, und als ich es ihnen sagte, gingen sie zu diesem Unglücksmenschen und fragten ihn, warum er nicht den Mund gehalten habe. ›Ich habe niemand davon erzählt‹, antwortete er, ›die einzige, vor der ich es erwähnt habe, war Cynthia.‹ Natürlich, ich bin ja ein Niemand! Eine Frau, die die Ohren offenhält, hört alles. Sie weiß viel besser, was los ist, als ein Mann.«

Da Männer gewöhnlich Frauen nicht für Rivalinnen im Machtspiel halten, können sie sie auch nicht geistig in die in ihrer Firma existierende Machtstruktur einordnen. Das kann für eine Frau von großem Vorteil sein. Männer wissen z. B. genau, wo ein anderer Mann bei einer Konferenz sitzen sollte, aber es ist ihnen oft unmöglich, den richtigen Platz für eine Frau zu finden, und sie zögern, wenn sie ihr sagen wollen, wo sie sitzen soll. Ein Mann, der zu einer Konferenz kommt, kann sich umsehen und instinktiv seinen Platz in der Machtgruppe finden. Es wird sogar sein Hauptanliegen sein, sich korrekt zu setzen, nicht zu unbe-

scheiden, aber auch nicht zu bescheiden. Das erstere wäre gefährlich, das letztere schwach. Eine Frau dagegen kann sich überall
hinsetzen, wo es ihr gefällt. Sie kann so die Machtstruktur durch-
einanderbringen und sich oft eine Machtposition sichern, die
dramatische Auswirkungen auf ihre Karriere haben kann. Männer, die einen aufdringlichen jungen Mann auffordern würden,
sich umzusetzen, zögern, einer Frau das gleiche zu sagen – so alte
Gewohnheiten wie Achtung und Höflichkeit sterben nur langsam aus, wenn überhaupt. Mehr als eine Frau, die zum erstenmal
an einer Konferenz teilnahm und keine Ahnung von den Macht-
verhältnissen hatte, hat schon im Machtzentrum Platz genommen, ist auch da sitzen geblieben und hat schließlich das Gehalt
und den Titel erhalten, die diesem Platz angemessen waren.

Stellen Sie sich eine Konferenz vor, bei der die Teilnehmer in einer Art Kreis sitzen:

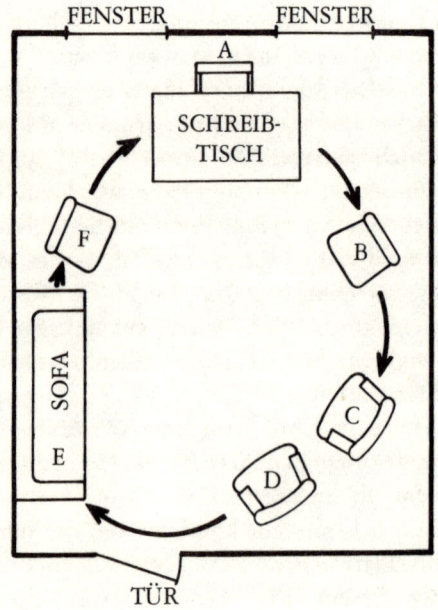

A (der Schreibtisch) ist ganz offensichtlich der Platz des mächtigsten Konferenzteilnehmers. Hier sitzt derjenige, in dessen Zimmer die Konferenz stattfindet. B, ein Sessel mit gerader Rückenlehne ohne Armlehnen, ist die zweithöchste Machtposition, da dieser Platz dem Schreibtisch am nächsten ist und somit die Person, die dort sitzt, isoliert. Von diesem Platz aus kann man den ganzen Raum beherrschen. Ich halte es für wichtig, darauf hinzuweisen, daß ein Sessel mit gerader Rückenlehne »mächtiger« ist als große Armsessel wie C und D. Wer in einem solchen Sessel sitzt, sieht beweglicher aus und fühlt sich auch so. Er sitzt auch höher als jemand, der in einem tiefen Sessel sitzt. Wenn jemand auf einem Sessel mit gerader Rückenlehne sitzt und zwei andere versinken tief in Armsesseln (man versinkt in den meisten modernen Sesseln, die man in Büros antrifft), wird derjenige, der hoch und gerade sitzt, so wirken, als beherrsche er die anderen auf den tiefen Sesseln. Was noch wichtiger ist, auch sie werden das so empfinden, ganz gleich, welchen Rang sie haben.

Die Couch E ist keine Machtposition, einmal, weil sie ungünstig steht, zum anderen, weil Leute, die auf einer Couch sitzen, nie sicher sein können, wie viele andere noch neben ihnen Platz nehmen müssen. Vielleicht müssen sie sich zwischen eine Gruppe untergeordneter Leute quetschen. In einem solchen Fall würden auch Vizepräsidenten machtlos aussehen. Bei den meisten Konferenzen wird die Couch zuletzt besetzt, und oft bleibt sie frei, bis kein Platz mehr da ist für Zuspätkommende. F ist natürlich die schwächste Machtposition. Wer dort sitzt, hat das Gefühl, den Protokollführer machen zu müssen, und wird auch oft darum gebeten. Als Protokollführer sinkt man natürlich auf das Niveau eines Stenografen herab und hat in jeder Gruppe als Machtfaktor ausgespielt.

B ist daher schon immer der Platz gewesen, auf dem der zweitmächtigste Konferenzteilnehmer saß. Es war seine Aufgabe, die vorher vorbereiteten Punkte der Tagesordnung vorzulesen, die verschiedenen Optionen und alle greifbaren Informationen vorzutragen. Es war der Lieblingsplatz eines bestimmten älteren Vizepräsidenten, bis eines Tages eine Frau, die neu in der Gruppe war, hereinkam und sich dort hinsetzte. Kein Mann hätte das getan, und wenn es doch geschehen wäre, hätte ihn der Vizepräsident einfach gebeten, Platz zu machen. Da er aber eine *Frau* nicht bitten konnte, sich woanders hinzusetzen – einmal schien ihm eine Frau seine Macht nicht ernstlich zu bedrohen, vor allem aber hinderte ihn daran die Höflichkeit (in welcher Form fordert man eine Frau auf, Platz zu machen?) –, mußte er sich mit auf die Couch quetschen und wurde dadurch zum Nurzuhörer (jede Konferenz besteht aus Spielern und Zuhörern).

Zu seinem Pech repräsentierte der Sessel schon durch seine Plazierung ein Machtsymbol. Wenn man Fakten hören wollte und den nächsten Punkt der Tagesordnung, war man gewöhnt, zu jenem Sessel hinzusehen, ganz gleich, wer da saß. Die junge Frau wunderte sich, daß ihr so viele Fragen gestellt wurden und sie mit so ungewöhnlichem Respekt behandelt wurde. Sie antwortete, so gut sie konnte, und bereitete sich auf die nächste Konferenz, bei der sie sich diesen Platz durch Zufrühkommen sicherte, besser vor. Bei der dritten Konferenz gehörte ihr der Platz mit allen Verpflichtungen, die früher dem älteren Vizepräsidenten zugekommen waren. Es dauerte nicht lange, und sie wurde tatsächlich zur Vizepräsidentin *ernannt*. Der Mann, dessen Platz sie eingenommen hatte, wurde von der Couch verdrängt und auf Platz F abgeschoben. Er mußte jetzt das Sitzungsprotokoll führen. Eine Frau hatte sich auf den richtigen Sessel gesetzt, und das war der Auftakt zu ihrer erfolgreichen Karriere. Keinem Mann hätte man das durchgehen lassen; es hätte auch keiner versucht. Sie selbst sagte dazu: »Frauen sind eben freier, die Regeln zu verletzen und damit durchzukommen. Man erwartet von ihnen gar nicht, daß sie die Regeln überhaupt *kennen.*«

Die Regeln nicht zu kennen – und sie auch nicht kennen zu *wollen* –, kann sehr nützlich sein. Männer fürchten an Frauen am meisten, daß sie die Regeln nicht einhalten. Die Hierarchie von Achtung und Macht, in der die Männer leben (und von der sie

leben), ist von Institution zu Institution verschieden, aber sie ist
auf Konventionen gegründet. Die Macht eines leitenden Angestellten hängt von der Bereitschaft der anderen ab, ihn für mächtig zu halten. Vielleicht fürchtet man ihn, weil er Leute an die
Luft setzen und über Gehaltserhöhungen entscheiden kann, aber
letztlich hängt seine Macht von der Achtung für seine Stellung
und seine Person ab. Im großen ganzen verstehen Männer diese
Konvention und sind darauf bedacht, Autorität die gebührende
Achtung zu erweisen, sei es auch nur, weil ihnen ihr eigener Platz
in der Hierarchie keine Freude bereiten würde, wenn sie die
Hierarchie nicht ernst nähmen. Das erklärt, warum Männer so
leicht wütend werden, wenn Frauen, auch ihre Ehefrauen, sich
über einen Mann in ihrer Firma lustigmachen. Ganz gleich, wie
sehr sie einen Mann in ihrer eigenen Machtgruppe oder Hierarchie hassen oder verachten, sie können einem Außenstehenden
nicht erlauben, ihn lächerlich zu machen – auch wenn sie selbst
ständig über ihn herziehen. Egal wie läppisch uns unsere Kollegen vorkommen, wir sind verpflichtet, ihnen vor Außenstehenden die Stange zu halten. Andernfalls verliert die Gruppe ihre
Bedeutung, und wir haben nichts mehr davon, ihr anzugehören.

Der Vorsitzende eines größeren Konzerns mag ein untersetzter,
unscheinbarer und unangenehmer Neurotiker sein, »ein kleiner,
magerer, rachsüchtiger Bursche mit scharfgeschnittenen Ge-
sichtszügen ... ein *lumpiger* Sadist, ein größenwahnsinniger
Gott[58]«, aber obwohl ihn seine Kollegen so sehen, können sie
es doch vor sich selbst kaum zugeben, und erst recht nicht können sie zulassen, daß andere so etwas sagen. Was sie auch im Innersten denken und fühlen, sie müssen aneinander und an ihn
glauben. Vor allem müssen sie jeden so nehmen, wie er ist. Notfalls werden sie alles tun, um die Fehler ihrer Kollegen zu übersehen – Überspanntheiten, schlechte Manieren, physische Mängel, fehlenden Charme, unreinen Atem oder abstoßende
persönliche Manieriertheit. Denn die Existenz der Gruppe hängt
davon ab, daß ihre Mitglieder miteinander auskommen. Wenn

es um unsere eigenen Interessen geht, dann haben wir an »des Kaisers neuen Kleidern« nichts auszusetzen.

Auch fürchten die Männer, Frauen könnten möglicherweise scharfsichtiger sein. Sie können ziemlich sicher sein, von ihren männlichen Kollegen in der Hierarchie respektiert zu werden. Denn dort betrachtet man sie kaum als menschliche Wesen und kann daher ihre physischen und emotionalen Eigenarten akzeptieren oder ignorieren. Aber da ist die Furcht, eine Frau könnte sie deutlicher sehen. Schließlich erleben sie das bei ihren Frauen, ihren Freundinnen, wenn sie welche haben, und sogar bei ihren Sekretärinnen. Daher beunruhigt es sie, sich eine Frau als Kollegin, als *Mitglied der Gruppe*, vorzustellen. Ein Manager eines größeren Finanzinstituts erzählte mir, daß sich das Benehmen seines Vorsitzenden bei Konferenzen radikal änderte, als er sich mit einer Frau als Vizepräsidentin abfinden mußte. »Bis dahin«, so erzählte er, »hatten wir uns Harry kaum je richtig angesehen, warum auch? Er war Vorsitzender, das reichte. Ich muß Ihnen wohl erzählen, daß er dick ist, eine Brille trägt und langsam eine Glatze bekommt. Aber das ist mir nie besonders aufgefallen, und ihn ließ es auch ziemlich kalt. Er hatte Macht in der Hierarchie, und ich hatte meinen Platz dort, und für mich war er eben ein mächtiger Mann. Als dann Sheila an unseren Konferenzen teilnahm, merkte ich plötzlich, daß Harry nervös war. Vor allem hatte er sich angewöhnt, mit der Hand über den Kopf zu fahren, als ob er seine Glatze verbergen wollte. Auch nahm er immer wieder die Brille ab. Ich konnte das erst gar nicht verstehen, bis ich dahinterkam – Sheila hatte ihn unsicher gemacht. Es war nichts Sexuelles – sie ist auch nicht gerade eine Schönheit und erst recht kein Küken mehr –, aber Harry fürchtete, sie könne ihn anders sehen als wir übrigen. Er war nicht sicher, daß sie ihn genauso respektierte wie wir. In ihrer Gegenwart störte ihn seine Glatze, ob sich nun Sheila daran störte oder nicht. Ich bin sicher, sie war ihr gleichgültig. Er wurde nervös, was nicht so schlimm gewesen wäre, wenn er nicht so empfindlich auf ihre Äußerungen bei Konferenzen reagiert hätte. Ganz harmlose Bemerkungen faßte er als persönliche Kritik auf. Daraus lernte ich, daß in einer männlichen Hierarchie eine Frau immer eine Außenseiterin und eine Bedrohung ist, wie talentiert sie auch sein mag. Eine Frau kann niemals richtig dazu gehören.«

Andererseits hat sie viele Möglichkeiten, die Männer zu überlisten. Männer tun alles, um eine direkte Konfrontation mit Frauen zu vermeiden, und eine Frau ist gut beraten, dennoch darauf zu bestehen, statt nur Memoranden zu verfassen. Männer haben die Tendenz, alles Schriftliche, das von einer Frau kommt, beiseite zu schieben. Sie geben lieber nach, als daß sie sich mit einer Frau in ein Argument einlassen. »Die meisten Männer wollen einen so schnell wie möglich loswerden. So kann man sehr oft seinen Willen durchsetzen, wenn man einfach in ihr Zimmer geht und seine Wünsche vorbringt. Ganz schlau ist es, sich hinzusetzen, als wolle man überhaupt nicht wieder gehen. Die Handtasche ist wichtig. Aus irgendeinem Grunde verabscheuen Männer Handtaschen. Wenn sie eine Handtasche im Büro erblicken, besonders wenn man sie direkt auf den Schreibtisch setzt, geraten sie ganz durcheinander.« Auch ein tiefer Ausschnitt bringt Männer aus dem Konzept, nicht so sehr weil sie ihn attraktiv finden (das hängt von dem Mann und dem Ausschnitt ab), sondern weil der Busen in einer Welt der Machtsymbole ein Symbol für eine andere, vielleicht noch stärkere Macht ist, der man mit hierarchischen Begriffen nicht beikommt. Männer haben eine so krankhafte Angst, die Frauen könnten ihre Sexualität im Kampf um Macht und Geld einsetzen, daß sie schon beim geringsten sexuellen Signal erschrecken: eine Frau braucht nur eine Frau zu sein.

Bei allem Respekt vor dem Standpunkt der meisten Frauenrechtlerinnen, die Ungleichheit zwischen Männern und Frauen in bezug auf Macht ist so groß, daß man ihnen das Recht zugestehen muß, alle Waffen zu benutzen, über die sie verfügen. Wenn man vorwärtskommen kann, indem man die Ängste und Schwächen der Männer ausnutzt, scheint es töricht, darauf zu verzichten, besonders, wenn es so leicht ist. Immerhin hat eine so »erfolgreiche« Frau wie Katharine Graham von der »Washington Post« gesagt: »Frauen sind eine Minderheit, aber es gibt sie in der Wirtschaft . . . Die Männer haben immer noch Vorteile, es liegt an unserer Gesellschaft, an uns, an den Frauen selbst.« Und selbst Dorothy Chandler, nach einem Geschäftsmann aus Los Angeles »die stärkste Persönlichkeit beim ›Times Mirror‹ in den letzten 25 Jahren«, kann immer noch sagen: »Ich denke, ich habe hier bewiesen, was ich wert bin. Aber ich bin niemals so bezahlt worden wie ein Mann . . . Ich habe einen nichtssagenden Titel und werde schlechter bezahlt als die Männer.« Wenn Mrs. Chandler so über ihren Job denkt, kann man sich leicht die Gefühle ehrgeiziger Frauen in den meisten Unternehmen vorstellen[59]. Immerhin hat sie 18 500 Dollar für den Bau des Los Angeles Music Center zusammengebracht, gehört zum Spitzenmanagement des »Times Mirror« und ist eine reiche Frau im eigenen Recht. Unter diesen Umständen ist es sinnvoll, sich zu wehren, das Machtspiel doppelt so hart wie ein Mann zu spielen und die Tatsache, daß man eine Frau ist, nach allen Regeln der Kunst auszunutzen. Es ist zur Genüge bewiesen, daß aufopfernde harte Arbeit allein eine Frau nirgendwohin bringt, daß man ihr nur widerwillig mehr Geld zugesteht, daß man alles tut, um sie von wirklicher Macht fernzuhalten. Bis Frauen den ihnen zustehenden Machtanteil haben – z. B. müßte es ungefähr 50 Senatorinnen in den USA geben –, sind sie gezwungen, die Welt der Macht mit geheimen Waffen zu erobern und die männliche Machtstruktur – mit ihren männlichen Symbolen, Traditionen und Gesetzen – zu unterwandern.

Ich hatte einmal eine gute Bekannte, eine attraktive junge Dame namens Dee, deren Ehrgeiz und Energie nicht zu stoppen waren. Sie sah, um das mindeste zu sagen, einfach toll aus (obwohl sie nicht »mein Typ« war), aber das Auffallendste an ihr war, daß ihr überhaupt nie der Gedanken kam, es könne seine Nachteile haben, eine Frau zu sein. Ich will damit nicht sagen, daß sie nicht ganz bewußt *Frau* war – weit gefehlt, wie wir sehen werden –, aber sie handelte einfach nach dem Prinzip, daß es für sie keine Hindernisse gab, daß Diskriminierung ganz unmöglich war. Es schien so, als wäre sie taub und blind gegenüber der Realität – was sie manchmal harmlos-naiv erscheinen ließ –, aber die Taktik hatte Erfolg.

Dee war intelligent und zeigte Einsatz. Sie war nicht zu schlagen. Sie war wißbegierig und jagte damit einigen Managern ihrer Firma Angst und Schrecken ein. Sie arbeitete in einer großen Finanzfirma als Assistentin eines Effektenberaters und verdankte ihre Einstellung dem halbherzigen Entschluß der Firmenleitung, auch Frauen gleiche Chancen im Betrieb einzuräumen. Sie war tatsächlich die richtige Frau für den Job, obwohl sie trotz ihres Summa-cum-laude-Examens in Radcliffe Büroarbeiten verrichten mußte, die jeder Harvard-Absolvent weit von sich gewiesen hätte. Sie meisterte mühelos ihre verhältnismäßig leichten Aufgaben. Dann drängte sie ihren Chef, einen fischmäuligen Menschen mit feuchten, nervösen Händen und Brillengläsern, die so rund und dick waren, als wären sie aus Cola-Flaschenböden gemacht, ihr zu erlauben, Kunden zu besuchen und ihn zu Konferenzen zu begleiten. Ihre Sachkenntnis, ihr entschiedenes Auftreten und ihre ganze Erscheinung drängten ihn bald in den Schatten. Die meisten fanden, er hätte einer Frau gegenüber mehr Rückgrat zeigen sollen. So schwand sein Ansehen, während ihres ständig zunahm. Dee ließ einfach niemals ein Nein als Antwort gelten. Als man ihr ein Spesenkonto verweigerte mit der Begründung, daß noch niemals eine junge Frau ihres Alters und ihrer Stellung eins erhalten hätte, ließ sie einfach die Restaurantrechnungen an ihren Chef schicken. Keine Auseinandersetzungen, keine Bitten, sie *handelte* einfach. Und sie kam damit durch! Da ihr Chef ständiger Gast in all diesen Restaurants war, konnte er sich kaum weigern, die Rechnungen zu bezahlen.

Dee sagte ihr Meinung, wo Frauen nach gängiger Auffassung den Mund zu halten hatten. Sie behandelte die Männer wie ihresgleichen und weigerte sich einfach, sich wie eine Frau zu benehmen und auch, so behandelt zu werden. Nach einem Jahr war es soweit: Ihr Chef wollte seine Arbeit aufgeben – liebend gern sogar –, und sie wollte sie übernehmen. Aber da traf sie auf die Opposition seines Vorgesetzten, eines männlichen Chauvinisten vom alten Schlag, der Dee bisher so weit wie möglich aus dem Weg gegangen war. Sie hatten tatsächlich eine Art Waffenstillstand geschlossen, jeder tat so, als existiere der andere nicht, aber nun konnte er sich nicht mehr vor einem Gespräch mit Dee drükken. Er mußte ihr erklären, warum sie nicht die Stelle ihres Chefs haben könnte. Der Hauptgrund war natürlich, daß sie eine Frau war und dazu noch eine, die sich in den Vordergrund drängte. Versuche, sich mit Dee über eine Mittelsperson zu verständigen, scheiterten. Schließlich waren Dee und der Manager gezwungen, sich in seinem Büro zu einer Unterredung gegenüberzusetzen. Wäre sie ein Mann gewesen, wäre alles einfach gewesen. Ein Mann hätte die Macht des Managers anerkannt, vielleicht Gegenargumente angeführt, aber respektvoll natürlich. Ein Mann hätte Abstand gehalten und Achtung bezeigt. Er wäre sich seiner untergeordneten Stellung bewußt gewesen, hätte die Hände auf die Knie gelegt, die Füße auf den Boden gesetzt, kurz, er hätte die normale männliche Haltung respektvoller Unterwerfung eingenommen, gerade um ein Grad selbstbewußter als die Demutshaltung, bei der die Hände vor den Leib gehalten werden, während sich der ganze Körper vorbeugt. (Das ist ein wichtiger Unterschied: Sichzurücklehnen ist eine selbstbewußte, aggressive Position, Sichvorbeugen ist ein Akt der Unterwerfung, als biete man dem Sieger seinen Nacken dar. Aufrechtsitzen ist ein Mittelding; wenn es erforderlich ist, kann man schnell eine der beiden Positionen einnehmen.)

Dee tat nichts von alledem – sie konnte es nicht, es war ihr nicht gegeben, auch hätten diese Positionen bei einer Frau unnatürlich gewirkt. Sie zog sich einen Stuhl heran und rückte ganz nah an den Schreibtisch des Managers (ein Übergriff auf sein Territorium), stützte einen Arm auf, lehnte sich vor, wobei sie ihren etwas üppigen Busen ins Spiel brachte, und sah ihm direkt in die Augen. Aus der Fassung gebracht, fuhr er fort, die vielen vorgeschobenen Gründe aufzuzählen, warum man es für besser hielt, ihr die Stelle nicht zu geben, auf die sie ein Anrecht hatte. Sie hörte ernst zu, mit hingerissener, atemloser Aufmerksamkeit. Als er fertig war, lächelte sie wie ein kleines Mädchen, schelmisch und fröhlich, und sagte mit deutlicher, klarer Stimme: »Ich weiß, Sie müssen das sagen, und auch Sie wissen, daß Sie mir das sagen müssen. Aber, leck mich! Nun mal heraus mit den Gründen, warum ich den Job nicht haben kann, ohne alle Kackerei!«

Danach herrschte entsetztes Schweigen. Es war eine der Konventionen der Hierarchie, daß man immer den Grund, der für eine Entscheidung von oben angegeben wird, akzeptiert, auch wenn man weiß, daß er nicht zutrifft. *Man hält sich an die Regeln.* Der Manager hatte keine Antwort. Er hatte die »Story« präsentiert, die Erklärung, die ein Mann widerspruchslos angenommen hätte. Aber er brachte es nicht fertig zu sagen: »Wir erkennen ja an, daß Sie qualifiziert sind, aber wir wollen den Job keinem Weibsbild geben. Schlagen Sie sich das aus dem Kopf.« Wie kann man mit jemandem argumentieren, der die angegebenen Gründe nicht anerkennt? Er hätte sie wahrscheinlich an die Luft setzen können, aber auch darauf hatte er sich nicht vorbereitet. So saß er für ein paar Augenblicke still da, und sein Schweigen war eine Art Kapitulation. Dann seufzte er: »Wir werden es uns überlegen«, sagte er, und ängstlich bemüht, es nicht zu einem zweiten Interview kommen zu lassen, gab er ihr kurz darauf den Job.

Jetzt hat sie seinen.

9. Kapitel

Macht-
regeln

*Einer kann ein Stern erster Ordnung sein
an Begabung, Willenskraft, Ausdauer,
aber so gut zentriert, daß er in dem System,
dem er angehört, ohne jede Reibung und
Energievergeudung mitschwingt. Ein
andrer hat dieselben hohen Gaben, noch
schönere vielleicht, aber die Achse geht
nicht genau durchs Zentrum, und er ver-
schwendet die Hälfte seiner Kraft in ex-
zentrischen Bewegungen, die ihn selber
schwächen und seine Umwelt stören.*

Hermann Hesse
Das Glasperlenspiel

*Er wollte R . . . nicht als erfolgreichen Ri-
valen um sich haben, aber er wollte sich ihn
auch nicht zum Feinde machen.*

Douglas Hurd
Truth Game

Macht läßt sich nicht nach bestimmten Regeln erlernen; sie muß von innen kommen. Wer sich aber an einige Regeln hält, entwickelt ein Gespür für Macht. Wir alle haben ein Machtpotential, aber nur wenige nutzen es oder sind sich seiner überhaupt bewußt.

In »primitiveren« Kulturen werden die Jugendlichen durch oft recht komplizierte Initiationsriten mit der Macht vertraut gemacht. Die Regeln sind absolut und festumrissen und müssen genau befolgt werden, aber sie haben den Zweck, das Selbst zu stärken – bloßes Mitmachen genügt nicht. Bei bestimmten Indianerstämmen graben sich die jungen Männer auf einsamen Wüstenhügeln bis zum Hals in Gruben ein. Dadurch sollen sie Geduld und Konzentration lernen sowie die Fähigkeit, auch in einer unbehaglichen Situation bewegunglos zu verharren. Dieses Vorgehen hat überhaupt nichts Geheimnisvolles – ein Jäger, der herumzappelt oder sich kratzen muß, wenn ihn die Fliegen stechen, wird nicht viel Wild zur Strecke bringen. Nur wer Körper und Geist zu beherrschen weiß, wird überleben.

Unsere laute und scheinbar so komplexe Welt ist von der Welt der Indianer nicht so sehr verschieden. Aber wir werden nicht so gut für das Leben geschult wie die Indianer. Wir werden zwar mit beträchtlichen Kosten und Mühen erzogen, doch kein weiser Mann bereitet uns auf die Welt vor, mit der wir uns als Erwachsene auseinandersetzen müssen. Wenn wir Glück haben, erlernen wir einen Beruf, aber die meisten müssen sich unterordnen, um überleben zu können. In unserer Welt ist zwar für fast jeden Platz, aber wir können unser Leben zumeist nicht nach unseren eigenen Vorstellungen einrichten. Einige von uns lernen, erfolgreich zu sein, und werden vielleicht sogar berühmt und wohlhabend; doch nur wenige schaffen es, sich die Welt nutzbar zu machen, statt von ihr benutzt zu werden.

Wer auf der Straße aufwächst, lernt zwar, sich auf sich selbst zu verlassen, zahlt aber dafür einen hohen Preis. Die Lehren der Straße sind hart. Den meisten kommt die Idee, daß sie selber für ihr Leben verantwortlich sind, erst spät, und manchen kommt sie überhaupt nicht. Unser Erziehungssystem lehrt uns, auf andere zu bauen – eine Firma, eine Heirat, einen Beruf, eine Religion, die Politik –, alles was uns Regeln an die Hand gibt, deren Befolgung sich auszahlt. Es ist besser, gezähmt als in der Wildnis zu leben.

Wenn wir in die mittleren Jahre kommen, ist die Vorstellung, daß wir noch eine individuelle Existenz neben unserer Arbeit, unseren Frauen, Kindern und Geschäftsfreunden haben, nur mehr schwer zu realisieren. Wir können unsere Bindungen höchstens durch eine neue Heirat, einen neuen Job oder – noch riskanter – durch einen neuen Beruf verändern. Die Gemeinschaft, in der wir leben, hat uns vereinnahmt, und wir verbringen die meiste Zeit damit, ihren Forderungen nachzukommen.

So überrascht es nicht, daß sich viele Therapeuten darauf spezialisiert haben, sehr gebildeten und erfolgreichen Männern und Frauen das beizubringen, was ein Indianer schon im Alter von 16 Jahren weiß. Ein Psychotherapeut hat z. B. eine elektrische Eisenbahn in seiner Praxis aufgebaut. An den beiden gegenüberliegenden Wänden des Raums sind Schaltanlagen angebracht. Ehepaare, die »Probleme haben«, erhalten zwei Züge und müssen sie in entgegengesetzter Richtung fahren lassen. Natürlich stoßen die Züge zusammen, wenn sie direkt aufeinander zurasen, aber mit etwas Geschick und Verständigungsbereitschaft kann man sie auf Nebengeleise leiten, so daß beide sich frei und ohne Zusammenstoß bewegen können. Es versteht sich, daß Menschen ohne Sinn für Macht ihren Zug immer auf einem Nebengeleise haben, während der ihres Partners pausenlos kreist. Menschen mit übersteigertem Machtgefühl versuchen, den Zug ihres Partners abzudrängen, und lassen es in einem Anfall von Selbstzerstörung sogar auf Zusammenstöße ankommen. Wer sich auf Macht versteht, schafft es, ein System auszuklügeln, das es beiden Zügen ermöglicht, sich frei und mit gleicher Geschwindigkeit zu bewegen. Ein Indianer hätte wahrscheinlich gewußt, daß man zusammenarbeiten kann, ohne seine Identität aufzugeben, und

er hätte bestimmt nicht fünfzig Dollar pro Stunde für diese Erkenntnis zahlen müssen.

Ein bekannter existentialistischer Therapeut hat eine andere
Methode, seinen Patienten zu zeigen, daß sie für alle ihre Handlungen verantwortlich sind. Auf einer großen Tafel skizziert er
die vorhersehbaren Folgen einer jeden Handlungsweise. Seine
Spezialität sind Geschäftsleute in mittleren Jahren, die meinen,
daß ihre Karriere im Sande verläuft. »Sie konsultieren mich eigentlich aus einem ganz anderen Grund«, sagt er. »Meist kommen sie, weil sie irgendein sexuelles Problem haben, gewöhnlich
Impotenz oder vorzeitige Ejakulation, aber wenn sie dann anfangen, über sich zu reden, geht es eigentlich gar nicht mehr um
Sex. Sie leiden unter einem Gefühl der Trägheit, Hilflosigkeit,
Machtlosigkeit. Ihre Arbeit und ihre Büros sind viel wichtiger als
die Frauen in ihrem Leben, und viel häufiger reden sie mit Leidenschaft von ihrer Arbeit als von ihren Ehefrauen und Freundinnen. Ihre sexuellen Probleme sind meist sekundär. Sie haben
einfach jedes Gefühl der Identität verloren. Sie betrachten ihr
Leben als beendet, von anderen Leuten bis ins letzte bestimmt.
Dabei sind es meistens starke, entschlossene Charaktere, aber ihr
Ich steht im Dienst anderer. Wollen sie es einmal für sich selbst
einsetzen, existiert es überhaupt nicht.«

Der Doktor, ein schlanker, drahtiger und energischer Mann,
erkundigt sich nach allem, was sie tun, deckt die Kompromisse
und Ausflüchte ihres ganzen Lebens auf und macht ihnen bewußt, daß sie *existieren*. Er benutzt am liebsten einen Stuhl mit
harter Rückenlehne, keine Couch, und läßt seine Patienten
manchmal hinter seinem Schreibtisch sitzen, während er selbst
sich auf den Stuhl setzt. »Sie sollen die Machtposition einnehmen«, sagt er, »sie müssen lernen, daß ich nicht ein Zauberer oder
Magier bin, der alle ihre Probleme lösen kann. Wenn sie anfangen, mir zu widersprechen, wenn sie mir überhaupt nicht mehr
›vertrauen‹, dann sind sie auf dem Weg der Besserung.« An dem
einen Ende des kleinen, fensterlosen Raumes steht, von Decken-
strahlern hell erleuchtet, die Tafel. Wenn ein Patient darüber

klagt, daß er bei einer Beförderung übergangen worden ist (häufig der Grund für die Depressionen), geht der gute Doktor zur Tafel und demonstriert schonungslos die bestehenden Alternativen und ihre Folgen. »A – Sie bleiben, wo Sie sind, und tun nichts; B – Sie sehen sich nach einem anderen Job um; C – Sie bleiben und versuchen, Ihre Schlappe wieder wettzumachen . . .« Geschwind zählt er die Konsequenzen jeder Entscheidung auf und sondiert die Fakten: Könnten Sie es sich leisten, eine Zeitlang arbeitslos zu sein, und sich während dieser Zeit einen neuen Job suchen? Haben Sie wirklich alle Möglichkeiten Ihres jetzigen Jobs ausgeschöpft? Ist dies der richtige Augenblick, etwas anderes zu tun, dem ganzen Leben eine neue Wendung zu geben? Der Patient steht im Kreuzverhör. Er wird gezwungen, sich selbst zu fragen, was er tun will, und die Tatsache zu akzeptieren, daß er frei und für die Konsequenzen seiner Freiheit verantwortlich ist. »Das Leben«, sagt der Doktor, »stellt jeden vor Alternativen und verlangt Mut. Wir müssen lernen, uns nicht zu beklagen. Wir dürfen nicht anderen Menschen die Schuld zuschieben und völlig sinnlos gegen das Unvermeidliche ankämpfen. Kein Selbstmitleid! Geschick, Mut und Macht!«

Das Handikap bei dieser Art von Beratung ist natürlich, daß kein Therapeut sich in uns hineinversetzen kann: er muß darauf vertrauen, daß wir ihm die Wahrheit sagen. In einem Indianerstamm haben Lehrer und Schüler Anteil am gleichen, gemeinschaftlichen Erbe; die Weisheit der alten Jäger wird an die Jugend weitergegeben, die Fragen der Jungen stellen sich in jeder Generation aufs neue. Es ist leicht, weise zu sein, wenn das Leben einfach und gleichförmig ist, aber weise zu sein wird schwierig, wenn der »Schüler« erst den internationalen Markt für Schuldverschreibungen erklären muß, bevor er sagen kann, warum er so unzufrieden mit seinem Leben ist. Doch die Regeln der Macht unterscheiden sich in den einzelnen Kulturen nicht so sehr. Man muß sie nur ihrer Mythologie entkleiden. Ein guter Freund von mir studiert »primitive« Kulturen (die natürlich kein bißchen primitiv sind) und hat die längste Zeit seines Lebens bei obskuren

Stämmen in aller Welt verbracht. Er ist ein großer, schlanker, asketisch wirkender Mann. In New York geboren und erzogen, sieht er trotzdem so aus, als fühle er sich in einem Eskimodorf oder bei einem indianischen Geistertanz wohler. Er hat das etwas weltfremde Aussehen eines Gelehrten, ein Eindruck, der noch verstärkt wird durch seine grüne, leinene Büchertasche und die randlose Brille. Es ist fast etwas Unirdisches an ihm. Wer sich über New York keine Illusionen mehr macht, sorgt sich, wenn er ihn sieht. Auch ich war immer in Unruhe, bis ich eines Abends merkte, wie vorsichtig er die Amsterdam Avenue entlangging, furchtlos, aber immer nahe am Rand des Bürgersteigs. Aufmerksam hielt er nach eventuellen Gefahren Ausschau. Keine Bewegung entging ihm. Schnell und zielstrebig wie ein Jäger schritt er aus, ließ niemals einen anderen zu nahe an sich heran, und dies Verhalten schien ihm ganz natürlich. In den Straßen der Gewalt wirkte er wie ein Mann der Macht.

Und das ist er tatsächlich. Er versteht etwas von Macht; wenn er einen Vortrag hält (ein seltenes und denkwürdiges Ereignis), betritt er den Raum zusammen mit den Zuhörern und setzt sich unter sie, bis alle Plätze besetzt sind und jeder sich wundert, wo er bleibt. Wenn alles erwartungsvoll auf die leere Bühne starrt und sich fragt, ob er sich vielleicht hinter dem Podium versteckt hält oder überhaupt nicht kommt, erhebt er sich von seinem Stuhl und geht nach vorn. Die Mächtigen haben die Fähigkeit, sich und ihre Handlungen in Szene zu setzen, so daß selbst ganz unwichtige Ereignisse bedeutungsvoll erscheinen. So etwas ist Talent, aber man kann es entwickeln. Mein Freund kommt meist unangemeldet zu mir, geht am Empfang und an den Sekretärinnen vorbei und steht wie aus dem Boden gewachsen da. Wenn er fort will, wartet er, bis ich das Zimmer verlassen habe, um zu telefonieren oder zur Toilette zu gehen. Komme ich zurück, ist er verschwunden. Kein auf Wiedersehen; er ist einfach weg, und es fällt einem schwer zu glauben, daß er überhaupt da war. Er läßt sich durch andere nicht beeinflussen; vielbeschäftigt und erfolgreich, geht er unbeirrt seiner Arbeit nach. So kann er sich in New York genauso heimisch fühlen wie in den Dschungeln von Neu-Guinea.

Mein Freund und ich sitzen auf einer Kaffeeterrasse im Zoo des Central Park. Es ist einer jener heißen Sommernachmittage, an denen es im Park so von Menschen wimmelt, daß einem die Tiere menschlicher vorkommen als man selbst. Zu unserer Rechten ist die Silhouette des Geschäftsviertels von New York, ein riesenhaftes, brutales Massiv hochragender Gebäude, das durch den Dunst schimmert wie der grauenerregende Turm von Barad-Dûr in Tolkiens »The Lord of the Ring«. Mir fällt es nicht schwer zu verstehen, wie man in einfacheren Gesellschaften und Kulturen zu Macht gelangt; die Initiation mag lang und hart sein, aber es gibt nur wenig Ablenkung. Doch hier tut schon die Größe der Stadt dem Ich Gewalt an. Entweder wir beschränken uns auf die tägliche Routine von Schlaf, Essen und Arbeit und leben in der traurigen Gewißheit, daß wir keine Macht über das eigene Leben haben oder, schlimmer noch, wir zerstören uns bei dem Versuch, größer, berühmter und mächtiger zu sein als diese Stadt. Ich wüßte gern, ob man hier noch Macht ausüben kann, wo das Leben voller Kompromisse, Ratlosigkeit, Not und Zwang ist, und wo selbst der Oberbürgermeister kaum Macht zu haben scheint.

Ich kann mir vorstellen, was Macht in der Einsamkeit der Wüste heißt, was die Machtrituale bedeuten und wie einen plötzlich die Selbsterleuchtung überkommt, wenn man mit der Natur allein ist. Aber in einem Bürozimmer im 38. Stock eines Riesengebäudes, in dem Tausende von Menschen arbeiten? Wie kann man hier Macht suchen?

Mein Freund lächelt. Es gibt Regeln. Sie sind überall gleich, denn diese Terrasse ist von einer Dschungellichtung nicht so sehr verschieden. Die Regeln der Macht sind unveränderlich, ob man nun in der U-Bahn sitzt oder im Central Park oder in einem fensterlosen Bürozimmer, in dem alles aus Kunststoff besteht.

»Die erste Regel«, behauptet er, »ist einfach. Laß dich nicht beirren! Vollziehe jede Handlung so, als käme es im Leben nur auf diese eine Handlung an!«

Ich verstehe, was er meint. Es ist ein altes Zen-Prinzip – man legt sein ganzes Wesen und Leben in die Handlung, die man vollbringt. In der vom Zen entwickelten Kunst des Bogenschießens werde ich ganz mein eigener Wille, der den Pfeil mit unsichtbarer Macht in das Auge des Bullen treibt. Ich versuche nicht zu gewinnen oder mich zu bemühen; mir muß nur alles, was ich tue, wichtig sein. Wie geringfügig die Aufgabe auch sein mag, ich muß mir sagen können, daß es auf sie ankommt. Wenn wir auf einer Konferenz das Wort ergreifen, müssen wir den richtigen Augenblick abpassen. Wir müssen uns auf das, was wir sagen wollen, vorbereiten und im entscheidenden Augenblick eingreifen, dann nämlich, wenn uns die Aufmerksamkeit gewiß ist. Wir müssen sicherstellen, daß man uns zuhört. Sonst ist es klüger, den Mund zu halten und gar nichts zu sagen. Besser nichts tun als etwas schlecht tun!

»Zweite Regel: offenbare dich anderen niemals ganz; halte immer noch etwas zurück, so daß niemand dich bis ins letzte kennt.« Auch das leuchtet mir ein. Es bedeutet nicht, daß jemand, der die Macht sucht, verschlossen sein sollte – um Verschlossenheit geht es hier überhaupt nicht. Der Trick ist vielmehr, ein wenig geheimnisvoll zu bleiben, als ob man jeden Augenblick etwas Überraschendes und Unerwartetes tun könnte. Die Reaktionen der meisten Menschen sind genau vorhersagbar. Sie zeigen so viel von der eigenen Persönlichkeit, daß jeder, der sich anders verhält, automatisch Macht erwirbt. Aus diesem Grund ist es wichtig, die schlechte Gewohnheit, über sich selbst zu reden, abzulegen. Ein Machtmensch hört zu, und wenn er wirklich einmal über sich selbst redet, dann nur, um das Thema zu wechseln. Gute Spieler spüren schon im voraus, wenn sie etwas tun sollen, was sie eigentlich nicht wollen, und mühelos geben sie dem Gespräch eine persönliche Wendung. Ich kenne einen ausgezeichneten Spieler, der stundenlang über sich selbst reden kann, wenn er auch nur das geringste Anzeichen von Opposition bemerkt oder spürt, daß jemand etwas von ihm will. Doch er gibt sich dabei nicht preis. Manchmal hat man den Eindruck, daß er zwei Kinder hat, manchmal sind es drei. Gelegentlich scheint es, er hat überhaupt keine. Oder er läßt durchblicken, daß er in Yale Examen gemacht hat, ein anderes Mal ist es Harvard oder auch Stanford. Es ist auch nicht ganz klar, ob er Jude oder Protestant ist, denn er hat schon beides behauptet, und er bekreuzigt sich, wenn er an St. Patricks Cathedral vorbeigeht. Keiner kennt die Wahrheit über ihn, und gerade darum respektiert man ihn. Sobald wir alles über einen Menschen wissen, wirkt er reizlos wie eine ausgequetschte Zitrone, er nützt und interessiert uns nicht mehr, wir können ihn wegwerfen.

»Dritte Regel: nutze die Zeit, betrachte sie als Freund, nicht als Feind. Vergeude keine Zeit damit, Dingen nachzujagen, die du gar nicht richtig willst.«

Die Zeit nutzen! Natürlich, aber wie selten schaffen wir das! Die Zeit hat uns im Griff, wir sind nur ihre Sklaven. Wir kämpfen gegen sie, als wäre sie unser Feind. Wenn wir ehrgeizig sind, pakken wir die Arbeit zweier Stunden in fünfundvierzig Minuten; haben wir keinen Ehrgeiz, dann bummeln wir zwei Stunden an einer Fünfundvierzig-Minuten-Arbeit. Mächtige brauchen nur so viel Zeit, wie sie wirklich benötigen oder brauchen wollen. Sie versuchen nicht, zwei Telefone auf einmal zu bedienen oder eine Konferenz abzuhalten, ohne zu einer Entscheidung zu kommen, nur weil »die Zeit fehlt«, oder ein Gespräch abzubrechen, um ein neues zu beginnen. Sie nehmen es in Kauf, wichtige Anrufe zu verpassen und die heutige Arbeit notfalls auf morgen zu verschieben. Sie werden nicht von der Situation beherrscht, vielmehr beherrschen sie die Situation.

»Vierte Regel: Akzeptiere deine Fehler! Versuche nicht, in allem perfekt zu sein!«

So viele unserer Mitmenschen sind machtlos, weil sie unbedingt perfekt sein wollen – als wäre ein Fehler ihr Untergang. Mächtige sind bereit, Risiken einzugehen und sich auch einmal zu irren. Sie vergeuden ihre Zeit auch nicht damit, ihre Fehler zu rechtfertigen oder um jeden Preis in richtige Entscheidungen zu verwandeln. Wer nicht in der Lage ist, einen Fehler zuzugeben, wirkt unendlich töricht und unfähig.

»Letzte Regel: Mach keine Wellen, bewege dich ruhig, wühle nichts auf!«

Das macht ebenfalls guten Sinn. Macht ist in hohem Maße die Kunst, die Dinge so zu arrangieren, daß alles nach unserem Willen läuft – so wie ein guter Jäger an einer Stelle bleibt und das Wild auf sich zukommen läßt, anstatt sich bei der Verfolgung zu erschöpfen. Die Kniffe des Jägers passen auch in unsere Welt; sie müssen nur etwas anders angewendet werden.

Mein Freund lächelt wieder. »Was bliebe sonst noch zu sagen?« Er zeigt zu den Gebäuden südlich des Parks. »Das ist deine Welt. Du hast sie dir gewählt – Telefone, Telex, Kreditkarten und so weiter. Ich selbst möchte unter keinen Umständen für immer dort leben. Ich habe kein Interesse daran, Verträge auszuhandeln, einen neuen Wagen zu kaufen, eine Firma zu leiten – wir haben nicht die gleichen Wünsche und Ambitionen. Aber ich könnte hier genauso leicht wie anderswo leben. Man muß nur Macht haben. Und da du in dieser Welt lebst, brauchst du sie nur kalt und klar zu erkennen suchen, als ob dein Leben davon abhinge, und das tut es ja auch.«

Wir leben in einer Massengesellschaft, und nach gängiger Auffassung ist es am sichersten, wenn wir wie Herdentiere mit der großen Masse gehen. Aber mein Freund hat recht: Der Mensch ist gerade kein Herdentier. Viel sicherer kann er sich fühlen, wenn er sich auf seine Jagdinstinkte besinnt, auf die Fähigkeit, als Individuum zu handeln. Ein guter Jäger kennt die Herde. Er weiß, es ist ein geschicktes Täuschungsmanöver, sich gelegentlich in ihr zu verstecken. Schließt er sich aber der Herde an, so gibt er sein Selbst auf.

Unsere Welt wird ständig technisierter und komplizierter. Um so wichtiger ist es für uns, uns ganz einfach von unserem Macht-instinkt leiten und schützen zu lassen. Nur so können wir Men-schen in einer unmenschlichen Welt bleiben – denn »die Liebe zur Macht ist die Liebe zu uns selbst«[60].

Anmerkungen

1 Nach Friedrich Meinecke, Die Idee der Staatsraison, München 1924
2 Friedrich Nietzsche, Also sprach Zarathustra
3 Lord Acton, Brief an Bischof Creighton, zitiert in Louis Kronenberger, Animal, Vegetable, Mineral, New York 1972
4 Edgar Z. Friedenberg, Coming of Age in America, New York 1965
5 Silvano Arieti, The Will to Be Human, New York 1972
6 Alfred Adler, zitiert in The Individual Psychology of Alfred Adler (hgg. von Heinz L. Ansbacher und R. Rowena), New York 1956
7 Rollo May, Power and Innocence, New York 1972
8 F. Scott Fitzgerald, The Last Tycoon, New York 1925
9 Forbes, 15. Februar 1972
10 New York Magazine
11 Anthony Sampson, The Sovereign State of ITT, New York 1973
12 zitiert nach Adolf Portmann, Das Tier als soziales Wesen, Zürich 1953
13 Bertrand Russell, Power, New York 1962
14 Fortune, Januar 1973
15 New York Times Magazine, 28. Oktober 1973
16 Louis Spears, zitiert in Harold Nicolson, The War Years, New York 1967
17 Erik H. Erikson, Young Man Luther, New York 1958
18 R. D. French Jr. und Robert D. Caplan, Organizational Stress and Individual Strain, in »The Failure of Success«, hgg. von Alfred J. Marrow, New York 1972
19 Dale Tarnowski, The Changing Success Ethic, New York 1973
20 Fortune, Juni 1974
21 Patrick Anderson, The Approach to Kings, New York 1970
22 New York Times, 2. Juni 1974
23 New York Times Magazine, 16. September 1973
24 James David Barber, New York Times, 8. November 1973
25 Zitiert in Psychology Today, November 1973
26 Fortune, November 1973
27 Erik Erikson, a.a.O.
28 Rollo May, a.a.O.
29 Carlos Castaneda, Journey to Ixtlan, New York 1972
30 Fortune, Januar 1974
31 Fortune, Januar 1974
32 Paris Herald Tribune, 10. August 1973
33 John James Audubon, amerik. Ornithologe, 1780–1851, Hauptwerk »Birds of America« (Anm. d. Übers.)
34 Thomas A. Leemon, The Rites of Passage in a Student Culture, New York 1972
35 Niccolò Machiavelli, The Prince and the Discourses, New York 1950
36 Nach dem »Peterprinzip« steigt in einer Hierarchie jeder so lange auf, bis er eine Position erreicht hat, für die er eigentlich inkompetent ist. Laurence J. Peter und Raymond Hull, The Peter Principle, New York 1969

37 Adolf Portmann, a.a.O.
38 Bartolomeo Vanzetti, zitiert im Oxford Dictionary of Quotations
39 Gresham, Sir Thomas, 1519–1579, engl. Finanzpolitiker. Nach ihm ist das Greshamsche Gesetz benannt, wonach schlechtes Geld das gute bei Doppelwährung (z. B. Papier- und Metallgeld nebeneinander) aus dem Umlauf verdrängt, weil letzteres gehortet wird. (Anm. d. Übers.)
40 Edmund Burke, Speech On Conciliation With America, 22. März 1775
41 Robert Graves, The Greek Myths, New York 1957
42 Harold Nicolson, Good Behavior, Boston 1955
43 Colin M. Turnbull, The Mountain People, New York 1972
44 William Shakespeare, Wie es euch gefällt, II,3 (Schlegel)
45 Logan Pearsall Smith
46 Ladislav Farago, Aftermath, New York 1974
47 William Shakespeare, König Lear, V,2 (Baudissin)
48 John Bradford, Dictionary of National Biography
49 Fortune, Oktober 1972
50 New York Times, 17. Juni 1973
51 Bob Thomas, King Cohn, New York 1967
52 Time, 30. Juli 1973
53 Alan Harrington, Psychopaths, New York 1972
54 New York Times
55 Fortune, September 1973
56 Fortune, April 1973
57 frz. Strickerinnen. Bezeichnung für Frauen, die während der Französischen Revolution, mit einem Strickzeug bewaffnet, den Sitzungen der Nationalversammlung beiwohnten und sich bei Hinrichtungen gern in der Nähe der Guillotine aufhielten. Beim Adel hießen sie die »Furien der Guillotine«. (Anm. d. Übers.)
58 Alan Harrington, a.a.O.
59 Fortune, April 1973
60 William Hazlitt, Political Essays